Der Hund und sein Richter

Handbuch des Hunderechts

Der Hund und sein Richter

Handbuch des Hunderechts

F&O

Für
Len Julian
und
Charlie Max Peter

Impressum

Bibliografische Informationen der Deutschen Nationalbibliothek
Die Deutsche Nationalbibliothek verzeichnet diese Publikation in der Deutschen Nationalbibliografie; detaillierte bibliografische Daten sind im Internet über http://dnb.d-nb.de abrufbar.

ISBN: 978-3-95693-046-1

Hundeicon: Designed by Freepik

www.fredundotto.de

Inhalt

Zweites Kapitel: Der Hund und das Strafrecht 61

Drittes Kapitel: Der Hund im Privatrecht 101

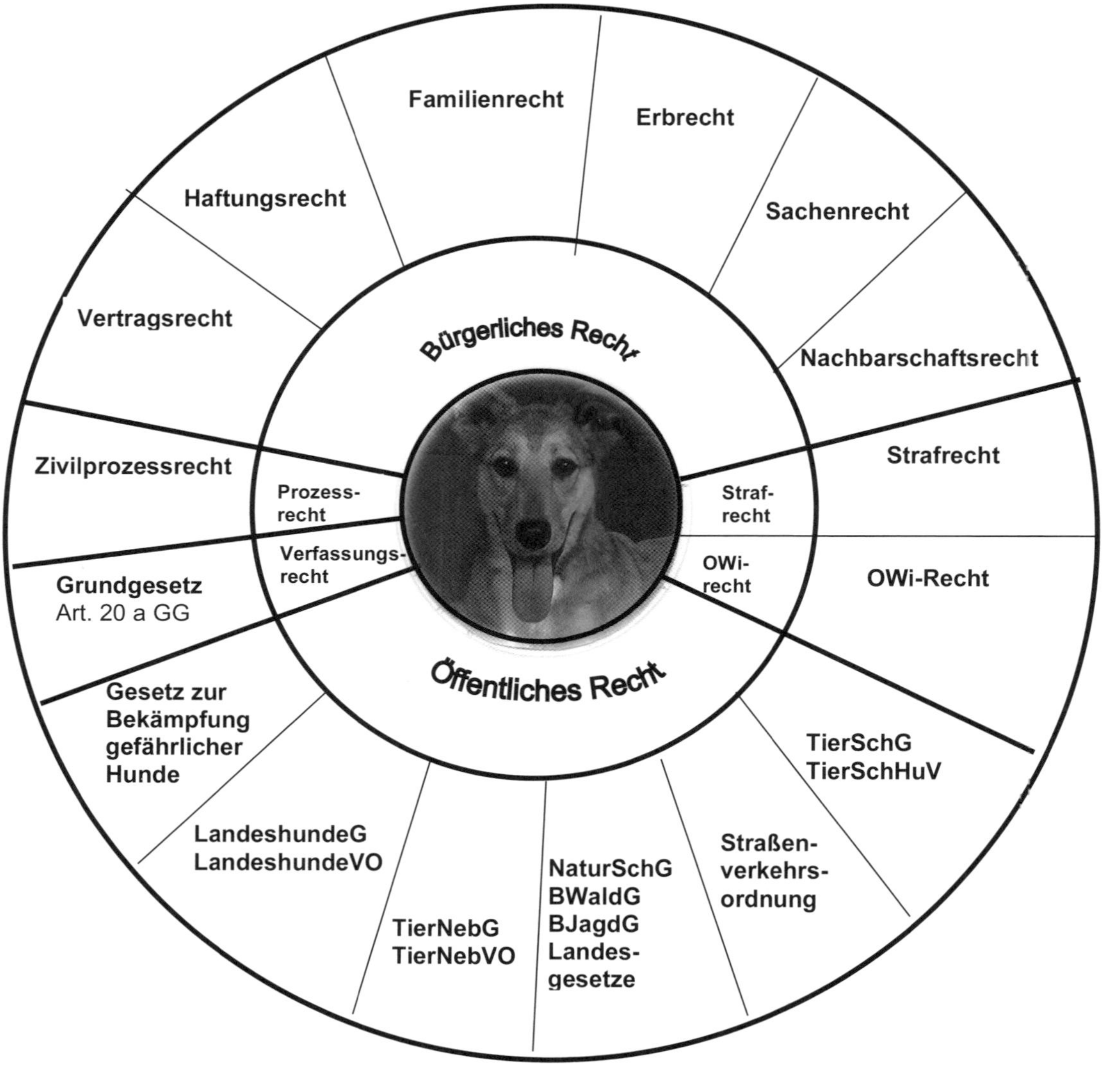
Familienrecht
Erbrecht
Haftungsrecht
Sachenrecht
Vertragsrecht
Bürgerliches Recht
Nachbarschaftsrecht
Zivilprozessrecht
Prozess-
recht
Straf-
recht
Strafrecht
Verfassungs-
recht
OWi-
recht
OWi-Recht
Grundgesetz
Art. 20 a GG
Öffentliches Recht
Gesetz zur
Bekämpfung
gefährlicher
Hunde
TierSchG
TierSchHuV
LandeshundeG
LandeshundeVO
Straßen-
verkehrs-
ordnung
NaturSchG
BWaldG
BJagdG
Landes-
gesetze
TierNebG
TierNebVO

Über dieses Buch

Das Buch *„Der Hund und sein Richter"* befasst sich mit den vielfältigen rechtlichen Problemen, die ein Leben mit dem Hund so mit sich bringen kann, und macht deutlich, wie Gesetz und Recht – repräsentiert durch seine Richter – sich dazu stellen.
Gesetze, Artikel und Paragraphen, Rechtsverordnungen und Satzungen, Gebote und Verbote, da schwinden einem die Sinne. „Warum mischt sich unser Gesetzgeber da überhaupt ein?" – „Und was hat das alles mit meinem ‚lieben Hund' zu tun?" Eine Menge! Antworten auf (fast) alle Fragen *„rund um den Hund"* findet man in diesem Buch. Hierin wird verständlich vermittelt und – das ist sein Alleinstellungsmerkmal – durch eine reiche Anzahl einschlägiger Gerichtsentscheidungen belegt, wo Recht und Gesetz im Hundealltag eine Rolle spielen: ob bei Kauf, Miete oder beim Tierarzt als Patient, ob bei der Haltung oder bei zivilrechtlicher oder strafrechtlicher Haftung, was auf Hunde bei Trennung oder Scheidung von Frauchen und Herrchen zukommt und wie es ihnen im Versicherungs-, Nachbarschafts-, Arbeits-, Steuer- oder Tierschutzverhältnis, ja sogar wie es ihnen bei ihrem Tod oder dem ihres Halters ergeht.
Wer sich für einen Hund entscheidet, gewinnt nicht nur ein neues „Familienmitglied", einen Kameraden und Weggefährten, sondern erweitert auch, und zwar nicht ganz unerheblich, seinen Rechtskreis, sein Haftungsrisiko, und so manch einer steht mit Bußgeldern, Steuern, Versicherungen auf Kriegsfuß. Sogar mit dem Strafrecht und dem Erbrecht kann man es als Hundehalter zu tun bekommen. Ein verantwortungsvoller Umgang mit dem angeschafften Hund ist deshalb unerlässlich. Aber ebenso zwingend sind Grundkenntnisse im *„Hunderecht"*.
Anhänglich, treu und der „beste Freund" des Menschen. Aber auch scharfe Zähne, Krallen, Gebell und Gejaule. Das ist nicht jedermanns Sache! Und oft landet dann der „beste Freund" samt seinem Herrchen und Frauchen wegen der Zähne, Krallen und wegen des Gebells und Gejaules vor dem Richter.
Darüber will das Buch *„Der Hund und sein Richter"* aufklären. Es bietet sozusagen eine rechtliche „Rundumversorgung" für jeden, der es mit einem Hund zu tun hat oder es zu tun bekommt.
Links ein Orientierungskreis, der die Berührungspunkte zwischen Mensch und Hund in unserem Rechtssystem veranschaulichen soll:
Wie wenig Hundebesitzer, aber auch Menschen in Kontakt mit Hunden über das Recht *„rund um den Hund"* wissen, ist erschreckend. Das rechtliche Konfliktpotential ist äußerst umfangreich und bei über 8 Millionen Hunden in Deutschland allgegenwärtig. Eine besondere Schwierigkeit, sich hier einen Überblick und Durchblick zu verschaffen, liegt darin begründet, dass ein „Hunderecht" im eigentlichen juristischen Sinne nicht existiert, es gibt kein „Hundegesetzbuch".
Man findet zwar einige Gesetze, die sich speziell mit Tieren befassen, wie z. B. das Tierschutzgesetz. Aber viele Normen sind verstreut über eine Vielzahl von Gesetzbüchern:

unsere Verfassung (das Grundgesetz) sämtliche fünf Bücher des Bürgerlichen Gesetzbuches, wie Schuldrecht, Sachenrecht, ja, selbst Familienrecht und Erbrecht, ferner das Strafgesetzbuch, die Zivilprozessordnung wie auch das Steuer- und Versicherungsrecht. Hier muss man hunderechtliche Regelungen regelrecht aufspüren! Denn diese Gesetze sind meist für ganz andere Sachverhalte bestimmt. Hinzu kommen die vielen Gesetze und Verordnungen der Länder und die Satzungen und Verordnungen der Gemeinden mit Ge- und Verboten, Anordnungen von Konsequenzen bei Zuwiderhandeln und zudem eine selbst für Juristen kaum überschaubare Unmenge von gerichtlichen Entscheidungen. Diesen Rechts- und Gesetzesdschungel für Hundeliebhaber wie für Hundegegner und „Hundeopfer" zu durchdringen, eine rechtliche Orientierung zu geben, juristische Zusammenhänge und einschlägige gerichtliche Entscheidungen aufzuzeigen und so Hilfe zu leisten zur Vermeidung wie auch zur Klärung und Lösung von Konflikten, die durch einen Hund ausgelöst werden oder an denen ein Hund beteiligt ist, all dies hat sich dieses Buch zur Aufgabe gemacht.

An dieser Stelle möchte ich meinem Mann, Prof. Peter Dyrchs, danken für den inspirierenden Austausch, für seine Geduld und Ermutigung, für seinen präzisen Blick, seine wertvollen Kommentare und seine unschätzbare konstruktive Kritik. Als Hundefreund und Jurist hat er das Buch von Beginn an fachlich und sprachlich begleitet und war mir durch viele Anregungen und Verbesserungsvorschläge eine große Hilfe.

Weiter danke ich meiner Hundefreundin, der Hundetrainerin Gabi Contzen, die als juristische Laiin stets um Verständlichkeit des Inhalts auch für Nichtjuristen bemüht war und hier unermüdlich darauf gedrungen hat, die oft unvermeidbar erscheinende Juristensprache in die Laiensphäre zu „übersetzen".

Für die weit über das bloße Schreiben hinausgehende formale Gestaltung des Buches, für ihre Geduld und ihr Verständnis, für ihre Hilfe und Unterstützung gebührt schließlich Frau Marion Jungmann Dank, die immer für mich da war.

Über die Autorin

Dr. Barbara Dyrchs war jahrzehntelang als Richterin tätig und wird zudem seit ihrer Kindheit von Hunden begleitet. Sie kennt daher aus doppelter eigener Erfahrung die Probleme und Konfliktfelder, die „Hund und Recht" verbinden. Für das Thema „*Der Hund und sein Richter*" ist sie deshalb fachlich kompetent, unter Berücksichtigung der einschlägigen Rechtsprechung, gewissermaßen mit der juristischen „Spürnase", rechtliche Hunde-Probleme zu entdecken, Lösungen zu finden und alles transparent und für jedermann verständlich zu vermitteln.

Abkürzungsverzeichnis

AG	Amtsgericht
AO	Abgabenordnung
ArbG	Arbeitsgericht
BGB	Bürgerliches Gesetzbuch
BFH	Bundesfinanzhof
BGH	Bundesgerichtshof
BJagdG	Bundesjagdgesetz
BNaturSchG	Bundesnaturschutzgesetz
BtMG	Betäubungsmittelgesetz
BTollwutVO	Bundestollwutverordnung
BVerfG	Bundesverfassungsgericht
BVerwG	Bundesverwaltungsgericht
BWaldG	Bundeswaldgesetz
EFZG	Entgeltfortzahlungsgesetz
FG	Finanzgericht
GemeindeVO	Gemeindeverordnung
GG	Grundgesetz
GO	Gemeindeordnung
HundVerbrEinfG	Hundeverbringungs- und Einfuhrbeschränkungsgesetz
LAG	Landesarbeitsgericht
LG	Landgericht
LHundG	Landeshundegesetz
LHundVO	Landeshundeverordnung
LISchG	Landesimmissionsschutzgesetz
LJagdG	Landesjagdgesetz
LSG	Landessozialgericht
LWaldG	Landeswaldgesetz
OLG	Oberlandesgericht
OVG	Oberverwaltungsgericht
OWiG	Ordnungswidrigkeitengesetz
PBefG	Personenbeförderungsgesetz
StA	Staatsanwaltschaft
StädteVO	Städteverordnung
StGB	Strafgesetzbuch
StPO	Strafprozessordnung
StVG	Straßenverkehrsgesetz
StVO	Straßenverkehrsordnung
TierKBG	Tierkörperbeseitigungsgesetz

TierNebG	Tierisches Nebenprodukte-Beseitigungsgesetz
TierNebV	Tierische Nebenprodukte-Beseitigungsverordnung
TierSchG	Tierschutzgesetz
TierSchHuV	Tierschutz-Hundeverordnung
VG	Verwaltungsgericht
VGH	Verwaltungsgerichtshof
VO	Verordnung
VwGO	Verwaltungsgerichtsordnung
WEG	Wohnungseigentumsgesetz
ZPO	Zivilprozessordnung

Erstes Kapitel: Der Hund und das Öffentliche Recht

1.1 Einführung in das Öffentliche Recht

Die meisten Menschen wissen mit dem Öffentlichen Recht wenig anzufangen. Dabei ist es doch das Rechtsgebiet mit den meisten Gesetzen und Rechtsverordnungen!
Das Öffentliche Recht ist die Gesamtheit aller Rechtsnormen, die das Verhältnis des Bürgers[1] zum Staat sowie das Verhältnis der Verwaltungsträger, wie Bund, Länder, Gemeinden, Körperschaften des Öffentlichen Rechts, untereinander bestimmen. Zum Öffentlichen Recht gehören insbesondere das weitgehend im Grundgesetz geregelte Verfassungsrecht und das Verwaltungsrecht.
Im Gegensatz zum Privatrecht kann der Staat aufgrund seiner Staatsgewalt Rechte und Pflichten des Bürgers einseitig hoheitlich begründen, d. h. der Staat und seine Verwaltungsträger sind dem Bürger übergeordnet, während sich Staat und Bürger im Privatrecht, wie Privatpersonen, gleichgeordnet gegenüberstehen. Also:

Öffentliches Recht	Privatrecht
Regelt das Recht der staatlichen Organisationen, der Beziehungen des einzelnen Bürgers zum Staat (u. anderen Trägern öffentlicher Gewalt) im Unter-/Überordnungsverhältnis sowie der Beziehungen zwischen verschiedenen Trägern öffentlicher Gewalt.	Regelt die Rechtsbeziehungen zwischen Rechtssubjekten, insbes. Bürgern u. von ihnen gebildeten Vereinigungen auf der Ebene der Gleichordnung. Auch Träger öffentlicher Gewalt können privatrechtlich handeln (z. B. Kauf von Büromaterial für Behörden).

1.2 Der Hund und das Grundgesetz

Das Grundgesetz, die Verfassung der Bundesrepublik Deutschland, umfasst im Wesentlichen die Grundrechte, wie Freiheits- und Gleichheitsrechte, und grundlegende Vorschriften über die Organisation des Staates und seine Staatsziele. Hierzu findet man ein neueres „tierisches“ Bekenntnis in Art. 20 a GG, mit dem der moderne Gesetzgeber der gesellschaftlichen Auffassung, dass Tiere Mitgeschöpfe sind, mehr und mehr Rechnung getragen hat:

---

1 Wenn ich von männlichen Personen spreche, meine ich immer auch die weibliche Person, z. B. Hundehalter – Hundehalterin, Richter – Richterin, Täter – Täterin. Ich mache das nur, weil es einfacher ist zu folgen, nicht etwa, weil ich weibliche Personen diskriminieren will!

Art. 20 a GG (natürliche Lebensgrundlagen)
Der Staat schützt auch in Verantwortung für die künftigen Generationen die natürlichen Lebensgrundlagen und die Tiere im Rahmen der verfassungsmäßigen Ordnung durch die Gesetzgebung und nach Maßgabe von Gesetz und Recht durch die vollziehende Gewalt und die Rechtsprechung.

Entsprechend dem Ziel, dem Gebot eines sittlich verantwortungsvollen Umgangs des Menschen mit den Tieren zu folgen, wurde hier, neben dem bestehenden Staatsziel des Schutzes der natürlichen Lebensgrundlagen, der Schutz der Tiere endlich als explizites Staatsziel aufgenommen. Diese verfassungsrechtliche Verankerung wurde damit begründet, dass Art. 20 a GG mit dem darin geregelten Schutz der natürlichen Lebensgrundlagen nicht ausreiche, um einzelne Tiere vor vermeidbaren Leiden, Schäden oder Schmerzen zu schützen. Es sei daher notwendig, für die gebotene Abwägung zwischen den Interessen der Tiernutzung und dem Anspruch der Tiere auf Schutz vor Leiden die bestehende Regelungslücke zu schließen und so der ethischen Forderung nach Tierschutz Verfassungsrang zu verleihen. Dahinter steht nicht etwa die Absicht, Tiere dem Menschen gleichzustellen. Es geht vielmehr darum, den Umgang mit Tieren in sittlich verträgliche, tierschutzgerechte Bahnen zu lenken. Um dem näher zu kommen und gerecht zu werden, muss nun dieses Staatsziel „Tierschutz" konkretisiert werden, und zwar von der Politik bei der Gesetzgebung, von den Verwaltungsbehörden bei ihrem Verwaltungshandeln und von den Gerichten bei der Auslegung und Anwendung des Rechts. Denn nach wie vor wird das Tier im Gesetz bei Erwerb und Verkauf, bei Scheidung und Vererbung, strafrechtlich wie zivilrechtlich, so gehandhabt, als wäre es eine Sache.
Dass das Mensch-Tier-Verhältnis durch die Verfassungsergänzung nicht von heute auf morgen revolutioniert werden würde, war zwar nicht zu erwarten. Aber das Staatsziel „Tierschutz" darf auch keine leere Formel, kein bedeutungsloses Lippenbekenntnis des Verfassungsgesetzgebers bleiben. Denn jedes Staatsziel verpflichtet die Staatsgewalten Exekutive, Judikative und Legislative, dem Tierschutz zu einem möglichst hohen Stellenwert in unserem Rechts- und Wertesystem zu verhelfen. Der grundgesetzlich festgelegte Schutz der Tiere als Mitgeschöpfe muss vom Gesetzgeber in einfachen Gesetzen unterhalb der Verfassung weiterentwickelt werden, damit es nicht bei leeren Worten ohne tatsächliche und rechtliche Durchschlagskraft bleibt!

1.3 Der Hund und das Verwaltungsrecht

Einführung

Das Öffentliche Recht regelt in seinem verwaltungsrechtlichen Bereich zum einen, was staatliche Stellen mit ihren Behörden, Institutionen, Körperschaften und Anstalten gegenüber dem Bürger tun dürfen, tun müssen oder nicht tun dürfen. Zum anderen ist alles, was der

Bürger im Verhältnis zu staatlichen Stellen tun darf, tun muss oder unterlassen muss, im Verwaltungsrecht geregelt. Schließlich normiert das Verwaltungsrecht die staatlichen Konsequenzen, die dem Bürger drohen, wenn er sich nicht normengerecht verhält: Verwarnungen, Auflagen und Anordnungen, Bußgelder und Strafen.
In vielfältigen Lebenssituationen tritt das Verwaltungsrecht auf den Plan mit seinen Geboten und Verboten, Erlaubnissen oder Genehmigungen. Auch ein Hundehalter kann hiervon betroffen sein, weil er aufgrund gesetzlicher Bestimmungen seinen Hund nun mal in bestimmter, vorgeschriebener Weise halten muss, ja, am Ende ihn auch nur nach bestimmten Regeln bestatten darf. In diesen Situationen steht der Hundehalter als Bürger den Behörden gegenüber, die den Staat vertreten.
Rechtsverstöße eines Hundehalters oder Hundeführers, die keine Straftaten nach unserem Strafgesetzbuch sind, werden jedenfalls als Ordnungswidrigkeiten verfolgt und können mit einem Bußgeld belegt werden. Grundlagen hierfür sind zahlreiche Gesetze und Verordnungen auf Bundes- und Landesebene sowie örtliche Regelungen. Zu den wichtigsten Ordnungswidrigkeiten auf dem Gebiet des Hunderechts gehören Verstöße gegen

- das Tierschutzgesetz,
- die Tierschutzhundeverordnung,
- das Gesetz zur Bekämpfung gefährlicher Hunde,
- die Landeshundegesetze und -verordnungen,
- die Straßenverkehrsordnung,
- das Tierische Nebenprodukte-Beseitigungsgesetz,
- die Tollwutverordnung
- und schließlich das Allgemeine Ordnungswidrigkeitengesetz.

Der Hund in den Gesetzen des Bundes

Speziell die Haltung von Hunden ist in einer Vielzahl von Vorschriften des Verwaltungsrechts reglementiert. Dies geschieht

- zum Schutz der Hunde vor Menschen,
- zum Schutz der Menschen vor Hunden und
- zum Schutz der Umwelt vor Gefahren, die von Hunden ausgehen können.

Um den Schutz der Hunde vor Menschen zu gewährleisten, sind im Tierschutzgesetz und in der Tierschutz-Hundeverordnung spezielle Vorschriften zu der Haltung von Hunden und zum Umgang mit ihnen vorgesehen. Darüber hinaus gibt es Gesetze und Rechtsverordnungen, die den Menschen, aber auch die Umwelt vor den von Hunden ausgehenden Gefahren zu schützen bestimmt sind, wie z. B. die Jagd- und Waldgesetze oder die Landeshundeverordnungen.

Das Tierschutzgesetz

Das Tierschutzgesetz bezweckt, die Tiere vor den Menschen zu schützen. Es geht um den Schutz des Lebens, des Wohlbefindens, der Unversehrtheit, der Gesundheit, der Freiheit und auch der Würde der Tiere als unsere Mitgeschöpfe. So sind Sinn und Zweck des Tierschutzgesetzes (TierSchG) in dessen § 1 als sog. ethischer Rechtsschutz bestimmt:

> § 1 TierSchG
> **Zweck dieses Gesetzes ist es, aus der Verantwortung des Menschen für das Tier als Mitgeschöpf dessen Leben und Wohlbefinden zu schützen. Niemand darf einem Tier ohne vernünftigen Grund Schmerzen, Leiden oder Schäden zufügen.**

- *Schmerzen* bedeutet alles, was durch unsachgemäßes wehtuendes Behandeln und Benutzen von Tieren körperlich oder seelisch hervorgerufen wird, wie das Mitlaufenlassen eines Hundes neben einem Auto oder Motorrad, das unsachgemäße Anketten eines Hundes, das Schlagen eines Hundes oder das Zerren an seinem Halsband.
- *Leiden* meint innere Qualen, hervorgerufen durch Hunger, Durst, Hitze oder Kälte, durch fehlende Bewegungsfreiheit oder nicht ausreichenden Auslauf, durch mangelnde Zuwendung oder fehlende notwendige Beachtung.
- *Schäden* umfassen dauerhafte oder vorübergehende Verschlechterungen des physischen oder psychischen Zustandes des Tieres durch Abmagerung, Apathie, Bewegungsunfähigkeit bis hin zum Tod.

Um zu gewährleisten, dass all dies dem Tier nicht geschieht, fordert § 2 TierSchG den sachgerechten Umgang mit den Tieren, und zwar nicht nur von ihren Haltern, sondern von jedem, der das Tier betreut:

> § 2 TierSchG
> **Wer ein Tier hält, betreut oder zu betreuen hat,**
> 1. **muss das Tier seiner Art und seinen Bedürfnissen entsprechend angemessen ernähren, pflegen und verhaltensgerecht unterbringen,**
> 2. **darf die Möglichkeiten des Tieres zu artgemäßer Bewegung nicht so einschränken, dass ihm Schmerzen oder vermeidbare Leiden oder Schäden zugefügt werden,**
> 3. **muss über die für eine angemessene Ernährung, Pflege und verhaltensgerechte Unterbringung des Tieres erforderlichen Kenntnisse und Fähigkeiten verfügen.**

Verbote zum Schutz der Tiere sind in § 3 TierSchG aufgelistet, wie

- Erwerbs- und Veräußerungsverbote für gebrechliche, kranke, alte Tiere zum Zweck der Tötung,
- Aussetzungsverbot,
- verbotene Zwangsmittel, insbesondere Einsatz von Stromgeräten zur Bewegungseinschränkung oder Bewegungsankurbelung oder zur Hundeerziehung,
- Ausbildungs- und Abrichtungsverbote („Scharfmachen"),

- Hetzen auf andere Tiere,
- Einsatz von Dopingmitteln für Wettkämpfe,
- übermäßige oder unsachgemäße Fütterung.

Nach § 4 TierSchG ist das Töten von Hunden verboten. Hierunter fällt auch das Töten unerwünschten Nachwuchses oder wegen rasseunerwünschter Merkmale. Ausnahme: Es liegt ein vernünftiger Grund vor, wie z. B. eine geringe Überlebenschance eines sehr alten oder schwer kranken Hundes nach Diagnose des Tierarztes.

§ 5 und § 6 a TierSchG verbieten grundsätzlich Eingriffe an Hunden, wie das Kupieren von Ruten und Ohren des Hundes oder die Kastration außerhalb einer medizinischen Notwendigkeit.

Schließlich bestimmt § 12 TierSchG tierschutzwidrige Ausstellungs- und Haltungsverbote für Hunde sowie das Verbot der Abgabe von Hunden an Kinder oder Jugendliche unter 16 Jahren ohne Einwilligung der Eltern.

Zur Gewährleistung des Wohlbefindens und zur Vermeidung von Schmerzen, Leiden oder Schäden bei Hunden sind in §§ 11 bis 11c TierSchG Zuchtverbote, wie „Qualzucht“ und die Vornahme genetischer Veränderungen, sowie Vorschriften für gewerbliche Züchter und Tierhändler enthalten.

Als Ordnungswidrigkeiten verfolgt und mit Bußgeldern von bis zu 25.000,- € belegt sind von Hundehaltern vorsätzlich oder fahrlässig begangene Rechtsverstöße. Diese sind in § 18 TierSchG genau aufgezählt. Danach handelt ordnungswidrig, wer vorsätzlich oder fahrlässig

- einem Hund, den er hält, betreut oder zu betreuen hat, ohne vernünftigen Grund erhebliche Schmerzen, Leiden oder Schäden zufügt,
- verbotene Zwangsmittel bei einem Hund einsetzt,
- einen Hund aussetzt,
- an einem Hund einen verbotenen Eingriff vornimmt oder vornehmen lässt,
- einem Hund Leistungen abverlangt, denen er wegen seines Zustandes offensichtlich nicht gewachsen ist oder die offensichtlich seine Kräfte übersteigen,
- einen Hund auf Schärfe abrichtet,
- einen Hund zu einem aggressiven Verhalten ausbildet oder abrichtet,
- gegen das Zuchtverbot, insbesondere das Verbot der Qualzucht, verstößt.

Die Tierschutz-Hundeverordnung

Diese bundesweit geltende Rechtsverordnung bestimmt zum Schutz von Hunden unabdingbare Mindestvoraussetzungen für die Haltung aller Haushunde.

Zur Klarstellung:
Während *Gesetze* (Parlamentsgesetze) alle Rechtsnormen sind, die von den für die Gesetzgebung vorgesehenen Organen (Legislative) in dem von der Verfassung vorgesehenen Gesetzgebungsverfahren (Art. 76 ff. GG) zustande gekommen sind, stammen *Rechtsverordnungen* von der Exekutive als vollziehender Gewalt. Für den Erlass von Rechtsverordnungen durch die Exekutive verlangt Art. 80 GG eine Ermächtigungsgrundlage des Parlaments, so dass die letzte Entscheidung dennoch beim Parlament verbleibt. Zum Erlass von Rechtsverordnungen kann nach Art. 80 GG die Bundesregierung als Kollegialorgan, ein einzelner Bundesminister oder die Landesregierung als Kollegialorgan ermächtigt werden. Ermächtigungsgrundlage für die Tierschutz-Hundeverordnung des Bundes ist das Tierschutzgesetz in seinen §§ 2 a, 11 b, 12 i. V. m. § 16 TierSchG.

– § 2 der Tierschutz-Hundeverordnung verlangt
- einen ausreichenden Auslauf im Freien,
- einen ausreichenden Umgang mit Hundehalter oder Hundebetreuer,
- einen grundsätzlichen Zusammenhalt mehrerer Hunde in der Gruppe als Rudel,
- die Trennung eines Welpen vom Muttertier sowie die Trennung mehrerer Welpen voneinander grundsätzlich nicht vor einem Alter von 8 Wochen.

– § 5 der Verordnung fordert die Hundehaltung in vor Wind und Kälte geschützten Räumlichkeiten von bestimmter Größe bei ausreichend natürlichem Tageslicht und ausreichender Frischluftversorgung.
– § 6 der Verordnung bestimmt für Hunde, die in einem Zwinger gehalten werden, eine ausreichende Größe des Zwingers, eine freie Sicht, ein Verbot der Anbindung und das Gebot eines Auslaufs zweimal täglich.

– In § 8 der Verordnung sind die Mindestanforderungen an die Fütterung und Pflege von Hunden aufgelistet, nämlich
- für jederzeit genügend Wasser,
- für ausreichendes Futter,
- für die Gesundheit des Hundes, insbesondere dafür, dass der Hund sauber und ungezieferfrei ist, dass der Hundekot regelmäßig beseitigt wird und die Fress- und Trinkschalen gereinigt werden,
- für ausreichende Frischluft und angemessene Lufttemperatur
- zu sorgen.

Das Gesetz zur Bekämpfung gefährlicher Hunde

Dieses Bundesgesetz aus dem Jahre 2001, veranlasst durch den Tod eines sechsjährigen Jungen, der im Juni 2000 von zwei nicht angeleinten „Kampfhunden" zerfleischt worden war, soll den Handel, die Einfuhr und die Zucht bestimmter Hunderassen unterbinden.
Das den Schutz des Menschen bezweckende Gesetz enthält das Hundeverbringungs- und Einfuhrbeschränkungsgesetz zur Beschränkung des Verbringens oder der Einfuhr gefährlicher Hunde nach Deutschland, und zwar

- erstens für bestimmte Rassen, denen ein genetisch bedingtes Gefährdungs- oder Aggressionspotenzial zugeschrieben wird, nämlich für
- Pitbull-Terrier,
- American Staffordshire-Terrier,
- Staffordshire-Bullterrier,
- Bullterrier nebst deren Kreuzungen,

- sowie zweitens für die landesgesetzlich bestimmten Hunderassen, die regelmäßig folgende Hunde auflisten:
- Alano,
- American Bulldog,
- Bullmastiff,
- Cane Corso,
- Dogo Argentino,
- Fila Brasileiro,
- Mastiff,
- Perro de Presa canario,
- Perro de Presa Mallorquin,
- Tosa Inu.

Diese als gefährlich „gelisteten" Hunde dürfen grundsätzlich nicht in die Bundesrepublik Deutschland verbracht oder eingeführt werden, da sie ein Potenzial zur Erzeugung weiterer gefährlicher Hunde darstellen. Die Regelung soll dazu beitragen, die Zahl der für gefährlich gehaltenen Hunde in Deutschland zu verringern und so gefährlichen Beißvorfällen vorzubeugen. Um dieses Ziel zu erreichen, werden behördliche Überwachungsmaßnahmen getroffen. Ein Verstoß gegen das Einfuhr- und Verbringungsverbot ist eine strafbare Handlung, zumindest aber eine Ordnungswidrigkeit, für die ein erhebliches Bußgeld droht. Folge kann sogar die Einziehung des Tieres sein.

Die Tollwut-Verordnung

Die Tollwut ist eine virusbedingte Infektionskrankheit des zentralen Nervensystems, die über den Biss eines tollwütigen Fuchses, eines Hundes oder einer Katze auf den Menschen durch den in die Wunde eindringenden Speichel übertragen werden kann und in der Regel tödlich endet.

Zum Schutz gegen die Tollwut stellt § 8 der Tollwut-Verordnung bestimmte Maßregeln für gefährdete Bezirke auf:

> § 8 Schutzmaßregeln für den gefährdeten Bezirk
> (1) Ist der Ausbruch oder der Verdacht des Ausbruchs der Tollwut bei einem Haustier oder einem wild lebenden Tier, ausgenommen bei einer Fledermaus, amtlich festgestellt worden und kann im Falle der amtlichen Feststellung des Ausbruchs der Tollwut bei einem Haustier eine Infektion in diesem Gebiet auf Grund epizootiologischer Nachforschungen nicht ausgeschlossen werden, so erklärt die zuständige Behörde unter Berücksichtigung der örtlichen Gegebenheiten ein Gebiet mit einer Fläche von mindestens 5000 Quadratkilometern oder mit einem Radius von mindestens 40 Kilometern um die Tierhaltung, die Abschuss-, Tötungs- oder Fundstelle zum gefährdeten Bezirk und gibt dies öffentlich bekannt.
> (2) Die zuständige Behörde bringt an den Zugängen zu dem gefährdeten Bezirk und an anderen geeigneten Stellen Schilder mit der deutlichen und haltbaren Aufschrift „Tollwut! Gefährdeter Bezirk" gut sichtbar an.
> Im gefährdeten Bezirk dürfen Hunde und Katzen nicht frei laufen gelassen werden. Hiervon ausgenommen sind Hunde, die nachweislich unter wirksamem Impfschutz stehen und die von einer Person begleitet werden, der sie zuverlässig gehorchen.

Die Tollwut zählt zu den international anzeigepflichtigen Erkrankungen. In Deutschland ist sie nahezu ausgestorben. Wird aber ein Gebiet zum Tollwutbezirk amtlich erklärt, dann ist es verboten, Hunde dort unangeleint frei laufen zu lassen oder mit sich zu führen, wenn sie nicht ein Halsband tragen mit einer daran befestigten Steuermarke oder einer Plakette mit Namen und Anschrift des Halters. Das bestimmt § 5 der Tollwut-Verordnung des Bundes. Die Nichtbeachtung ist eine Ordnungswidrigkeit, die mit einer Geldbuße in Höhe von bis zu 25.000,- € geahndet werden kann.

Das Tierische Nebenprodukte-Beseitigungsgesetz

Stirbt der Hund, wird man sich nach dem ersten Schock fragen: wohin mit dem verstorbenen Weggefährten?

Jeder Hundehalter ist gesetzlich verpflichtet, sich beim Tod seines Tieres um die „Entsorgung" des Tierkörpers zu kümmern. War dies früher im Tierkörperbeseitigungsgesetz geregelt, so wurde das Recht der Tierkörperbeseitigung nach europäischen Vorgaben umfassend geändert. Das neue *Tierische Nebenprodukte-Beseitigungsgesetz* (TierNebG) und die *Tierische*

Nebenprodukte-Beseitigungsverordnung (TierNebVO) regeln nun die Beseitigung von „nicht für den menschlichen Verzehr bestimmten tierischen Nebenprodukten". Hierunter fallen verendete Wild-Tiere oder tote Haustiere, aber auch Schlachtabfälle oder verdorbene tierische Lebensmittel.

Um das Auftreten einer Tierseuche oder deren Verbreitung zu verhindern, muss eine unschädliche Beseitigung dieser tierischen Nebenprodukte gewährleistet sein. Anderenfalls würden die Umwelt wie auch die Gesundheit der Menschen gefährdet werden.

Der tote Hund muss daher grundsätzlich in einer Tierkörperbeseitigungsanstalt abgegeben werden (Kosten: ca. 20,- €).
Dem Halter des verstorbenen Hundes stehen aber auch andere Möglichkeiten zur Verfügung:

- Nach europäischem Recht können einzelne EU-Mitgliedsstaaten das Vergraben der Haustiere für zulässig erklären. Auch in Deutschland sind in einigen Bundesländern spezielle Gesetze erlassen worden, die dies erlauben. Anderenfalls greift das TierNebG ein, dessen § 27 in Abs. 2 und Abs. 3 bundeseinheitlich regelt, dass das Verbrennen und Vergraben des toten Heimtieres grundsätzlich erlaubt ist.
- ▪ Die Verbrennung ist aber nur zulässig in einer dafür vorgesehenen Verbrennungsanlage, und das unter der Voraussetzung, dass der Tierkörper bis zur Verbrennung in einer Tierarztpraxis oder in einem Zwischenbehandlungsbetrieb gelagert wurde.
- ▪ Das Vergraben des Haustieres ist grundsätzlich nur auf den zugelassenen Tierfriedhöfen erlaubt, die in vielen Gemeinden mittlerweile errichtet worden sind.
- Ausnahmsweise darf der verstorbene Hund nach § 27 TierNebG auch auf dem eigenen Grundstück vergraben werden, aber nur dann, wenn
- ▪ das Grundstück nicht in einem Wasserschutzgebiet oder in dessen Nähe liegt,
- ▪ die Grabstelle nicht an öffentliche Plätze oder Wege grenzt,
- ▪ der Tierkörper so vergraben wird, dass er mit einer ausreichenden, mindestens 50 cm starken Erdschicht bedeckt ist, gemessen vom Rand der Grube,
- ▪ das Tier nicht an einer ansteckenden Krankheit verstorben ist.

Ein Hundebegräbnis im Wald oder auf freiem Gelände ist verboten.

Zuwiderhandlungen gegen das TierNebG sind Ordnungswidrigkeiten, die mit Bußgeldern bis zu 20.000,- € geahndet werden können!

Die gemeinsame Bestattung von Mensch und Tier war in Deutschland bisher weder ausdrücklich verboten noch ausdrücklich erlaubt. In einigen Städten, z. B. in Koblenz oder Essen, ist offiziell erlaubt, Hunde oder Katzen gemeinsam mit ihrem Herrchen oder Frauchen zu begraben. Doch es gibt hier Einschränkungen und Regeln, die zu beachten sind:

Das deutsche Bestattungsrecht erlaubt die gemeinsame Bestattung von Mensch und Tier nur, soweit die jeweilige *Friedhofssatzung* kein entsprechendes Verbot enthält. Untersagt ist nach wie vor die Beisetzung des toten Tieres auf einem Friedhof, es sei denn, es handelt sich um einen speziellen Tierfriedhof. Hiervon gibt es in Deutschland etwa 120. Keine Einschränkungen gibt es für Urnenbestattungen. Auch darf die *Urne* des Haustieres mit seinem Besitzer gemeinsam begraben werden. Die Überführung und die Einäscherung müssen jedoch weiterhin streng getrennt nach Mensch und Tier erfolgen.

Und wie verhalten sich die *Kirchen* zu diesem Problem?

Das Thema einer Bestattung der Urne von Hunden oder Katzen im eigenen Grab ist für die Kirchen relativ neu. Zwar durfte man auf katholischen Friedhöfen schon immer Grabbeigaben wie Bilder oder Schmuck beilegen. Aber die Urne verbrannter Heimtiere als Grabbeigabe?
Das Erzbistum Köln etwa hat in Abstimmung mit den anderen NRW-Bistümern einen zusätzlichen Paragrafen für eine Muster-Friedhofssatzung mit Heimtieren als Grabbeigabe entwickelt.
Im Bistum Paderborn soll das Tier im Grab eher die Ausnahme sein.
Ein Pfarrer aus dem Bistum Aachen war im Juni 2016 vor die Frage einer gemeinsamen Grabstätte von Mensch und Tier gestellt und fand das nicht so abwegig. Denn Tiere seien als Teil der Schöpfung Gottes zu sehen, und gerade für ältere Menschen seien sie wichtige Bezugslebewesen. Voraussetzung sei nur, dass Mensch und Tier eingeäschert würden. Der Mensch werde dann mit dem Segen der Kirche beigesetzt, und die Tierurne übernehme der Friedhofsgärtner. So könnten dann Mensch und Tier im Tod wieder zusammen sein!

Friedhöfe, wo Mensch und Tier gemeinsam beigesetzt werden können, findet man im Internet unter www.unserhafen.com. Ferner gibt es Informationen zur Bestattung und Trauer vom Bundesverband der Tierbestatter e. V. unter www.bvt-marburg.de sowie vom Tierfriedhof Köln unter www.tierfriedhof.koeln.de.

Die Straßenverkehrsordnung

– Stichpunkt 1: Hundeführung vom Kfz aus

Die Straßenverkehrsordnung ist eine Verordnung aufgrund des § 6 Abs. 1 StVG. Sie verbietet in § 28 S. 1 StVO das Führen von Hunden von einem Kraftfahrzeug aus. Hierbei spielt es keine Rolle, ob das Tier angeleint oder ohne Leine neben dem Pkw oder Motorrad herläuft.

Ja, dies kann sogar Tierquälerei sein, nämlich dann, wenn dem Hund bei dieser Methode des Auslaufs zu viel abverlangt wird und sein Wohlergehen dadurch beeinträchtigt wird.

Das wäre eine Straftat, bei der eine Bestrafung wegen Tierquälerei nach dem TierSchG droht!

– Stichpunkt 2: Sichere Beförderung

Weiter gilt es, dafür zu sorgen, dass Hunde im Fahrzeug sicher befördert werden und das Fahren nicht behindern, dass sie den Straßenverkehr durch ihr Verhalten nicht gefährden und die Verkehrssicherheit nicht beeinträchtigen.

Tiere im Kfz müssen gem. der StVO richtig gesichert werden, ansonsten drohen neben Bußgeld sogar „Punkte in Flensburg“ und Probleme mit der Kfz-Versicherung.
Bringen Hundehalter ihre Vierbeiner im Auto nicht sicher unter, können diese zu gefährlichen Geschossen werden. So kann ein 20 kg schwerer Hund bei einem Aufprall mit 50 km/h eine Aufschlagwucht von mehr als einer halben Tonne entwickeln.
Die StVO sieht Hunde als „Ladung“ an. Die korrekte Ladungssicherung ist in § 22 Abs. 1 der StVO geregelt:

§ 22 StVO
(1) Die Ladung ist so zu verstauen und zu sichern, dass sie selbst bei Vollbremsung oder plötzlicher Ausweichbewegung nicht verrutschen, umfallen, hin- und herrollen, herabfallen oder vermeidbaren Lärm erzeugen kann.

Demzufolge ist der Fahrer dafür verantwortlich, dass die Verkehrssicherheit seines Fahrzeugs nicht durch seinen mitfahrenden Hund beeinträchtigt wird.

Denn es birgt erhebliche Risiken für die Verkehrssicherheit, wenn Tiere ungesichert im Fahrzeuginnenraum transportiert werden. Die schlimmste Konsequenz bei ungesicherter Ladung ist ein Unfall!

Autofahrer sollten für ihren Hund immer geeignete Sicherungssysteme in Form von Transportboxen verwenden, die im Kofferraum untergebracht werden. Größere Boxen gehören direkt hinter die Rücksitzlehne und sollten mit einem stabilen Laderaumgitter zusätzlich gesichert werden. Außerdem ist es zur Erhöhung der Stabilität ratsam, darüber hinaus die Sicherheitsgurte zu schließen, auch wenn niemand auf dem Rücksitz Platz nimmt. Kleinere Boxen können auch im Fußraum hinter den Vordersitzen verstaut werden. Hunde im Kofferraum des Autos mit hochgezogenen Kopfstützen der Rücksitzbank zu transportieren, ist nicht erlaubt. Grundsätzlich muss ein Netz angebracht oder der Hund in einer Transportbox transportiert werden. Kommt es ohne diese Maßnahme zu einem Unfall, haftet die Versicherung im Schadensfall in der Regel nicht. Jedenfalls ist sicherzustellen, dass der Hund nicht durch das Auto springen und den Fahrer behindern kann, wodurch die Verkehrssicherheit stark gefährdet wäre. Auch bei einer plötzlichen Ausweichbewegung oder einer Vollbremsung muss gewährleistet sein, dass der Hund bzw. seine Box nicht umfällt, verrutscht, herabfällt, hin und her rollt oder Lärm erzeugt, der vermeidbar ist.

- Stichpunkt 3: Anschnallpflicht für Hunde

Für Menschen gilt eine Anschnallpflicht. Doch muss man auch seinen Hund im Auto anschnallen?
Nein, aber er darf nicht einfach so auf dem Beifahrersitz mitfahren. Dies ist keine ausreichende Sicherung der Ladung i. S. der StVO. Denn jederzeit kann der Hund durch den Fahrraum geschleudert werden. Aufgrund von Nervosität und Unruhe kann er sich auch selbständig bewegen und so zum Sicherheitsrisiko werden. Es gibt im Handel aber Sicherheitsgurte für Hunde zu kaufen. So kann auch der Hund angeschnallt werden und befindet sich sicher im Auto. In diesem Fall muss stets der Sitz des Sicherheitsgurtes überprüft werden, da Strangulationen sehr schmerzhaft sind. Abgesehen davon könnte man in Konflikt mit dem TierSchG geraten.

- Stichpunkt 4: Hunde auf der Straße

Haustiere, die den Verkehr gefährden können, dürfen sich auf der Straße nur aufhalten, wenn sie von geeigneten Personen begleitet sind, die ausreichend auf sie einwirken können, so § 28 Abs. 1 S. 1 StVO.
Es besteht zwar keine generelle Leinenpflicht, vor allem nicht auf weniger belebten Straßen, es sei denn, die gemeindliche Satzung schreibt dies vor. Der nicht angeleinte Hund muss sich aber immer in Begleitung oder im Blickfeld des Hundeführers befinden, der seinen Hund so „im Griff haben“ muss, dass dieser auf Befehle wie „Komm!“, „Sitz!“ oder „Bei Fuß!“ gehorcht. Auch ist es für die Beurteilung der Verkehrssicherheit entscheidend, wie sich der Hund bisher im Straßenverkehr verhalten hat, insbesondere, ob er sich als ungehorsam oder aggressiv erwiesen hat.

- Stichpunkt 5: Verkehrshindernisse durch Beschmutzung

Nach § 32 Abs. 1 StVO ist es verboten, die Straße zu beschmutzen oder zu benetzen, wenn dadurch der Verkehr gefährdet werden kann. Der für solche verkehrswidrigen Zustände Verantwortliche hat dies unverzüglich zu beseitigen. Diese Norm ist Rechtsgrundlage für die Pflicht zur Beseitigung von Hundekot auf Geh- und Radwegen. Im Fahrbahnbereich (z. B. Rinnstein) braucht ein Häufchen aber nicht entfernt zu werden.

Das Jagdgesetz

In dem ebenfalls dem Öffentlichen Recht zuzuordnenden Bundesjagdgesetz sind wichtige Vorschriften zum Jagdschutz zu finden, über die Hundehalter informiert sein sollten.

Verboten ist nach § 19 a BJagdG, Wild an seinen Zufluchts-, Brut- oder Wohnstätten zu stören, was auch für Störungen durch (freilaufende) Hunde gilt. Es gibt zwar keine generelle Leinenpflicht. Der Hund muss aber im Einflussbereich des Halters sein (Rufweite!) und auch entsprechend gehorchen.

In Tollwut-Sperrbezirken hingegen besteht eine Leinenpflicht.

Beim Jagdschutz geht es vor allem um den Schutz des Wildes vor Wilderern, Futternot und Wildseuchen sowie vor wildernden Hunden und Katzen. Die Befugnisse des Jägers im Rahmen des Jagdschutzes regelt bundesweit § 23 BJagdG, nämlich die grundsätzliche Befugnis zum Töten wildernder Hunde, d. h. der Hunde, die im Jagdrevier erkennbar dem Wild nachstellen oder dieses gefährden.
Um den Jagdschutz zu gewährleisten, haben die einzelnen Bundesländer aufgrund einer Ermächtigung des Bundes entsprechende eigene rechtfertigende Vorschriften, die Landesjagdgesetze, erlassen. In diesen ist näher geregelt, ob und in welchem Fall ein Jäger einen wildernden Hund erschießen darf, ob es sich dabei um Hunde handeln muss, die sich außerhalb der Reich- und Sichtweite von verantwortlichen Personen befinden und ohne erkennbare Einwirkung der Begleitperson dem Wild nachstellen oder dieses gefährden können, ob andere, weniger einschneidende Maßnahmen zur Gefahrenabwehr ausreichen und wie bei Jagd-, Rettungs-, Hirten- oder Blindenhunden sowie Polizeihunden zu verfahren ist.

Mit diesen Themen haben sich immer wieder die Gerichte befassen müssen[2], insbesondere mit dem Problem nicht beaufsichtigter, freilaufender Hunde im Jagdgebiet.

- Hierzu hat das Amtsgericht Altenkirchen im Rahmen eines Ordnungswidrigkeiten-Verfahrens entschieden, dass „Aufsicht“ nicht „angeleint“ bedeute: Ein Verstoß gegen die gesetzliche Vorschrift liege erst dann vor, wenn sich der Hund im Jagdbezirk außerhalb der Sicht- oder Rufweite des Hundeführers aufhalte oder dieser nicht die tatsächliche Möglichkeit habe, durch gezielte Kommandos oder andere Handlungen eine Kontrolle über sein Tier auszuüben. Damit kann ein Hund auch unter Kontrolle sein, wenn er nicht angeleint ist. Der Einspruch eines Hundehalters gegen ein ausgesprochenes Bußgeld der Kreisverwaltung hatte daher Erfolg (AG Altenkirchen, Az.: 2109 Js 35731/96-9 OWi).

- Dass auch Hunde im Jagdbezirk Gefahren ausgesetzt sein können, zeigt eine Entscheidung des Landgerichts Lüneburg. Hier ging es um Schadensersatz, da die Jagd auf zwei „angeblich“ wildernde Hunde für einen Hund mit dem Tod endete. Das

2 Soweit gerichtliche Entscheidungen zitiert werden, sind sie im Internet nachzulesen. Man gibt bei Google das Gericht und das Aktenzeichen ein, und es erscheint „openjur.de“, worüber man kostenlos Zugriff auf das Urteil oder den Beschluss hat, zumindest aber auf die Leitsätze.

Gericht verurteilte den Jäger zum Schadensersatz: Der Jäger dürfe zwar Hunde erschießen, wenn ein Rechtfertigungsgrund vorhanden sei. Seine Behauptung, die Hunde hätten gewildert und deshalb sei der Schuss gerechtfertigt gewesen, habe der hierfür beweispflichtige Jäger jedoch nicht beweisen können (LG Lüneburg, Az.: 10 S 2/09).

- Ein Jäger hatte bei der Jagd von seinem Hochsitz aus einen Golden Retriever getötet. Zur Verteidigung hatte er angegeben, er habe den Hund für einen sich im Schnee wälzenden Fuchs gehalten, was einer fuchstypischen Verhaltensweise entspreche. Auf Weisung der Aufsichtsbehörde, des Staatsbetriebes Sachsenforst, wurde sein Jagdschein ab sofort für ungültig erklärt, die Einziehung verfügt und der Jäger zur unverzüglichen Rückgabe verpflichtet. Es lägen nämlich Anhaltspunkte vor, dass er Waffen oder Munition auch künftig leichtfertig verwenden werde, eine Einschätzung, die durch die Umstände der Tötung gerechtfertigt sei. Das Verwaltungsgericht bestätigte, dass der Mann die an einen Jäger zu stellenden Anforderungen in besonders schwerem Maße verletzt habe, was den Entzug des Jagdscheins rechtfertige (VG Leipzig, Az.: 5 L 335/09).

Die Naturschutz- und Waldgesetze

Die einzelnen Bundesländer sind nach § 14 BWaldG und § 56 BNaturSchG ermächtigt, das Betreten von Wald und Flur aus wichtigem Grund einzuschränken zum Schutz des Waldes und der Natur, des Wildes sowie der Spaziergänger und Wanderer. Hintergrund ist, dass es gilt, den Wald, den Forst, die Bewirtschaftung von Wald und Wild und die Waldbesucher zu schützen, um erhebliche Schäden zu vermeiden und schutzwürdige Interessen der Waldbesitzer zu wahren. Deshalb sehen die meisten Landeswaldgesetze eine generelle Anleinpflicht für Hunde im Wald vor, auch außerhalb der sog. Brut-, Setz- und Aufzuchtzeiten. Da diese Zeiten nicht einheitlich festgelegt sind, sollte man sich beim jeweiligen Forstamt informieren.

Zudem gibt es daneben örtliche Verordnungen zu einem generellen Leinenzwang in bestimmten Naturschutzgebieten. Auch dies kann man beim zuständigen Forstamt oder beim Landesministerium erfragen.

Wer gegen die Anleinpflicht verstößt, kann wegen einer Ordnungswidrigkeit belangt werden mit z. T. hohen Geldbußen!

Das Allgemeine Ordnungswidrigkeitengesetz (OWiG)

Ordnungswidrigkeiten sind rechtswidrige, vorwerfbare Handlungen, die gegen eine Rechtsnorm verstoßen. Dennoch hat der Gesetzgeber ihnen keinen solchen Unwertgehalt beigemessen wie einer Straftat.

Das Recht der Ordnungswidrigkeiten muss man streng trennen vom Strafrecht.

Was das Recht der Ordnungswidrigkeiten vom Strafrecht im engeren Sinne (Kriminalstrafrecht) unterscheidet? – Kriminalunrecht verletzt mit den Strafvorschriften regelmäßig gleichzeitig sittliche Normen, die im Gewissen des Bürgers Resonanz finden. Das Strafrecht ahndet deshalb Zuwiderhandlungen gegen solche Vorschriften, die (auch) in moralischen und ethischen Anschauungen wurzeln. Das Recht der Ordnungswidrigkeiten dagegen dient der Durchsetzung solcher Bestimmungen, die mehr auf Zweckmäßigkeitserwägungen beruhen. Man kennzeichnet das Recht der Ordnungswidrigkeiten auch als *Verwaltungsunrecht* im Gegensatz zum *Kriminalunrecht* des Strafgesetzbuches.

Rein äußerlich unterscheidet sich das Kriminalstrafrecht vom Recht der Ordnungswidrigkeiten durch die Art der Ahndung: Während für die Begehung einer Straftat die Verhängung einer Freiheits- oder Geldstrafe angedroht ist, wird die Ordnungswidrigkeit als Verwaltungsunrecht bei geringfügigen Verstößen mit einer Verwarnung, anderenfalls mit einer Geldbuße geahndet, §§ 1, 17 OWiG.

Spezielle Ordnungswidrigkeiten sind weit verstreut in den zahlreichen Bundes- und Landesgesetzen für bestimmte Rechtsgebiete, wie Tierschutz, Immissionsschutz, Lärmschutz, Jagd-, Wald- und Naturschutz und Sicherheit im Straßenverkehr, darüber hinaus in Rechtsverordnungen, wie den Polizeiverordnungen, oder in Gemeindesatzungen.
Allgemeine Ordnungswidrigkeiten, die im OWiG normiert sind, beinhalten Ruhestörungen, die in einem übermäßigen Bellen von Hunden liegen können. Aber auch das „Häufchen" kann Anlass für eine Ordnungswidrigkeit sein, wenn es dann nicht beseitigt wird.

– Stichpunkt 1: Hundegebell

Übermäßiges Gebell, Gejaule oder Gefiepse eines Hundes können nach dem OWiG als öffentliche Ruhestörung angesehen werden mit der Folge einer erheblichen Geldbuße für den Hundehalter. Hierzu heißt es in § 117 Abs. 1 OWiG:

§ 117 OWiG Unzulässiger Lärm
(1) Ordnungswidrig handelt, wer ohne berechtigten Anlass oder in einem unzulässigen, je nach den Umständen vermeidbaren Ausmaß Lärm erregt, der geeignet ist, die Allgemeinheit oder die Nachbarschaft erheblich zu belästigen oder die Gesundheit eines anderen zu schädigen.
(2) Die Ordnungswidrigkeit kann mit einer Geldbuße von bis zu 5.000 Euro geahndet werden, wenn die Handlung nicht nach anderen Vorschriften geahndet werden kann.

Wenn Nachbarn sich beim Ordnungsamt über derartige Lärmimmissionen beschweren und ein behördliches Einschreiten verlangen, geht das Amt der angezeigten Ordnungswidrigkeit nach, ermittelt selbst und kann ein Bußgeld verhängen. Zuvor verlangt es aber regelmäßig, ein Langzeit-Lärmprotokoll zu erstellen und Zeugen zu benennen. Auch kann das Ordnungsamt im Einzelfall anordnen, dass der Hundehalter – je nach Art, Zeit und Dauer des angezeigten Gebells – seinen Hund nachts und an Sonn- und Feiertagen in geschlossenen Räumen hält mit Ausnahme der notwendigen „Gassi"-Gänge.

Was nun als „übermäßiges Bellen" anzusehen ist, war Gegenstand vieler gerichtlicher Entscheidungen, sowohl im Mietrecht als auch im Nachbarschaftsrecht und im Öffentlichen Recht. Die Meinungen der Gerichte gehen hier auseinander, orientieren sich aber alle an folgenden Kriterien:

- Uhrzeiten der Bellerei,
- Häufigkeit des Gebells,
- Lautstärke des Gebells,
- Dauer der Bellerei.

Einige Gerichte sind der Auffassung, das Bellen am Tag dürfe nicht länger als eine Stunde sein, und nachts müsse absolute Ruhe gewährleistet sein, oder fordern sogar, dass bestimmte Bellzeiten einzuhalten seien. Andere Gerichte ziehen die Grenzen des ertragbaren Hundegebells weiter. Hier einige Beispiele:

Das Oberlandesgericht Hamm hielt störendes Hundegebell für hinnehmbar, soweit es den Betroffenen in der Nutzung seines Grundstücks nur unwesentlich beeinträchtige. Unwesentlich sei störendes Hundegebell nur dann, wenn es außerhalb der „üblichen Ruhezeiten" geschehe, nämlich in der Zeit

- von 19 Uhr bis 8 Uhr und
- von 13 Uhr bis 15 Uhr sowie
- nicht länger als 30 Minuten am Tag und
- nicht länger als 10 Minuten am Stück

(OLG Hamm, Az.: 22 U 249/89).

Das Oberlandesgericht Köln vertrat den Standpunkt, dass ein vorinstanzliches Urteil, wonach ein Hundehalter seine Hunde so zu halten habe, dass Hundegebell, Winseln oder Jaulen auf dem Nachbargrundstück nur außerhalb der Zeitspanne

- von 13 Uhr bis 15 Uhr sowie
- von 22 Uhr bis 6 Uhr und
- nicht länger als 10 Minuten ununterbrochen und
- insgesamt 30 Minuten täglich

zu hören sei, hinreichend bestimmt sei. Der Festlegung eines bestimmten Schallpegels bedürfe es nicht. Denn auch nur ein leises Wimmern oder Jaulen eines Hundes könne für die Nachbarn höchst lästig sein, wenn dies sich über einen längeren Zeitraum erstrecke (OLG Köln, Az.: 12 U 40/93).

Zuvor hatte das Oberlandesgericht München dagegen andere Zeiten für das Bellverbot ausgesprochen, nämlich

- von 12 Uhr bis 14 Uhr
- von 21 Uhr bis 7 Uhr und
- durchgehend an Sonn- und Feiertagen
  (OLG München, Az.: 25 W 2336/89).

Schnauze zu – oder ab in die Hundeschule! So lautet das Resümee des Oberlandesgerichts Nürnberg: Hunde dürften am Tag eine halbe Stunde lang bellen, nachts müssten sie die Schnauze halten. Richter könnten sogar den Besuch in der Hundeschule anordnen, wenn das Tier über Gebühr die Nachbarn nerve (OLG Nürnberg, Az.: 8 U 2819/96).

Das Oberlandesgericht Brandenburg hat hingegen Gebell verboten

- von 22 Uhr bis 7 Uhr wochentags, d. h. auch am Samstag,
- durchgehend an Sonntagen.

Das bedeutet aber nicht, dass Hunde nach Auffassung des Gerichts in der Mittagszeit und am Wochenende regelmäßig unbeschränkt bellen dürften. Nur ging es dort um einen speziellen Fall: Es war kein reines Wohngebiet, sondern ein gemischtes Wohn-Gewerbe-Gebiet. Außerdem schlug der Hund tagsüber nur an, wenn der Postbote kam, und bellte ausdauernd in Zeiten der Nachtruhe nur dann, wenn sich morgens vor 7 Uhr regelmäßig ein Nachbar mit einem Pritschenwagen näherte (OLG Brandenburg, Az.: 5 U 152/05).

Nachdem zwei eine Gaststätte bewachende Dobermänner über zwei Jahre hinweg die Nachbarn durch dauerndes Gebell genervt hatten und sonstige Maßnahmen nicht fruchteten, verfügte das Oberverwaltungsgericht Bremen die Einziehung der Hunde (OVG Bremen, Az.: 1 B 215/09).

Gegen eine Auflage der Behörde wegen Lärmbelästigung durch seinen Hund auf seinem Privatgrundstück ging ein Hundehalter erfolglos vor. Ihm war wegen Störungen durch ständiges Bellen seines Hundes auf der Grundlage von § 117 Abs. 1 OWiG die Anordnung erteilt worden, den Hund

- von Montag bis Freitag und an Sonn- und Feiertagen (Samstag? Nicht erwähnt!)
- von 12 Uhr bis 15 Uhr und von 19 Uhr bis 8 Uhr morgens

nur noch unter Aufsicht geeigneter Personen außerhalb des Wohnraums zu lassen, anderenfalls drohe ein Zwangsgeld (VG München, Az.: M 22 K 08.6241).

„Auch für Hunde gibt es Hausarrest!“ Das Oberverwaltungsgericht Lüneburg hat eine behördliche Anordnung wegen ständiger Bellerei von im Zwinger gehaltenen Hunden bestätigt. Danach war dem Hundehalter auferlegt worden, seine Hunde in geschlossenen Räumen zu halten mit der einzigen Ausnahme kurzer „Gassi“-Gänge,

- nachts von 22 Uhr bis 7 Uhr und
- an Sonn- und Feiertagen ganztätig.

Grundlage der Entscheidung war § 117 OWiG bzw. § 11 Abs. 1 i. V. m. § 3 Abs. 1 der GefahrenabwehrVO zum Schutz der öffentlichen Sicherheit (OVG Lüneburg, Az.: 11 ME 148/13).

- Das Verwaltungsgericht Minden wies eine Nachbarschaftsklage gegen die erteilte Baugenehmigung für ein Tierheim ab, da der zumutbare Lärmpegel hier nicht überschritten werde (VG Minden, Az.: 1 K 1448/13).

- Nicht beanstandet hat das Verwaltungsgericht Würzburg eine behördliche Verfügung zur Abgabe eines pyrenäischen Hirtenhundes nach zweimaligem vergeblichen Zwangsgeld gegen einen Hundehalter wegen Verstoßes gegen den Bescheid des Landratsamtes, ab sofort die erhebliche Lärmbelästigung der Nachbarschaft durch das Bellen seines Hundes einzustellen und den Hund
  - in den gesetzlichen Ruhezeiten von 22 Uhr bis 6 Uhr
  - in einem geschlossenen Gebäude

  unterzubringen.
  Die nicht aufhörenden Ruhestörungen seien eine bereits lang andauernde Gefahr für die Gesundheit der betroffenen Nachbarn und machten solches Einschreiten gem. § 117 Abs. 1 OWiG erforderlich (VG Würzburg, Az.: 5 K 12.659).

Andere Gerichte ziehen die Grenzen des ertragbaren Hundegebells entschieden weiter:

- Das Verwaltungsgericht Frankfurt z. B. erkennt eine mehr als nur geringfügige Belästigung der Nachbarn durch Hundegebell erst an, wenn
  - mehrere Hunde in einem Wohngebiet gehalten werden und
  - über mehrere Stunden täglich und
  - zur Nachtzeit bellen (VG Frankfurt, Az.: 5 L 130/10).
- Schließlich sind da noch die Gerichte, die den Hundehalter zwar in die Pflicht zur Rücksichtnahme und zum Versuch der Einwirkung auf den Hund durch erzieherische Maßnahmen nehmen, jedoch darauf verweisen, dass ein völliges Bellverbot dem typischen Hundeverhalten und der artgerechten Hundehaltung entgegenstehe. Zu Recht! Denn es ist ja gerade das Bellen, durch das sich ein Hund verständlich machen kann. Wie sollte er sich sonst äußern?
  Entsprechend hielt das Oberlandesgericht Düsseldorf festgesetzte „Bellzeiten“ für unangemessen. Dem Hundehalter aufzugeben, Maßnahmen zu ergreifen, dass das Bellen seines Hundes zu bestimmten Tageszeiten gar nicht und insgesamt nicht länger als eine bestimmte Zeitspanne zu hören sei, komme nahezu einem völligen Verbot der Hundehaltung gleich. Denn anderenfalls wäre ein Verstoß des Hundehalters bereits dann gegeben, wenn der Hund nur eine Minute länger als erlaubt bellen würde. Ein solches, möglicherweise auch nur kurzes Bellen sei dem Einflussbereich eines jeden Hundehalters aber entzogen (OLG Düsseldorf, Az.: 9 U 111/93).

Da die Entscheidungen der Gerichte zum Gebell von Hunden derart unterschiedlich sind, ist es für die Hundebesitzer schwer, eine Prognose zu stellen, ob sie für das „Fehlverhalten" ihres Hundes mit einer Geldbuße rechnen müssen! Jedenfalls sollte darauf geachtet werden, dass Nachbarn oder Anwohner nicht durch dauerhaftes Bellen, Winseln oder Heulen übermäßig belästigt werden, schon gar nicht nachts. Hier schafft bereits Abhilfe, den Hund ins Haus oder in die Wohnung hineinzuholen und natürlich mit den Nachbarn zu reden.

Und hier noch etwas Unvorstellbares und in Deutschland Undenkbares:

Laut einem Gerichtsurteil musste ein Paar aus dem US-Bundesstaat Oregon seinen Hunden Teile der Stimmbänder entfernen lassen, damit sie nicht mehr so laut bellen konnten. Sie waren von Nachbarn wegen Lärmbelästigung durch Gebell in angeblich der Lautstärke einer Schießanlage angezeigt worden. Die umstrittene Operation, das sog. „Debarking", ist in Deutschland, aber auch in einigen Bundesstaaten der USA, zum Glück verboten!

– Stichpunkt 2: Hundekot

Hundekot verunreinigt Straßen, Wege und Grasflächen. Die „Häufchen" sind nicht nur ein unschöner Anblick, sondern wegen Ausrutschgefahr gefährlich und wegen Verunreinigung der Schuhe für Menschen lästig. Auch können solche Exkremente sogar eine Infektionsquelle für die Übertragung von Salmonellen und Würmern darstellen.
Der Halter wie auch der Führer eines Hundes sind daher zur Beseitigung der „Hinterlassenschaft" des Hundes verpflichtet. Missachten sie diese Pflicht, so begehen sie eine Ordnungswidrigkeit nach § 118 OWiG:

§ 118 OWiG Belästigung der Allgemeinheit
(1) Ordnungswidrig handelt, wer eine grob ungehörige Handlung vornimmt, die geeignet ist, die Allgemeinheit zu belästigen oder zu gefährden und die öffentliche Ordnung zu beeinträchtigen.
(2) Die Ordnungswidrigkeit kann mit einer Geldbuße geahndet werden, wenn die Handlung nicht nach anderen Vorschriften geahndet werden kann.

Die Höhe des Bußgeldes richtet sich nach der jeweiligen Bußgeldsatzung der Stadt oder Gemeinde und kann deshalb unterschiedlich hoch ausfallen.

Das Steuerrecht

Um die Hundehaltung zu begrenzen, Maßnahmen für und gegen Hunde zu finanzieren und Verunreinigungen sowie Gefahren durch Hunde zu vermindern, erheben Städte und Gemeinden eine Hundesteuer.

– Steuerpflicht für Hundehalter

Grundsätzlich muss jeder Hundehalter in Deutschland eine Hundesteuer zahlen. Da die Gemeinden landesgesetzlich ermächtigt sind, die Höhe der Steuer eigenständig festzusetzen, sind die Steuern unterschiedlich hoch, je nach den Hundesteuersatzungen der einzelnen Städte und Gemeinden.
Wer als Hundebesitzer z. B. im ostwestfälischen Werl wohnt, kann sich glücklich schätzen. Ganze 24,60 € muss man derzeit für seinen Hund jährlich an die Stadt im Kreis Gütersloh entrichten. Davon können Bonner nur träumen: Sie müssen mit 162,- € mehr als sechsmal so viel für ihren Liebling bezahlen. Der Bund der Steuerzahler in Nordrhein-Westfalen (Stand 2016) hat in einer Liste die Hundesteuer in 197 Kommunen des Bundeslandes aufgelistet. Teurer als in Bonn ist es demzufolge nur in Hagen, einen Hund zu halten. Dort kostet er 180,- € pro Jahr. In vielen Kommunen ist die Hundesteuer in den letzten Jahren gestiegen. Für sog. Kampfhunde liegt die Steuer oftmals um ein Vielfaches höher. Keine der Kommunen erhebt dagegen Hundesteuern von Haltern, die blind oder schwerbehindert sind.
Besteuert wird die Hundehaltung. Steuerpflichtiger ist der Hundehalter, wobei die Steuer, unabhängig vom Eigentum an dem Hund, pro Haushalt festgesetzt wird. Führen mehrere Personen einen gemeinsamen Hausstand oder Haushalt, dann ist jede dieser Personen sog. Gesamtschuldner der Hundesteuer für einen gemeinsam gehaltenen Hund. Gesamtschuldner bedeutet, dass jede dieser Personen voll in Anspruch genommen werden und danach der Inanspruchgenommene die anderen anteilsmäßig in Regress nehmen kann.

Die Steuerpflicht beginnt zwei Wochen nach Anschaffung des Hundes. Die Anmeldung des Tieres muss bei der zuständigen Gemeinde – das ist die am Hauptwohnsitz des Hundehalters – vorgenommen werden, was schriftlich per Post, per Fax oder auch online erfolgen kann. Das amtliche Anmeldungsformular erhält man beim örtlichen Ordnungsamt sowie online über die kommunale Homepage! Wichtig: Nur die Formulare von der zuständigen Gemeinde können benutzt werden, d. h., mit einem Formular aus Düsseldorf kann man seinen Hund nicht in Köln anmelden!

Nach Anmeldung und Zahlung der Steuer erhält man eine *Steuermarke* für den Hund, die belegt, dass der Hund angemeldet und die Hundesteuer für ihn gezahlt worden ist. Gemeinden und Städte sind nicht nur berechtigt, für jeden einzelnen Hund eine Steuer zu erheben, sondern sie können den Hundehalter auch verpflichten, dass der Hund die Steuermarke am Halsband trägt.

- Anders sei es, so der Bayerische Verwaltungsgerichtshof, für die Stadtverwaltung nicht überprüfbar, ob ein kontrollierter Hund auch tatsächlich angemeldet ist (BayVGH, Az.: 4 N 92.3729).

Mit dem Tod oder der Abschaffung des Hundes, aber auch bei einem Umzug in eine andere Stadt oder Gemeinde endet die Steuerpflicht. Im letzteren Fall muss man die Steuermarke der ehemaligen Gemeinde unter Angabe der neuen Wohnanschrift zurückgeben. In der neuen Gemeinde gilt wieder die Anmelde- und Steuerpflicht.

Verstöße gegen die Bestimmungen der Hundesteuersatzungen können als Ordnungswidrigkeiten mit einer Geldbuße geahndet werden. Sogar eine Straftat, nämlich Steuerhinterziehung nach § 370 der Abgabenordnung, kann vorliegen!

- Die Hundesteuer ist eine Jahressteuer und kann deshalb noch im Dezember für das ganze Jahr rückwirkend erhöht werden. Dies hat das Oberverwaltungsgericht Koblenz entschieden bei der Klage eines Hundehalters gegen die Erhöhung des jährlichen Steuersatzes kurz vor Jahresende. Er zog den Kürzeren. Das Gericht hielt eine Erhöhung für möglich, solange der Steuertatbestand noch nicht abgeschlossen sei. Alle Hundehalter müssten für die vergangenen 11 Monate nachbezahlen (OVG Koblenz, Az.: 6 A 12926/95).

Eine Ermäßigung der Hundesteuer kann auf Antrag bewilligt werden, z. B. dann, wenn der Halter des Tieres einkommensschwach ist, wenn die Hunde zu Zuchtzwecken gehalten werden oder wenn es sich bei den Tieren um Wachhunde handelt.

- Anders hat es das Oberverwaltungsgericht Münster gesehen bei einem Landwirt, der einen Wachhund zum Bewachen nicht nur des landwirtschaftlichen Betriebes, sondern auch des zugehörigen Wohnhauses hielt. Auch dieser könne zur Hundesteuer herangezogen werden. Die Haltung des Wachhundes auf der Hofstelle diene nämlich nicht nur der Bewachung des Betriebsgebäudes, sondern auch des zum Hof gehörenden Wohnhauses (OVG Münster, Az.: 14 A 1569/03).
- Eine gänzliche *Befreiung* von der Hundesteuer ist nur ausnahmsweise aus Billigkeitsgründen möglich, so z. B. wegen Behinderung oder bei Sozialhilfeempfängern, wenn die Hundesteuersatzung der Stadt oder Gemeinde dies vorsieht (VG Gelsenkirchen, Az.: 2 K 3211/08 für die Stadt Gelsenkirchen).

In bestimmten Fällen kann es auch zu einer *Steuererhöhung* kommen: Beißt z. B. ein Dackel eine Nachbarin, so kann er von der Behörde als „gefährlich" eingestuft werden mit der

Folge, dass sein Frauchen mit einer empfindlich höheren Hundesteuer zur Kasse gebeten werden kann.

- Nach einer Entscheidung des Verwaltungsgerichts Gießen gilt dies jedenfalls dann, wenn die Gemeindesatzung eine entsprechende Vorschrift enthält: Den Hund, der der Nachbarin kräftig ins Knie gebissen hatte, habe die Gemeinde als „gefährlich" einstufen und entsprechend besteuern dürfen, und zwar statt mit 50, € nunmehr mit 500,- €. Wenn die Satzung solche Hunde als „gefährlich" definiere, die einen Menschen ohne begründeten Anlass gebissen oder in gefahrdrohender Weise angesprungen haben, so sei an dieser Formulierung nichts auszusetzen (VG Gießen, Az.: 8 K 1563/13).

Ebenso sehen die Gerichte dies bei der Steuererhebung für sog. *Kampfhunde*, bei denen sie das abstrakte Gefährdungspotential allein auf Grund der Rasse als nicht unerheblich einschätzen. Ob der Hund tatsächlich aggressiv oder gefährlich geworden ist, ob er gebissen oder einen Menschen bedroht hat, ist nicht entscheidend, sondern ausreichend ist seine Zugehörigkeit zu einer sog. Gefahrhundeliste, worin je nach Bundesland unterschiedliche Hunderassen wegen ihrer besonderen Aggressivität oder Gefährlichkeit aufgeführt werden.

- Der Hessische Verwaltungsgerichtshof hat die Erhebung einer erhöhten Steuer für Kampfhunde insoweit als berechtigt angesehen: Gemeinden dürften die Hundesteuer auch zu Lenkungszwecken verwenden, um das Halten gefährlicher Hunde einzudämmen. Gleichzeitig billigte das Gericht eine Liste mit besonders gefährlichen Hunderassen, „die auf Angriffslust oder übertriebene Kampfesbereitschaft gezüchtet werden" (VGH Kassel, Az.: 5 N 94/00).

- Der Halter von zwei American Staffordshire-Terriern musste das Vierfache des normalen Steuersatzes bezahlen. Das Oberverwaltungsgericht Koblenz begründete dies damit, dass diese Terrier Kampfhunde seien. Für diese müsse nun mal mehr auf den Tisch gelegt werden, weil sie extrem gefährlich seien (OVG Koblenz, Az.: 6 C 10609/02).

- Das Verwaltungsgericht Stuttgart hat ebenfalls eine erhöhte Kampfhundesteuer grundsätzlich für rechtens gehalten. Anders sei es nur dann, wenn die Höhe der Steuer die Abschaffung des Hundes erzwingen würde (VG Stuttgart, Az.: 11 K 3456/02).

- Genauso sah es das Oberverwaltungsgericht Rheinland-Pfalz: Weil die Heraufsetzung der jährlichen Hundesteuer von 30,- € auf 1000,- € für Kampfhunde einem Verbot gleichkomme und damit die weitere Haltung des Hundes unmöglich mache, sei eine solche Gemeindesatzung unwirksam (OVG Rheinland-Pfalz, Az.: 6 C 10308/05).

- Eine höhere Besteuerung von Hunden gefährlicher Rassen durch den kommunalen Steuersatzungsgeber hielt das Oberverwaltungsgericht Lüneburg für sachlich gerechtfertigt und mit dem Gleichheitssatz vereinbar. Die Annahme einer abstrakten Gefährlichkeit von Hunden der Rasse Staffordshire-Bullterrier beruhe nicht auf offensichtlich unrichtigen oder durch neuere wissenschaftliche Erkenntnisse überholten Annahmen. Die ggf. geringe Zahl dokumentierter Beißvorfälle sei allein nicht geeignet, die abstrakte Gefährlichkeit zu widerlegen (OVG Lüneburg, Az.: 9 LA 163/10, anders noch OVG Lüneburg, Az.: 13 LB 299/02).

- Einen Bescheid der Stadt Erfurt zur Erhebung einer sog. Kampfhundesteuer hat das Verwaltungsgericht Weimar aufgehoben. Zwar hielt das Gericht den zugrunde liegenden Hundesteuersatz für wirksam, stellte jedoch fest, dass die erhöhte Steuer für das Halten gefährlicher Hunde nur bei *nachgewiesener Gefährlichkeit* erhoben werden dürfe. Objektive Anzeichen – wie z. B. eine angezüchtete Aggressionssteigerung – müssten dazu vorliegen. Allein die Zugehörigkeit zu einer bestimmten Rasse sei für die Hundesteuersatzung unerheblich. Der Nachweis der Gefährlichkeit könne auch nicht erbracht werden durch die erteilte Erlaubnis zur Haltung eines gefährlichen Hundes nach der städtischen Verordnung. Denn auch für diese gelte, dass bestimmte Hunderassen nicht generell als gefährlich einzustufen seien (VG Weimar, Az.: 6 K 720/03).

Das *Bundesverwaltungsgericht* hat sich dieser Rechtsprechung zur erhöhten gemeindlichen Hundesteuer für gefährliche Hunde nur bei nachgewiesener Gefährlichkeit zunächst nicht angeschlossen, sondern erst einmal eine erhöhte Besteuerung allein aufgrund der Listung eines Hundes in einer „Kampfhundeliste“ für zulässig gehalten.

- In einem Fall ging es um die Heranziehung zu einer sog. *Kampfhundesteuer*, die nach der gemeindlichen Hundesteuersatzung jährlich 720,- DM betrug gegenüber jährlich 90,- DM für einen „normalen“ Hund. Die Satzung enthielt eine Liste mit 12 Hunderassen, die generell und abstrakt die Eigenschaft als Kampfhund begründeten, ohne dass es auf den Nachweis bestimmter Eigenschaften wie Veranlagung, Erziehung, Charaktereigenschaft ankam. Das Gericht beanstandete die Hundesteuersatzung nicht. Die Gemeinde dürfe mit der Hundesteuer auch außerfiskalische Zwecke verfolgen, so etwa die allgemeine Eindämmung der Hundehaltung. Auch der mit der sog. Kampfhundesteuer verfolgte Lenkungszweck sei von der Steuerkompetenz der Gemeinde noch gedeckt. Die festgelegte Besteuerung eines Kampfhundes mit monatlich 60,- DM sei im Verhältnis zu den sonstigen Kosten einer Haltung von Kampfhunden nicht so hoch, dass sie einem Verbot der Kampfhundehaltung im Ergebnis gleichkomme und damit eine unzulässige „erdrosselnde“ Wirkung habe.
  Das aggressive Verhalten eines individuellen Hundes hänge zwar nicht nur von der Rasse ab, sondern stets von mehreren Faktoren, wie von seiner Veranlagung, seiner

Aufzucht und von den Verhaltensweisen seines Halters. Auf der anderen Seite seien aber bei den Kampfhunderassen gezielt solche Eigenschaften gezüchtet worden, die die Kampfkraft erhöhten. Wenn eine Gemeinde durch eine erhöhte Steuer nun darauf Einfluss nehmen wolle, dass die Verbreitung solcher Hunde möglichst eingedämmt werde, deren Züchtigungspotenzial für aggressives und gefährliches Verhalten besonders geeignet sei, dann sei dies nicht willkürlich. Wegen der „abstrakten" Gefährlichkeit komme es nicht darauf an, ob ein einzelnes Exemplar nach den Umständen auch als harmlos eingestuft werden könne (BVerwG, Az.: 11 C 899, ebenso in der Folgezeit BVerwG, Az.: 9 B 4/11, Az.: 9 B 8/11 und Az.: 9 B 41/12).

In jüngerer Zeit hat das Bundesverwaltungsgericht hingegen einschränkend entschieden, dass eine kommunale Kampfhundesteuer in Höhe von 2.000,- € pro Jahr unzulässig sei, da sie einem Kampfhundeverbot in der Gemeinde gleichkomme!
Die betreffende Gemeinde erhob für einen „normalen" Hund eine Hundesteuer von jährlich 75,- €. Für einen sog. Kampfhund, hier einen gelisteten Rottweiler, war dagegen eine Jahressteuer von 2000,- € vorgesehen. Der Klage des Hundehalters gegen die in dieser Höhe festgesetzte Hundesteuer gab das Gericht statt: Eine erhöhte Hundesteuer für sog. Kampfhunde sei zwar zulässig, auch dann, wenn ein Negativattest die individuelle Ungefährlichkeit des konkreten Hundes bescheinige. Denn die Gemeinde dürfe bei ihrer Steuererhebung auch den Zweck verfolgen, Kampfhunde der gelisteten Rassen aus dem Gemeindegebiet zurückzudrängen. Die Steuer dürfe aber nicht so hoch festgesetzt werden, dass ihr eine „erdrosselnde Wirkung" zukomme, sie also faktisch in ein Verbot der Kampfhundehaltung umschlage. Denn abgesehen davon, dass sich der auf 2000,- € festgesetzte Steuersatz für einen Kampfhund auf das 26-Fache des Hundesteuersatzes für einen normalen Hund belaufe, sei darüber hinaus entscheidend, dass allein die Jahressteuer für einen Kampfhund den durchschnittlichen sonstigen Aufwand für seine Haltung übersteige. Im Übrigen fehle der Gemeinde für eine solche faktische Verbotswirkung die Rechtssetzungskompetenz (BVerwG, Az.: 9 C 8.14).

Ist also erwiesen, dass die als „Kampfhund" eingestufte Hunderasse tatsächlich gefährlicher ist als andere Rassen, wird die erhöhte Kampfhundesteuer als zulässig angesehen werden können, da sie erst dann den Zweck erfüllen kann, die Haltung potenziell gefährlicher Hunde zum Wohl der Allgemeinheit zu vermindern.

– Steuerersparnis für Fellpflege, Futter, tierärztliche Behandlung, „Gassi"-Gänge u. Co?

- Tierarztkosten

Ob Impfung, Zeckenschutz oder Operation, ein Tierarztbesuch kann richtig teuer werden. Schlechte Nachricht für alle Hundebesitzer:

- Das Finanzgericht Nürnberg hat – hier zu Lasten eines Pferdehalters – entschieden, dass die Tierarztkosten weder Handwerkerleistungen noch haushaltsnahen Dienstleistungen zugeordnet werden können. Die Konsequenz ist, dass man als Tierhalter auf den Tierarztkosten alleine sitzen bleibt. Es gibt keinen Steuervorteil (FG Nürnberg, Az.: 4 K 1065/12).

- Anders das Finanzgericht Münster, wonach sogar die tierärztliche Behandlung zum Steuernsparen taugen kann, nämlich, wenn der Tierarzt seine Leistungen beim Tierbesitzer zuhause erbringt (FG Münster, Az.: 14 K 2289/11E).

Wer den Hund aber nur aus beruflichen Gründen hält, wie Polizei- oder Therapiehunde, kann die Tierarztkosten von der Steuer als Werbungskosten absetzen!

- Tierhaftpflichtversicherung

Wer eine Tierhaftpflichtversicherung abgeschlossen hat, wie eine Hundehaftpflichtversicherung, kann steuerlich profitieren. Denn eine solche Versicherung gehört wie die eigene Haftpflichtversicherung zu den privaten Versicherungen. Daher können die Kosten dafür als sog. *Sonderausgaben* in der Steuererklärung eingetragen werden.

- Hundesteuer

Die Hundesteuer ist als sog. *Luxussteuer* nicht absetzbar. Da diese Steuer als eine private Ausgabe gilt, die zu den Lebenshaltungskosten zählt, sind die Kosten dafür nicht steuerbegünstigt, ebenso nicht die Kosten für Futter, Schlafplatz oder Zubehör für den Hund.

- Hundefriseur

Schneiden, scheren, trimmen – Fellpflege beim Hund ist ein notwendiges Übel. Übernimmt ein Hundefriseur das, kann man die Kosten von der Steuer absetzen, und zwar als *haushaltsnahe Dienstleistung*. Der Hundefriseur muss den Hund aber tatsächlich im Haushalt von Herrchen oder Frauchen frisieren. Geht man zu einem Hundesalon in der Stadt, sind die Kosten nicht steuerlich absetzbar. Um die Kosten absetzen zu können, muss man die Rechnung per Überweisung bezahlen. Barzahlungen erkennt das Finanzamt nicht an.

- Betreuung des Hundes

Der Bundesfinanzhof, Deutschlands höchstes Gericht für Steuern, hat bereits im Jahre 2015 entschieden, dass die Betreuung eines Haustiers (hier Katze) in den eigenen vier Wänden des Tierbesitzers als *haushaltsnahe Dienstleistung* absetzbar sein kann. Denn das Füttern, die Fellpflege und die Reinigungsarbeiten sowie „Gassi"-Gänge und Spielen seien Aufgaben, die regelmäßig anfielen und üblicherweise vom Besitzer selbst erledigt würden (BFH, Az.: VI R 13/15).

Wenn Herrchen oder Frauchen außer Haus arbeiten müssen oder ohne ihren Hund im Urlaub sind und all diese Aufgaben einem Dienstleister übertragen haben, können sie dementsprechend die Kosten dafür auch in der Steuererklärung eintragen. Aber Achtung: Bei der Betreuung des Hundes gilt die gleiche Einschränkung wie beim Hundefriseur. Kommt der Vierbeiner in eine Hundepension oder eine Hundetagesstätte, sind die Kosten nicht absetzbar. Für eine Steuerersparnis muss das Tier tatsächlich zuhause betreut werden. Auch hier braucht man eine Rechnung, die per Überweisung beglichen werden muss. Außerdem können nur die Arbeits- und Fahrtkosten abgesetzt werden, nicht aber die Kosten für Futter und andere Materialien.

- Ausführen des Hundes

Nun hat der Bundesfinanzhof eine weitere Entscheidung gefällt, die Hundebesitzer jubeln lässt: Auch „Gassi"-Gänge bis zu zwei Stunden durch einen Dienstleister können als *haushaltsnahe Dienstleistung* von der Steuer absetzbar sein!

Im konkreten Sachverhalt beauftragte Frauchen einen Hunde-Gassi-Service, der ihre Hunde regelmäßig ausführte. Die Kosten dafür setzte sie als „haushaltsnahe Dienstleistungen" in ihrer Einkommenssteuererklärung ab. Das Finanzamt berücksichtigte die Kosten nicht, da das Ausführen der Hunde außerhalb der Grundstücksgrenzen erfolgte und es sich deshalb nicht um begünstigte haushaltsnahe Dienstleistungen handele. Dies überzeugte das Finanzgericht Hessen nicht. Vielmehr sei entscheidend, ob die Leistungen im Zusammenhang mit der Haushaltsführung ständen, was hier zutreffe (FG Hessen, Az.: 12 K 902/16). Die Beschwerde des Finanzamtes gegen dieses Urteil hatte beim Bundesfinanzhof keinen Erfolg. In seinem Urteil stellte der Bundesfinanzhof klar, dass der Begriff des Haushalts räumlich-funktional auszulegen sei. Die Richter meinen damit, dass die Grenze des Haushalts nicht ausnahmslos durch die Grundstücksgrenze abgesteckt ist. Die Konsequenz dieser Entscheidung: Das Ausführen des Hundes kann in der Steuererklärung eingetragen werden (BFH, Az.: VI B 25/17).

Wichtig ist allerdings, dass der Hund für die Gassirunde tatsächlich im Haushalt des Steuerpflichtigen abgeholt wird und nach dem Ausführen auch dorthin wiederkehrt.

Der Hund in den Gesetzen der Länder

In den Regelungen der Landeshundegesetze und -verordnungen geht es um bußgeldbelegte Ordnungswidrigkeiten bei Verstößen des Hundehalters oder Hundeführers gegen die Erlaubnispflicht zur Haltung gefährlicher Hunde, gegen die Maulkorb- und/oder Leinenpflicht und die in einigen Bundesländern auferlegte Pflicht zum Abschluss einer Hundehaftpflichtversicherung.

Gesetze und Verordnungen zum Schutz vor „gefährlichen Hunden"

Zunächst ist zu klären, was man unter *„gefährliche Hunde"* versteht, und erst danach, was auf diese Hunde bzw. deren Halter zukommt.

– „Gefährliche" Hunde

Für diesen Begriff gibt es in fast allen Hundegesetzen und -verordnungen eine allgemeine, nicht an eine bestimmte Rasse anknüpfende, fast identische Definition. Danach geht es um Hunde, die ausgebildet, gezüchtet oder gekreuzt worden sind mit dem Ziel einer gesteigerten Aggressivität. Es sind Hunde, die

- eine Ausbildung zum Nachteil des Menschen, zum Schutzhund oder auf Schärfe durchlaufen haben,
- einen Menschen gebissen haben, es sei denn zur Verteidigung anlässlich einer strafbaren Handlung,
- einen Menschen angesprungen haben in Gefahr drohender Weise,
- einen anderen Hund gebissen haben, ohne selbst Opfer eines Angriffs gewesen zu sein,
- gezeigt haben, dass sie unkontrolliert Wild, Vieh, Katzen oder andere Tiere hetzen, beißen oder reißen.

Ob diese Hunde als „gefährlich" einzustufen sind, entscheidet das Veterinäramt nach Begutachtung des Tieres durch einen Amtstierarzt.

– Gefährlichkeit nach Beißvorfällen

Nach einem Beißvorfall kann in jedem Bundesland die Einstufung eines Hundes als „gefährlich" durch die zuständige Behörde, in der Regel das Veterinäramt, erfolgen.

In Rheinland-Pfalz wurde festgestellt, dass ein Hund, der einen Menschen oder einen Hund gebissen hatte, schon allein deshalb als gefährlich eingestuft werden kann.
Ein Schäferhund-Mischling hatte zwei Menschen gebissen. Er sollte daraufhin nur

noch angeleint und mit Maulkorb Gassi gehen. Der Halter klagte vergeblich gegen die Gemeinde. Das Verwaltungsgericht Trier urteilte: Der *Maulkorb* sei nötig, denn auch ein angeleinter Hund könne zubeißen. Der Hund habe sich nach dem Beißvorfall gegenüber einem Menschen alleine dadurch als bissig erwiesen und gelte somit als gefährlich (VG Trier, Az.: 1 L 593/13).

- In Niedersachsen muss der Biss eines Hundes zu einer nicht nur ganz geringfügigen Verletzung führen, um den beißenden Hund als gefährlich einstufen zu können, so das Niedersächsische Oberverwaltungsgericht. Allerdings werden Ausnahmen formuliert, so z. B. für erlaubtes Beißen im Rahmen des bestimmungsmäßigen Gebrauchs, wie bei Dienst- und Jagdhunden, für eindeutig artgerechtes Abwehrverhalten gegenüber anderen (Haus)-Tieren sowie für Beißen und Töten von Mäusen oder Insekten (OVG Niedersachsen, Az.: 11 ME 423/11).

- Hat ein Hund ein Schaf gerissen, kann er ohne weiteres als gefährlich eingestuft werden. Das Verwaltungsgericht Oldenburg hat entschieden, dass aus Gründen der Gefahrenvorsorge ein derartiger einmaliger Vorfall ausreicht und ohne weitere Prüfung die Gefährlichkeit ausgesprochen werden kann (VG Oldenburg, Az.: 7 A 788/14).

- Laut Verwaltungsgericht Oldenburg reicht es zur Feststellung der Gefährlichkeit eines Hundes aus, dass dieser einmalig einen Menschen gebissen hat: Habe ein Hund aber mehrmals Menschen gebissen, könne die Gefährlichkeit aus Gründen der Gefahrenvorsorge regelmäßig angenommen werden, ohne weitere Prüfung, ob das vom Hund gezeigte Verhalten tatsächlich eine gesteigerte Aggressivität bzw. eine über das natürliche Maß hinausgehende Angriffslust aufgewiesen habe (VG Oldenburg, Az.: 7 B 5951/13).

- Ein Beschluss des Oberverwaltungsgerichts Lüneburg bestätigt, dass ein Hund, der einen Menschen gebissen hat, ohne weitere Überprüfung des Hundes als gefährlich eingestuft werden könne. Die Pflicht zur Überprüfung beziehe sich lediglich auf die näheren Umstände des Vorfalls. Weitere Überprüfungen des Hundes auf seine Reaktionen, wenn er auf andere Hunde treffe, oder ein Wesenstest, nämlich eine Untersuchung des Hundeverhaltens in verschiedenen Alltagssituationen, hielt das Gericht zur Gefährlichkeitseinstufung für nicht erforderlich. Auch könne ein bestandener Wesenstest die Gefährlichkeit des Hundes rechtlich nicht widerlegen. Unter Verhältnismäßigkeitsgesichtspunkten reiche es, dass der Gesetzgeber bei Nachweis eines bestandenen Wesenstestes die Möglichkeit vorsehe, den Leinenzwang ganz oder teilweise aufzuheben und auf diese Weise die Auswirkungen der Feststellung einer Gefährlichkeit zu mindern (OVG Lüneburg, Az.: 11 LA 250/14).

– Gefährlichkeit ohne Beißvorfälle

Auch ohne Beißvorfall können Hunde als „gefährlich" eingestuft werden!

- Wie das Oberverwaltungsgericht Rheinland-Pfalz beschlossen hat, kann ein Hund ohne Beißvorfall als „gefährlich" qualifiziert werden. Die Halterin einer Hündin hatte gegen den ohne Beißvorfall verhängten Leinen- und Maulkorbzwang geklagt. Das Gericht sah es als erwiesen an, dass die Hündin sich mehrfach bellend und zähnefletschend auf Artgenossen gestürzt und diese angegriffen hatte. Dies zeige eine überdurchschnittlich ausgeprägte, extreme Kampfbereitschaft, die das rheinland-pfälzische Landesgesetz über gefährliche Hunde als gefährlich einstufe (OVG Rheinland-Pfalz, Az.: 7 B 10501/13).

- Der Bayerische Verwaltungsgerichtshof hat entschieden, dass ein großer Hund auch bei gutem Erziehungserfolg und bestandenem Wesenstest als gefährlich gelten könne und somit auch ohne Vorfall nicht frei herumlaufen dürfe, sofern sich Dritte hierdurch bedroht sehen könnten. Hierzu müsse es noch zu keinem Vorfall gekommen sein, bei dem der Hund Menschen oder Hunden Verletzungen zugefügt habe (Bayr.VGH, Az.: 10 ZB 14.229).

- In einem anderen Verfahren entschied der Bayerische Verwaltungsgerichtshof, dass die Haltung eines Rottweilers nicht alleine auf Grund seiner Größe und der „Listung" in der Bayerischen Hundeverordnung speziellen Anordnungen wie Leinen- und Maulkorbzwang unterworfen werden könne. Zwar gehe von auf öffentlichen Straßen und Wegen mit regem Publikumsverkehr frei umherlaufenden großen Hunden in der Regel eine Gefahr für Leib und Leben Dritter oder für andere Hunde aus. Jedoch verstoße es gegen den Gleichbehandlungsgrundsatz, wenn für gelistete Hunderassen, anders als für sonstige große Hunde, Anordnungen zur Hundehaltung getroffen würden, unabhängig vom Verhalten des Hundes und vom Vorliegen besonderer Umstände, wie eines Beißvorfalls, sowie von Empfehlungen eines Hundesachverständigen (Bayr.VGH, Az.: 10 CS 14.2558).

- In einem jüngst vor dem Verwaltungsgericht Osnabrück verhandelten Fall wurde ein Hund bereits wegen des Verdachts der Gefährlichkeit als „tatsächlich" gefährlich eingestuft. Hier ging es um eine Rottweilerhündin, die zuvor eine Katze getötet hatte (VG Osnabrück, Az.: 6 B 8/17).

– „Listenhunde"

Welche Rassen per se als Übeltäter behandelt werden, unterscheidet sich von Bundesland zu Bundesland. Hier werden die bereits erwähnten „Rasselisten" geführt, auf denen sich

z. T. unterschiedliche Arten befinden. So ist in Baden-Württemberg der Rottweiler nicht gelistet, anders als in Bayern. Das Land Brandenburg hat fünf Rassen komplett verboten, nämlich den American Pitbull Terrier, den American Staffordshire Terrier, den Bullterrier, Staffordshire Bullterrier und Tosa Inu. In einigen Bundesländern kann die Gefährlichkeit durch ein sog. Negativgutachten nach einer individuellen Überprüfung widerlegt werden. Es geht hierbei um Hunderassen, bei denen die Gefährlichkeit von vornherein vermutet wird. Grundsätzlich wird bei diesen „Listenhunden" ein durch die Zucht und durch rassespezifische Merkmale höheres Gefahrenpotenzial vermutet, wie durch

- Größe, Gewicht und körperliche Konstitution,
- Beißkraft und niedrige Beißhemmung,
- Muskel- und Sprungkraft,
- bestimmte Aggressionsmerkmale, wie geringere Empfindlichkeit gegen Angriffe,
- Beschädigungswut.

– Erlaubnispflicht für „Listenhunde"

Je nach Bundesland differieren die Voraussetzungen einer behördlichen Genehmigung für die Haltung eines Listenhundes. Fast immer wird aber Folgendes vorausgesetzt:

- ein schriftlicher Antrag auf Halteerlaubnis,
- ein berechtigtes Interesse an der Haltung eines gefährlichen Hundes und die
- Ablegung eines sog. positiven *Wesenstestes* für den Hund.

Für den Nachweis keiner übermäßigen Aggression und keiner erhöhten, von dem Listenhund ausgehenden Gefahr wird vom Halter verlangt, einen sog. positiven *Wesenstest* abzulegen. Auch hier existieren zwar regional unterschiedliche Regelungen für die Durchführung des Tests, jedoch gibt es einige, häufig vorkommende Übereinstimmungen in folgenden Punkten:

- Untersuchung des Hundes beim Tierarzt,
- Prüfung des Hundeverhaltens in Alltagssituationen, wie Zusammentreffen mit anderen Hunden, mit Joggern oder Radfahrern, Verhalten in beengten Räumlichkeiten, wie in einem vollen Aufzug,
- Abklärung, ob Auflagen erfüllt werden müssen, wie das Tragen eines Maulkorbs, Benutzung einer speziellen Leine oder Besuch einer Hundeschule für Hund und Halter.
- Ablegung einer Fachprüfung. Zum Nachweis der Sachkunde, d. h. der Fähigkeit zu einem verantwortungsbewussten Umgang mit dem Hund, muss sich der Hundehalter einer schriftlichen und mündlichen Fachprüfung stellen. Diese kann, je nach dem vorgeschriebenen Prüfungsverfahren des jeweiligen Bundeslandes, bei einem Amtstierarzt oder Veterinäramt absolviert werden wie auch in einigen Bundesländern bei einer behördlich anerkannten Hundeschule oder einem Hundesportverein.
- Abschluss und Nachweis einer speziellen Hundehalterhaftpflichtversicherung mit einer Mindestdeckungssumme Dies wird vom Hundehalter verlangt, um sicherzustellen,

dass mögliche Schäden durch den Hund finanziell abgedeckt sind.

- Vorlage eines polizeilichen Führungszeugnisses.
  Zum Nachweis der notwendigen Zuverlässigkeit für die Haltung eines gefährlichen Hundes ist darüber hinaus ein polizeiliches Führungszeugnis vorzulegen. Dieser Nachweis kann scheitern wegen Vorstrafen, insbesondere bei einer rechtskräftigen Verurteilung wegen Gewaltstraftaten oder Straftaten gegen das Tierschutz- oder Waffengesetz, bei Geschäftsunfähigkeit oder psychischen Erkrankungen, in einzelnen Bundesländern auch wegen eines nicht nachgewiesenen festen Wohnsitzes.
- Volljährigkeit (Vollendung des 18. Lebensjahres) des Hundehalters
- Kennzeichnung des Hundes mit einem Mikrochip zur Identifizierung oder mit einer erkennbaren Tätowierung und einer behördlichen Plakette am Halsband

Werden die notwendigen Nachweise nicht zeitnah erbracht, so droht die Beschlagnahme des Hundes durch die Ordnungsbehörde bis zum Ablauf einer zum Nachweis gesetzten Frist. Danach besteht die Gefahr, dass der Hund endgültig entzogen und ins Eigentum von Stadt oder Landkreis überführt wird und er schließlich im Tierheim landet.

– Was kommt auf Halter „gefährlicher Hunde“ zu?

Hunde, die Menschen oder Tiere angegriffen und erheblich verletzt oder ein gesteigertes Aggressionspotenzial gezeigt haben, müssen Tierärzte, Hundeausbilder und die für ein Tierheim Verantwortlichen bei der Polizei melden.
Da dem Verhalten des Hundes in vielen Fällen eine falsche oder ausgebliebene Erziehung zugrunde liegt, wird oftmals behördlich versucht werden, zunächst die Mängel mit der Anordnung und Durchführung eines Besuchs in einem Hundeerziehungskurs zu beseitigen. Daneben steht meist die Auflage einer Maulkorb- und/oder Leinenpflicht.

Abgesehen von der in einzelnen Hundeverordnungen für alle Hunde geltenden allgemeinen oder auf bestimmte Orte, wie Kinderspielplätze, Grünanlagen oder öffentliche Verkehrsmittel, bezogenen Leinen- und/oder Maulkorbpflicht, müssen gefährliche Hunde nach den Regelungen der meisten Länderhundeverordnungen außerhalb eingezäunter Grundstücke an einer reißfesten Leine gehen und mit beißsicherem Maulkorb geführt werden. Ausnahmen werden zum Teil zugelassen beim Nachweis einer Sozialverträglichkeit und eines guten Folgevermögens des Hundes laut eines erfolgreich durchgeführten Wesens- oder Verhaltenstests oder einer Begleithundeprüfung.
Verstöße gegen die Leinen- und/oder Maulkorbpflicht sind Ordnungswidrigkeiten, die mit einem Bußgeld geahndet bzw. mit Auflagen belegt werden können.

Hier noch einige Gerichtsentscheidungen zur Anordnungen eines Leinen- und Maulkorbzwanges nach einem Beißvorfall:

- Einem Boxermischling waren vom Veterinäramt Maulkorb und Leine bei Verlassen des eingefriedeten Grundstücks auferlegt worden. Zu Recht, befand das Verwaltungsgericht Würzburg. Denn nach zwei Beißvorfällen stelle er eine konkrete Gefahr für andere dar (VG Würzburg, Az.: W 5 K 13.644).
- Nachdem ein belgischer Schäferhund ein Kind angesprungen und gebissen hatte, wurde eine Maulkorb- und Leinenpflicht für das Ausführen außerhalb von Herrchens Grundstück verfügt. Die Klage hiergegen wies das Verwaltungsgericht Aachen ab (VG Aachen, Az.: 6 L 270/15).
- Die Klage gegen eine Maulkorb- und Leinenpflicht, die eine Gemeinde dem Halter eines Dackels auferlegt hatte, nachdem dieser ein Kleintiermassaker angerichtet hatte, war beim Verwaltungsgericht Düsseldorf erfolglos (VG Düsseldorf, Az.: 18 L 4205/16).

Schlagen alle Maßnahmen fehl, dann wird die Behörde das Tier beschlagnahmen und dem Halter ein generelles Hundehaltungsverbot auferlegen. Bei erheblichen Gefahren für die Umwelt des Hundes und bei Erfolglosigkeit weniger einschneidender Maßnahmen kommt als allerletztes Mittel in Frage, das Tier auf Kosten des Tierhalters einschläfern zu lassen.

Für weiter Interessierte hier einige Gerichtsentscheidungen zu Eingriffen der Behörden wegen nicht sachgerechter Haltung gefährlicher Hunde:

Wegnahme:	VG Würzburg, Az.: W 5 K 10.464
Haltungsverbot:	VG Würzburg, Az.: W 5 K 08.1929; VG Köln, Az.: 20 K 7961/09; OVG Berlin-Brandenburg, Az.: 5 S 31/13; VG Ansbach, Az.: 5 K 13.02054 und Az.: 5 S 14.00765; VG München, Az.: 22 K 13.4848; BayVGH, Az.: 10 CS 14.1245
Untersagen des Führens eines gefährlichen Hundes:	OVG Mecklenburg-Vorpommern, Az.: 3 M 142/12;
Abgabe an ein Tierheim:	OVG NRW, Az.: 5 B 669/12
Beschlagnahme:	OVG Sachsen-Anhalt, Az.: 3 M 125/12
Sicherstellung und Verwahrung:	VG Sachsen-Anhalt, Az.: 3 M 229/13 VG Düsseldorf, Az.: 18 L 1463/13;

Tötungsanordnung: VG Frankfurt, Az.: 5 L 4034/13.F
OVG NRW, Az.: 5 B 425/15 (Einschläferung Rottweiler)

– Erlaubnispflicht für „große" Hunde

Allein um einen großen Hund halten zu dürfen, braucht man nach den meisten Landeshundegesetzen eine Erlaubnis, die ebenfalls von Sachkunde und Zuverlässigkeit des Halters, einer Kennzeichnung des Tieres und vom Nachweis einer Tierhaftpflichtversicherung abhängig ist. Warum? – Weil Hunde allein aufgrund einer bestimmten Größe oder eines bestimmten Gewichts als gefährlicher eingestuft werden als kleine Hunde. Dies liegt in der Gefahr größerer Schäden und Verletzungen, wie z. B. beim Anspringen, und in der vermehrten Kraft im Vergleich zu kleinen Hunden begründet.
Welche Hunde als „groß" einzustufen sind, richtet sich nach seiner sog. Widerristhöhe (in Nordrhein-Westfalen mindestens 40 cm) oder nach seinem Gewicht (in Nordrhein-Westfalen 20 kg).

Vorschriften zum Schutz vor Lärm – Die Landes-Immissionsschutzgesetze

Diese Gesetze richten sich gegen erheblich störende Geräuscheinwirkungen und ähnliche Umwelteinflüsse und enthalten einen Bußgeldkatalog, wonach Zuwiderhandlungen mit einem Bußgeld geahndet werden.
Nach § 12 LImSchG NRW sind beispielhaft Tiere so zu halten, dass durch den von ihnen erzeugten Lärm niemand mehr als nur geringfügig belästigt wird. Wann eine Belästigung i. S. des LImSchG vorliegt, wird von den Gerichten nicht einheitlich beantwortet. Jedenfalls wird dies regelmäßig angenommen, wenn der Hund am Tag insgesamt länger als 30 Minuten oder länger als 10 Minuten ununterbrochen bellt.

Keine Bellfreiheit für den Wachhund eines Schulhausmeisters! Weil sein Hund zu jeder Zeit völlig unmotiviert gebellt hatte, wurde Herrchen ein Bußgeld auferlegt. Das Oberlandesgericht Düsseldorf bestätigte diese Entscheidung: Der Hundehalter habe nach einem Alarmgebell unverzüglich für Ruhe zu sorgen. Nach § 12 LImSchG NRW dürften Menschen insbesondere nicht durch den Lärm von Tieren belästigt werden (OLG Düsseldorf, Az.: 5 Ss/OWiG-170/90-87/90).

Das Verwaltungsgericht Frankfurt (Oder) hatte über die Anordnung des Landrates zu entscheiden, mit der einer Halterin von zwei Hunden untersagt worden war, weitere Hunde als Gast- oder Besuchshunde auf ihrem Grundstück aufzunehmen. Sich dennoch fortsetzende Beschwerden der Nachbarschaft über lautes, dauerndes Hundegebell zu Tages- und Nachtzeiten hatten zu der Auferlegung eines Zwangsgeldes geführt und schließlich zu der Entscheidung, dass gar keine Hunde mehr gehalten werden dürften.

Das Gericht hingegen hielt die Beschränkung auf zwei Hunde für richtig und berief sich hierbei auf das LImSchG (VG Frankfurt/Oder, Az.: 5 K 705/11).

Die Jagd-, Natur- und Waldschutzgesetze der Länder

In den meisten der zum Schutz von Wald und Flur, der Natur, des Wildes, der Spaziergänger und Wanderer erlassenen Wald- und Naturschutzgesetze der Länder und auch in örtlichen Verordnungen ist eine Anleinpflicht geregelt. Lässt ein Hundehalter seinen Hund dennoch im Wald- oder Naturschutzgebiet frei laufen und wird erwischt, kann ein empfindliches Bußgeld auf ihn zukommen wegen einer Ordnungswidrigkeit.

Örtliche Gesetze, Hundeverordnungen und Satzungen der Städte und Gemeinden

Zunächst zur Klärung:
Rechtliche Regelungen der Städte und Gemeinden werden regelmäßig in örtlichen Gesetzen, Rechtsverordnungen oder Satzungen bestimmt.
Satzungen sind Rechtsnormen, die von den Körperschaften und Anstalten des Öffentlichen Rechts, wie Städten und Gemeinden, zur Regelung ihrer eigenen kommunalen Angelegenheiten erlassen werden. Sie bedürfen einer Ermächtigungsgrundlage. Durch die höherrangige gesetzliche Ermächtigung wird die staatliche Rechtssetzungsgewalt nicht, wie bei der Rechtsverordnung, delegiert, sondern es wird bei Satzungen ein Raum für Rechtssetzung aus eigenem Recht geschaffen. Das nennt man das Selbstverwaltungsrecht der kommunalen Gebietskörperschaften.

Verbote für den Auslauf

Auch nach Ortsrecht bestehen Hundeauslaufverbote in vielen Städte- und Gemeindesatzungen. Danach ist es verboten, Hunde
- auf Kinderspielplätze,
- in Schulen oder auch
- auf Friedhöfe

mitzunehmen. Bei Zuwiderhandlungen kann ein Bußgeld verhängt werden. Da dies je nach Gemeindeordnung örtlich differiert, ist es ratsam, sich bei der jeweiligen Stadt oder Gemeinde zu erkundigen, ob es entsprechende Vorschriften gibt und wie sie lauten.

Gebote für die Beseitigung von Hundekot

– Wer kennt das nicht? – Herrchen oder Frauchen geht mit seinem/ihrem Hund spazieren. Dieser verrichtet seine Notdurft am Rande eines Gartens. Herrchen oder

Frauchen geht unbeeindruckt weiter, ohne sich um das zurückgelassene Häufchen zu kümmern. Schweinerei! Sie kommen aber nicht ungeschoren davon, wenn er oder sie erwischt wird! Denn eine Verpflichtung zur Beseitigung des Hundekots in öffentlichen Bereichen sehen örtliche Vorschriften in nahezu allen Städten und Gemeinden vor, jedenfalls

- auf Fußwegen,
- auf Parkflächen und
- in Fußgängerzonen.

Wenn der Hundehalter oder Hundeführer das Häufchen nicht beseitigt, riskiert er wegen einer Ordnungswidrigkeit ein „Umweltknöllchen"! Es droht ein Bußgeldbescheid. Was wo gilt, darüber geben Landrats-, Ordnungs- oder Veterinärämter Auskunft.

– Kann man denn das Hundehäufchen jedenfalls im Gebüsch liegen lassen, bis es verrottet?

Hundekot und Hundeurin sind kein Dünger! Sie schaden den Pflanzen und lassen in konzentrierter Form sogar Bäume absterben. Da leuchtet es ein, grundsätzlich nichts davon einfach liegen zu lassen, ob auf Feldern, im Wald, am Wegrand oder im Gebüsch. Andererseits: Ein Hund ist ein Hund! Wenn es pressiert, macht er ein Seechen oder Häufchen, was nicht immer und überall entfernbar ist. Einen Wasserbehälter mitzuführen, um den Urin wegzuschwemmen, oder durch unwegsames Gelände, verzweigtes Gestrüpp oder durch Gebüsch zu robben, um ein Häufchen zu entfernen, das wird man nicht verlangen können!

Damit innerstädtisch die Diskutiererei erst gar nicht mehr aufkommt, haben mehrere Städte die Umsetzung ihrer Vorschriften verschärft. Mittlerweile schreiben fast alle kommunalen Satzungen eine Beseitigungspflicht für Hundekot auf Straßen und in Grünanlagen vor. Die Wuppertaler Straßensatzung z. B. ist hierzu deutlich: *„Die Verunreinigungen von Hunden sind unverzüglich zu beseitigen. Hundehalter müssen zudem geeignete Reinigungsmaterialien mitführen."*

Obwohl Hundekotbeutel keine neue Erfindung sind, sind sie offensichtlich trotzdem bei diversen Hundehaltern unbekannt.

Nicht nur in flagranti ertappten Hundekot-Sündern wird also ein Bußgeld aufgebrummt. Nein, wenn ein Hundebesitzer nicht nachweisen kann, dass er mit Papiertaschentuch und Tüte jederzeit gut gerüstet ist, die „Hinterlassenschaft" seines Hundes zu entsorgen, wird, ähnlich wie bei einem fehlenden „Warndreieck" im Auto, direkt ein Verwarnungsgeld von 10,- € fällig.

So gilt seit Mitte 2016 für alle in der Stadt Berlin sowie im Land Berlin gehaltenen und ausgeführten Hunde ein neues Hundegesetz mit Änderungen auch des Berliner

Straßenreinigungsgesetzes. Hundehalter müssen – wie bereits nach der alten Rechtslage – weiterhin dafür sorgen, dass ihre Hunde die Straße nicht verunreinigen. Neu ist, dass beim Führen des Hundes „für die vollständige Beseitigung von Hundekot geeignete Hilfsmittel" mitzuführen sind.
Über die genaue Art der Hilfsmittel schweigt der Gesetzgeber. Mit Hundekotbeuteln wird man wohl auf der sicheren Seite sein! Aber auch Zellstofftaschentücher, Plastiktüten und Gefrierbeutel dürften dem Sinn des Gesetzes genügen, sicher auch Schaufel und Besen sowie zur Not eine alte Zeitung.
Nicht nur der, der gegen die Kot-Beseitigungspflicht verstößt, sondern auch der, der kein zur Beseitigung geeignetes Hilfsmittel dazu mit sich führt, begeht also eine Ordnungswidrigkeit, die im Land Berlin mit einer Geldbuße bis zu 10.000,- € geahndet werden kann.

- Darf denn ein Hund wenigstens in ländlichen Gegenden sein Häufchen auf das Feld oder die Wiese machen?
  Müssen Hundebesitzer seit längerem vielerorts mit Bußgeldern rechnen, wenn in städtischen Grünflächen oder auf Bürgersteigen Häufchen nicht mit Hundekotbeutel oder Taschentuch weggeräumt werden, so sind deftige Geldbußen im ländlichen Bereich dagegen neu. Erwischt ein Bauer auf seiner Wiese einen uneinsichtigen Hundebesitzer zum wiederholten Male dabei, wie dessen Hund sein Geschäft im zukünftigen Kuh-Grünfutter hinterlässt, so kann es passieren, dass gegen den Hundehalter ein Bußgeld wegen „illegaler Abfallentsorgung" verhängt wird!

Die Leinenpflicht

Die Städte und Gemeinden ordnen regelmäßig eine örtliche Leinenpflicht an, die bereits auf Grund von Bundes- oder Landesgesetzen bundesweit oder landesweit auf Spiel- und Sportplätzen sowie auf Friedhöfen gilt.
In großen Städten wird zudem oft vorgeschrieben, dass der Hund im gesamten Innenstadtbereich an der Leine zu führen ist. Bei Verstößen droht ein Bußgeld! Die Höhe richtet sich im Kern – je nach kommunaler Vorschrift – danach, wie schwerwiegend das Verhalten war und ob es sich um einen Wiederholungstäter handelt.
Andererseits: Wie gesagt, ein Hund ist und bleibt ein Hund! Die artgerechte Hundehaltung bedeutet, dass der Hund Freilauf haben muss und regelmäßig Kontakt zu anderen Hunden braucht.
Ob eine Regelung, die ohne Rücksicht auf Art und Größe der Hunderassen für das gesamte Gemeindegebiet ohne zeitliche Ausnahme einen generellen *Leinenzwang* anordnet, verhältnismäßig und verfassungskonform ist, damit haben sich Richter häufig in *Bußgeld- und sog. Normenkontrollverfahren* befassen müssen:

Eine Verordnung, wonach ohne Rücksicht auf Art und Größe der Hunderasse für das gesamte Gemeindegebiet ohne zeitliche Ausnahme ein genereller Leinenzwang besteht, ist nach Meinung des Oberlandesgerichts Hamm unzulässig, weil sie gegen das verfassungsrechtliche Übermaßverbot verstößt. Ein Hundehalter musste deshalb zwei gegen ihn durch die Stadt verhängte Bußgelder von je 100 DM nicht bezahlen. Denn die Bußgeldbescheide beruhten auf einer Verordnung, die weder nach Art und Größe der Hunde differenziere, noch Ausnahmen vom Leinenzwang zu bestimmten Zeiten auf kenntlich gemachten öffentlichen Flächen zulasse. Dem Leinenzwang zum Schutz der Bevölkerung sei zwar weitgehend Vorrang einzuräumen. Eine Verordnung, die aber überhaupt keine Ausnahmen zulasse, schränke die Rechte von Hundehaltern auf eine artgerechte Tierhaltung unangemessen ein (OLG Hamm, Az.: 5 Ss OWi 1225/00, ähnlich OLG Düsseldorf, Az.: 2 BSs (OWi) 32701-(OWi) 34/02).

In einem Bußgeldverfahren vor dem Amtsgericht Trier hatte ein Hundezüchter Erfolg, dem ein Bußgeld von 100,- € auferlegt worden war, weil er mit seinen fünf angeleinten Hunden einen öffentlichen Weg zum Auslauf benutzt und dadurch gegen die Gefahrenabwehrverordnung einer Gemeinde verstoßen hatte. Das Gericht sah in der Verordnung keine hinreichende Ermächtigungsgrundlage für den Erlass eines Bußgeldbescheides, weil sie keine Rücksicht nehme auf Art und Größe der Hunderasse und keine zeitlichen Ausnahmen vorsehe. Aufgrund der umfassenden Aufzählung der ohne Leine verbotenen Gebiete verblieben keine öffentlichen Flächen, auf denen Hunde unangeleint geführt werden könnten. Zwar diene der Leinenzwang dem Schutz der Bevölkerung vor Gefahren und Belästigungen, die von frei umherlaufenden Hunden ausgingen. Demgegenüber stehe das Recht des Hundehalters auf freie Entfaltung seiner Persönlichkeit und sein Interesse an artgerechter Tierhaltung. Wenn auch dem Bevölkerungsschutz aufgrund der Gefahrenabwehr weitgehend Vorrang einzuräumen sei, sei es jedoch nicht erforderlich und angemessen, aus diesem Grunde den Leinenzwang auf das gesamte Gemeindegebiet zeitlich und örtlich unbeschränkt auszudehnen (AG Trier, Az.: 8015 Js 5859/05).

Wieder einmal erwischte ein Ordnungshüter einen Hund ohne Leine, und seine Behörde brummte dem Hundebesitzer wegen Verstoßes gegen die Anleinpflicht ein Bußgeld in Höhe von 250,- € auf! Das Oberlandesgericht Düsseldorf hielt zwar den Schuldspruch der ersten Instanz aufrecht, änderte jedoch die Höhe des Bußgeldes drastisch ab: Ergebe sich aus den straßenverkehrsrechtlichen Bußgeld-Vorschriften, dass ein Bußgeld von 250,- € bei einem folgenlosen Verstoß unangemessen sei, dann müsse dies auch für den Hund ohne Leine gelten. Das Gericht verglich den Verstoß gegen die Anleinpflicht mit anderen häufigen gefährdenden Verstößen gegen die Regeln des Straßenverkehrs, wie dem Verstoß gegen die 0,5-Promillegrenze: 250,- € oder dem Verstoß gegen Haltepflicht bei roter Ampel: 200,- € und hielt demzufolge für Hundehalter ein Bußgeld von nur 20,- € für angemessen. Da hier keine Folgen ersichtlich seien, sei die Schwere der Tat eher im Bereich eines Parkverstoßes zu sehen (OLG Düsseldorf, Az.: IV-5 Ss-OWi 205/06-(OWi) 47/05 IV).

Viermal hatte der Bußgeldsenat des Oberlandesgerichts Dresden in kurzer Zeit Entscheidungen zu treffen, die sich mit dem Thema „Anleinzwang für Hunde“ auf Grund der Polizeiverordnungen der Stadt Leipzig und der Städte Zwickau und Plauen befassten. Zugrunde lagen jeweils Rechtsbeschwerden von Hundebesitzern, die wegen Verstoßes gegen die Leinenpflicht zu Bußgeldern bis zu 400,- € verurteilt worden waren. Der Bußgeldsenat hat entschieden, dass eine sächsische Polizeiverordnung, die einen Anleinzwang für Hunde im Gemeindegebiet vorsehe, jedenfalls dann gegen den Verfassungsgrundsatz der Verhältnismäßigkeit verstoße, wenn sie keinerlei Ausnahmen vom allgemeinen Leinenzwang vorsehe. Zwar beständen angesichts der von freilaufenden Hunden ausgehenden abstrakten Gefahr keine Bedenken gegen einen ordnungsbehördlich geregelten allgemeinen Anleinzwang. Mit dessen zeitlich und räumlich unbeschränkter Geltung im gesamten Gemeindegebiet würde aber dem Anspruch der Bevölkerung auf Schutz vor Belästigung und Gefahren einseitig zu Lasten der Hundehalter Rechnung getragen.Den insoweit anzulegenden Maßstäben würden die in Leipzig und in Plauen geltenden Polizeiverordnungen gerecht mit Ausnahmeregelungen, wonach Hunde auf sog. „Freilaufflächen“ vom Leinenzwang befreit seien, womit die berechtigten Interessen der Hundebesitzer ausreichend berücksichtigt seien.
Dagegen verstoße die Polizeiverordnung der Stadt Zwickau, wonach sich das Anleingebot faktisch auf das gesamte Gemeindegebiet erstrecke, gegen den Grundsatz der Verhältnismäßigkeit und das Bestimmtheitsgebot und sei daher insoweit unwirksam. (OLG Dresden, Az.: Ss (OWi) 395/06 (zu Zwickau) und Ss (OWi) 188/06 und 301/06 (zu Leipzig) sowie Ss (OWi) 721/06 (zu Plauen), ähnlich in einem vergleichbaren Fall das Oberlandesgericht Jena, Az.: 1 SsRs 70/11).

1.4 Die gerichtlichen Verfahren im Öffentlichen Recht

Das Normenkontrollverfahren

Der Hundehalter muss es nicht zwingend auf einen Verstoß gegen eine Ordnungsvorschrift und damit auf ein Bußgeld ankommen lassen. Soweit er von der Rechtsnorm betroffen ist oder zumindest in absehbarer Zeit betroffen sein kann, hat er nämlich die Möglichkeit, sich bereits im Vorfeld mit einem sog. Normenkontrollantrag beim Oberverwaltungsgericht dagegen zu wehren (§ 47 VwGO). Dies gilt z. B., wenn die Satzung seiner Gemeinde eine unbegrenzte, ausnahmslose allgemeine Leinenpflicht für alle Hunde vorsieht und er meint, hier müssten zwingend Freilaufzonen für Hunde, wie etwa eine Hundewiese, ausgenommen werden. Er muss sich hier also nicht erst mit seinem unangeleinten Hund erwischen lassen und ein Bußgeld in Kauf nehmen, gegen das er dann vorgehen könnte. Mit einem Normenkontrollverfahren kann nämlich vorab, also ohne Vorfall, innerhalb eines Jahres nach Bekanntmachung einer Rechtsvorschrift begehrt werden, deren Nichtigkeit festzustellen. Dabei muss es sich um eine im Range unter dem Gesetz stehende Vorschrift handeln, wie es eine Rechtsverordnung oder eine Satzung ist. Es geht dann nicht um die Anwendung der Norm in einem Einzelfall, sondern um ihre generelle Gültigkeit, wie es ein generelles Hundeverbot oder eine örtlich begrenzte, allgemeine Leinenpflicht in der Satzung einer Gemeinde darstellt. Kommt das Gericht zu der Entscheidung, dass die angegriffene Rechtsnorm gegen höherrangiges Recht verstößt und daher ungültig ist, wird es sie für unwirksam erklären.

Hierzu einige Beispiele aus der Rechtsprechung:

- Das Bundesverwaltungsgericht geht von der abstrakt-generellen Gefährlichkeit nicht angeleinter Hunde aus und sieht in der Anordnung eines Leinenzwanges gem. Gemeindeverordnung ein zulässiges Mittel, diese Gefahr abzuwehren. Beim räumlichen Ausmaß des Leinenzwanges sollten aber feste Auslaufgebiete vom Anleinzwang ausgenommen und ausdrücklich bestimmt werden. (BVerwG, Az.: 6 BN 2.10).

- Das Oberverwaltungsgericht Niedersachsen hat dem Normenkontrollantrag eines Hundehalters bereits deshalb stattgegeben, weil die städtische Verordnung nicht ordnungsgemäß bekanntgemacht worden sei (OVG Niedersachsen, Az.: 4 KN 16/11).

- Den Normenkontrollantrag eines Hundehalters gegen die eine Leinenpflicht bestimmende kommunale Verordnung hat das Niedersächsische Oberverwaltungsgericht dagegen als unbegründet erachtet und der Kommune bestätigt, in einem Innenstadtbereich eine generelle Leinenpflicht vorschreiben zu können. Denn dieses Mittel sei geeignet, die in der Öffentlichkeit von Hunden allgemein ausgehenden und abstrakten Gefahren für Menschen (und Tiere) zu verringern. Gerade durch Anspringen oder Bisse verursachte Verletzungen könnten so weitgehend verhindert werden. Es müsse nicht zwischen Art, Rasse, Größe oder Gefährlichkeit der einzelnen Hunde unterschieden werden, da es sich bei der Hundehaltung um eine Massenerscheinung handele, für die typisiert werden dürfe. Auch sei der generelle Leinenzwang angemessen und verhältnismäßig. Die Anordnung sei grundsätzlich als eine dem betroffenen Hundehalter zumutbare Belastung anzusehen. Nur relativ geringfügige Einschränkungen würden dem Hundehalter hier auferlegt und seien von ihm hinzunehmen. Durch den Leinenzwang sei die Möglichkeit einer artgerechten Hundehaltung nicht beeinträchtigt. Auch werde das Vertrauensverhältnis zwischen Hund und Halter nicht zerstört. Für beides sei in erster Linie der Hundehalter verantwortlich (Niedersächsisches OVG, Az.: 11 KN 218/13).

Differenzierter hatte es da das Oberverwaltungsgericht Koblenz gesehen bei der Gefahrenabwehrverordnung einer Gemeinde in Rheinland-Pfalz, worin eine Anleinpflicht für Hunde auf öffentlichen Straßen innerhalb bebauter Ortslagen geregelt worden war: Wegen der nach allgemeiner Lebenserfahrung von Hunden ausgehenden Tiergefahr sei es gerechtfertigt, innerhalb bebauter Ortslagen einen Anleinzwang vorzuschreiben. Für den verständigen, durchschnittlichen Hundehalter sei der räumliche Geltungsbereich einer solchen Regelung ohne weiteres erkennbar. Er müsse allerdings den Hund nur dort anleinen, wo gewöhnlich mit dem Erscheinen von Personen und/oder anderen Tieren zu rechnen sei, nämlich bei nicht nur vereinzelter Bebauung mit Wohnhäusern oder sonstigen Gebäuden (OVG Koblenz, Az.: 7 C 10539/06).

Das Verwaltungsgerichtsverfahren

Wendet sich jemand nun gegen eine konkrete Maßnahme der Verwaltungsbehörde (Verwaltungsakt), z. B. der Hundehalter gegen die Auflage einer Maulkorbpflicht für seinen Hund oder gegen die Verfügung, ihm den Hund zu entziehen, so muss er einen Verwaltungsprozess führen.
Der Verwaltungsprozess ist ein vor den Gerichten der Verwaltungsgerichtsbarkeit durchzuführendes Verfahren, während für ein steuerrechtliches Verfahren der Rechtsweg zu dem speziellen Finanzgericht und für einen Prozess gegen die Entscheidung der Sozialbehörden der Rechtsweg zu den Sozialgerichten gegeben ist.

Für eine Klage im Verwaltungsrecht ist in erster Instanz grundsätzlich das Verwaltungsgericht zuständig (§ 40 VwGO).
Vor Erhebung der Anfechtungsklage beim Verwaltungsgericht – ein Verwaltungsakt soll angefochten werden – muss der Betroffene zunächst ein Widerspruchsverfahren, ein Vorverfahren, durchlaufen. Innerhalb eines Monats nach Bekanntgabe des Verwaltungsaktes muss er schriftlich Widerspruch einlegen. Der Verwaltung wird dann zunächst Gelegenheit gegeben, ihre Entscheidung selbst noch einmal auf ihre Rechtmäßigkeit zu überprüfen. Hilft die Ausgangsbehörde dem Widerspruch nicht ab, dann erlässt in der Regel die nächsthöhere Behörde einen Widerspruchsbescheid. Wird danach der Widerspruch zurückgewiesen, kann der Betroffene jetzt innerhalb eines Monats Klage vor dem Verwaltungsgericht erheben (§ 42 VwGO). Die Klage muss schriftlich eingereicht werden. Dies kann grundsätzlich auch durch Übermittlung eines elektronischen Dokuments geschehen, das aber mit einer sog. „qualifizierten elektronischen Signatur“ nach dem Signaturgesetz versehen sein muss. Voraussetzung ist nach § 55 a Abs. 1 S. 1 VwGO, dass die Übermittlung elektronischer Dokumente durch Rechtsverordnung der Bundesregierung oder der Länderregierungen zugelassen worden ist. Der Bund und die Länder haben hiervon in unterschiedlicher Weise Gebrauch gemacht. In Nordrhein-Westfalen z. B. ist der elektronische Rechtsverkehr bei allen Verwaltungsgerichten zugelassen.

Eine qualifizierte elektronische Signatur ist eine elektronische Unterschrift, die ein Zertifikat von einem Zertifizierungsdienst verwendet, der bestimmten Sicherheitsanforderungen des deutschen Signaturgesetzes entspricht.
Ein Zertifikat ist dabei eine elektronische Bescheinigung, mit der ein Signaturschlüssel einer Person zugeordnet ist und die Identität dieser Person bestätigt werden kann. Bei der elektronischen Unterschrift enthält das Zertifikat den „öffentlichen Schlüssel", mit dem die Echtheit der Unterschrift geprüft wird. Die qualifizierte elektronische Signatur ist deshalb „qualifiziert", weil sie auf einem sicheren (im Hinblick auf die Identifikation des Inhabers) Zertifikat aufbaut.
Die Ersetzung der Schriftform (eigenhändige Unterschrift auf einem dauerhaften Gegenstand) durch eine elektronische Signatur ist nur im Falle der qualifizierten elektronischen Signatur möglich. Wenn man also elektronisch unterschreiben will, muss man sich bei einem der in der Liste der Bundesnetzagentur aufgeführten Zertifizierungsdienste anmelden unter Vorlage seines Personalausweises.

Das Verwaltungsgericht erforscht den Sachverhalt von Amts wegen, wirkt darauf hin, dass Formfehler beseitigt, unklare Anträge erläutert und ungenügende Angaben zum Sachverhalt ergänzt werden und dass richtig formuliert wird. Das Gericht entscheidet regelmäßig aufgrund mündlicher Verhandlung; ohne mündliche Verhandlung nur dann, wenn die Beteiligten einvernehmlich darauf verzichten oder der Fall einfach gelagert ist. In der mündlichen Verhandlung erörtert der Vorsitzende die Streitsache mit den Beteiligten in tatsächlicher und rechtlicher Hinsicht. Anschließend trifft das Gericht eine Entscheidung. Wird die Klage abgewiesen, so kann der Betroffene gegen das Urteil in die Berufung beim Oberverwaltungsgericht gehen, wenn das Verwaltungsgericht die Berufung zugelassen hat. Die Entscheidung des OVG kann der Betroffene mit der Revision beim Bundesverwaltungsgericht dann darauf überprüfen lassen, ob Bundesrecht verletzt worden ist. Die Revision ist aber nur zulässig, wenn das OVG sie zugelassen hat. Wenn nicht, ist hiergegen nur eine Nichtzulassungsbeschwerde möglich.

Hier ein schematischer Überblick über den Ablauf eines verwaltungsgerichtlichen Verfahrens:

Das Verwaltungsgerichtsverfahren

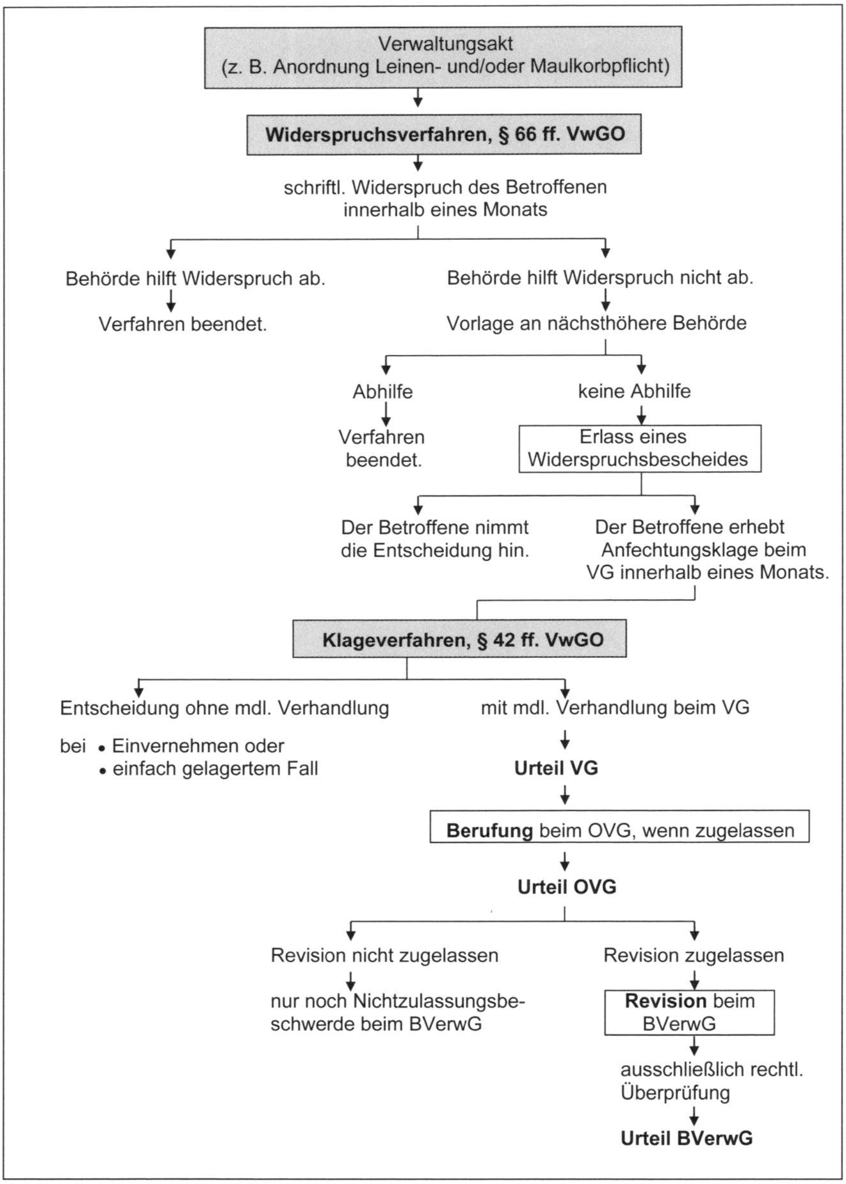

Das Bußgeldverfahren

Nachdem nun von so vielen Verstößen mit den Folgen eines Bußgeldes die Rede war, stellt sich auch hier die entscheidende Frage: Wie kann man sich gegen einen Bußgeldbescheid wehren?
Das Bußgeldverfahren ist ein Verfahren vor der Verwaltungsbehörde zur Verfolgung und Ahndung von Ordnungswidrigkeiten und ist geregelt im Ordnungswidrigkeitengesetz (OWiG). Es gliedert sich in drei Abschnitte:

- Vorverfahren,
- Zwischenverfahren,
- Hauptverfahren.

– Vorverfahren

Nach Ermittlung und Feststellung des Sachverhalts durch die Ordnungsbehörde wird dem Betroffenen mit einem Anhörungsbogen Gelegenheit zur Stellungnahme zu dem ihm gemachten Vorwurf gegeben. Bestätigt sich danach die Ordnungswidrigkeit nicht, stellt die Behörde das Verfahren ein. Anderenfalls spricht sie bei nur geringen Verstößen eine Verwarnung aus. Meist aber ergeht ein Bußgeldbescheid.
Dieser Bescheid wird dem Betroffenen von der zuständigen Behörde per Post zugestellt, in den meisten Fällen mit einer Zustellungsurkunde. Eine Zustellung per Zustellungsurkunde ist ein förmlich zugestellter Brief in einem gelben Umschlag, auf dem der Postbote das Datum der Briefabgabe vermerkt. Die Zustellungsurkunde füllt er ebenfalls mit dem Datum aus und sendet sie an die Behörde zurück. So weiß diese, wann der Bußgeldbescheid zugestellt wurde. Falls der Betroffene zur Lieferung des Bußgeldbescheides nicht zu Hause anzutreffen ist und auch kein empfangsbevollmächtigter Vertreter (Ersatzzustellung), hinterlegt der Postbote eine Benachrichtigung im Briefkasten. Hier gilt für den Zeitpunkt der Zustellung der Tag, an dem der Bescheid in der jeweiligen Postfiliale niedergelegt wird.
Akzeptiert der Betroffene den Bescheid, so wird er rechtskräftig, d. h., er ist mit Rechtsmitteln nicht mehr angreifbar. Ist er nicht einverstanden, kann er gem. § 67 Abs. 1 OWiG innerhalb von zwei Wochen ab Zustellung schriftlich oder zur Niederschrift bei der Verwaltungsbehörde dagegen Einspruch einlegen.
Die Frist von zwei Wochen berechnet sich ab dem Tag der Zustellung des Bußgeldbescheides. Neben dem Zustelldatum ist für die Einhaltung der Frist nicht etwa das Absenden des Einspruchsschreibens maßgeblich, sondern dessen Eingang bei der Behörde.
Kommt der Bußgeldbescheid z. B. am Montag an, so muss der Einspruch bis zu dem zwei Wochen darauffolgenden Montag bis 24 Uhr bei der Behörde eingehen. Ist das Fristende ein Samstag, Sonntag oder Feiertag, so verlängert sich die Zeit bis zum nächsten Werktag, 24 Uhr (§§ 187, 188 BGB).

Der Einspruch muss – abgesehen von der Möglichkeit, persönlich eine Niederschrift direkt zu Protokoll bei der Verwaltungsbehörde vornehmen zu lassen – schriftlich eingelegt werden. Dies bedeutet zunächst ein Einspruchsschreiben, dass der Behörde per Post zugestellt oder in den behördeneigenen Hausbriefkasten eingelegt werden muss. Zwar hält die elektronische Kommunikation immer mehr auch in der Justiz Einzug. Jedoch folgt der Einspruch gegen den Bußgeldbescheid immer noch den alten Regeln. Er erfordert nämlich ein unterschriebenes, durch Brief, Einschreiben oder durch Fax übermitteltes Schriftstück. Eine Versendung per Computerfax mit eingescannter Unterschrift reicht nur, wenn es unmittelbar vom Computer versandt wird. Wird das Schreiben aber ausgedruckt und dann von einem normalen Faxgerät übermittelt, dann muss es vor der Versendung handschriftlich unterzeichnet werden.
Einfache E-Mails dagegen reichen nach bisheriger Rechtsprechung nicht, da sie dem Sinn und Zweck des Schriftformerfordernisses, nämlich Rechtssicherheit und Verlässlichkeit der Eingabe zu gewährleisten, nicht genügen. Einer E-Mail fehlt es nämlich an einem vom Absender erstellten Originalschriftstück und damit an einer ausreichend sicheren Identität des Absenders. Zudem ist nicht zwingend gewährleistet, dass überhaupt und wann eine E-Mail bei der Behörde ausgedruckt wird (Hierzu OLG Oldenburg, Az.: 2 SsRs 294/11; LG Fulda, Az.: 2 Os 65/12; LG Münster, Az.: 2 Qs 89 Js 1834/15-76/15).
Im Einzelfall reichen allenfalls E-Mails, die mit einer „qualifizierten elektronischen Signatur" nach dem Signaturgesetz versehen sind (§ 110 a OWiG).

Hier ein Muster zum Einspruchsschreiben:

Absender:
Peter Schneider
Bäckerstraße 2
50769 Köln

Empfänger:
Zentrale Bußgeldstelle der Stadt Köln
Schlosser-Straße 10
50769 Köln

Einspruch

Sehr geehrter Herr/Frau XY,
hiermit möchte ich gegen Ihren Bußgeldbescheid vom ... mit dem Aktenzeichen „XYZ" Einspruch einlegen.
Die Begründung liegt in folgenden Punkten:

[...]

____

Ort, Datum, Unterschrift

Eine schriftliche Begründung des Einspruchs ist nicht zwingend. Aber da die Behörde ja die ursprüngliche Entscheidung überprüfen soll, wäre doch anzuraten, die Gründe für den Einspruch kurz schriftlich hinzuzufügen.

– Zwischenverfahren

Hier prüft die Verwaltungsbehörde, ob der Einspruch schriftlich und fristgerecht erfolgte, also zulässig ist, ob weitere Ermittlungen anzustellen sind und ob der nunmehr festgestellte Sachverhalt den Vorwurf bestätigt. Je nachdem entscheidet die Behörde dann, ob der Bußgeldbescheid zurückgenommen oder die Sache an die Staatsanwaltschaft weitergegeben wird. Stellt der Staatsanwalt das Verfahren nach Prüfung aller Informationen und Beweismittel nicht ein, legt er die Akten dem Amtsgericht im Bezirk des Verwaltungsbehördensitzes vor.

– Hauptverfahren

Das Amtsgericht überprüft dann die Angelegenheit eigenständig in einem gerichtlichen Verfahren. War der Einspruch etwa nicht form- oder fristgerecht, wird das Gericht ihn durch Beschluss als unzulässig verwerfen. Anderenfalls entscheidet der Richter in einfachen Fällen ohne mündliche Verhandlung, anderenfalls setzt er eine Hauptverhandlung an und überprüft auf der Grundlage des Bußgeldbescheides, ob sich der vorgeworfene Sachverhalt so zugetragen hat, wie dort angegeben, und welche rechtlichen Konsequenzen daraus folgen. Die Entscheidung ergeht durch einen *Beschluss*, wenn sie ohne mündliche Verhandlung erfolgt, anderenfalls durch ein *Urteil* – Freispruch oder Verurteilung. In der mündlichen Verhandlung können Zeugen und der Betroffene selbst vernommen werden. Das Gericht kann aber das Verfahren auch durch Beschluss einstellen, wenn es den Vorwurf als nicht so schwerwiegend ansieht.

Im Ordnungswidrigkeitenrecht ist die *Rechtsbeschwerde* das einzige Rechtsmittel gegen Urteile und Beschlüsse im Bußgeldverfahren des Amtsgerichts und derzeit nur zulässig bei Verurteilungen zu einer Geldbuße von mindestens 200 € oder nach ausdrücklicher gerichtlicher Zulassung. Die Rechtsbeschwerde, die sowohl der Betroffene als auch die Staatsanwaltschaft einlegen kann, muss innerhalb einer Woche ab Verkündung der Entscheidung, oder bei Entscheidungen in Abwesenheit des Betroffenen ab deren Zustellung, beim Amtsgericht eingelegt und innerhalb eines Monats nach Ablauf dieser Frist begründet werden. Zuständig für die Entscheidung ist das *Oberlandesgericht*. Dieses überprüft nicht etwa als zweite Tatsacheninstanz erneut den vorgeworfenen Sachverhalt, also die Tatsachen, sondern ausschließlich, ob Fehler bei der Rechtsanwendung gemacht wurden, also nur das Recht.

Das Bußgeldverfahren

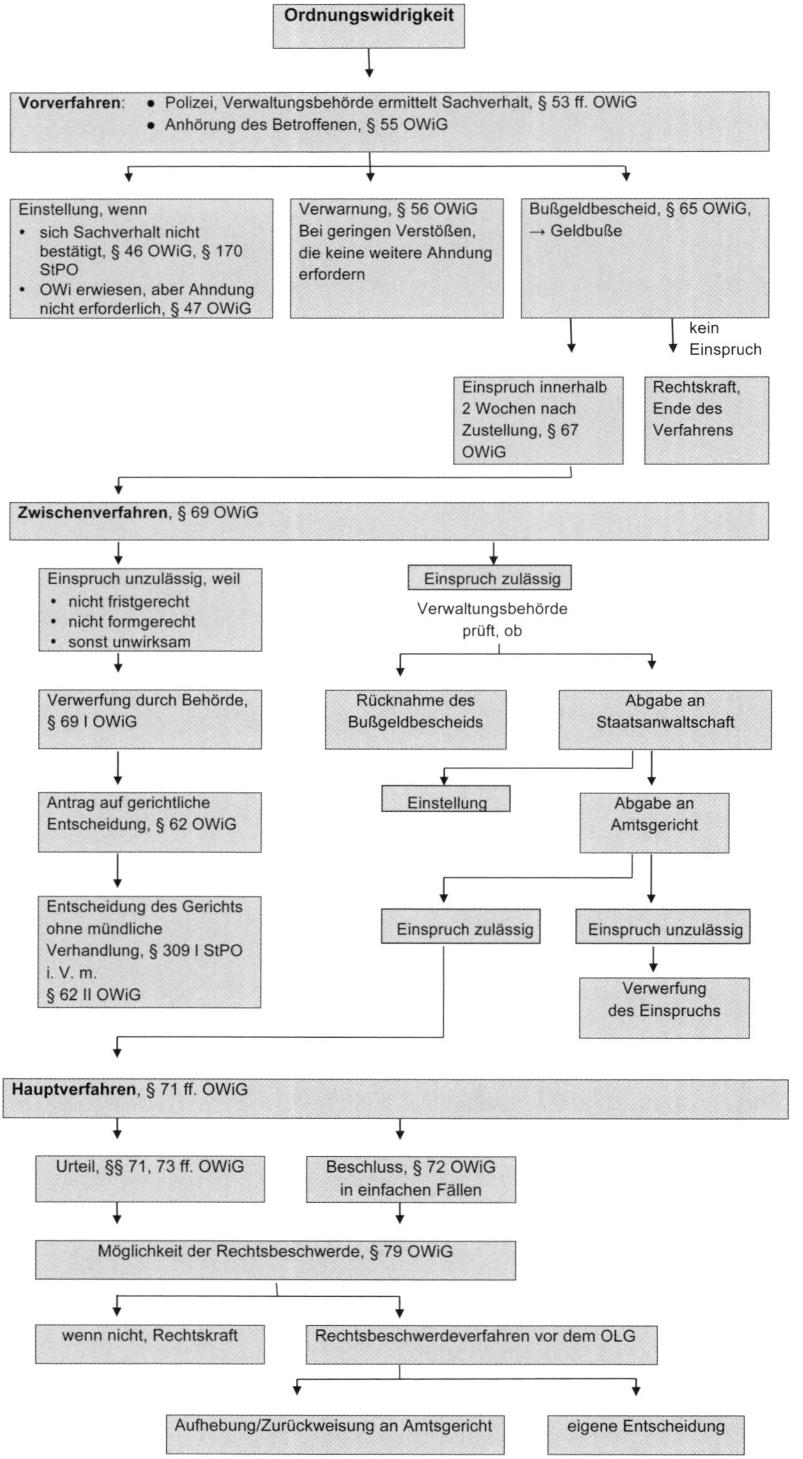

Zweites Kapitel: Der Hund und das Strafrecht

2.1 Einführung in das Strafrecht

Im Bereich der Gesamtrechtsordnung kommt dem Strafrecht die besondere Aufgabe zu, die ganz wichtigen Bereiche des sozialen menschlichen Zusammenlebens bzw. die sozial wichtigsten Interessen der Rechtsgemeinschaft (sog. Rechtsgüter) mit einem besonders starken Schutz zu versehen. Der vom Zivilrecht gewährte Schutz reicht nicht aus, da das Zivilrecht mit seiner Ausgleichsfunktion und seiner Schadensersatzpflicht einen ersatzbereiten und finanzkräftigen Täter von Eingriffen in die Rechtssphäre Dritter nicht abhalten kann. Darüber hinaus sind viele Rechtsgutverletzungen irreparabel, wie die Verletzung des Lebens, des Körpers und der Freiheit. Diese Rechtsgüter bedürfen in ganz besonderer Weise des Strafrechtsschutzes. Sieht man also die Funktion des Strafrechts im Sonderschutz der wichtigsten Bereiche sozialen Zusammenlebens, so fragt man sich, wie das Strafrecht dieser Aufgabe eigentlich gerecht wird. Hier darf man nicht nur die sichtbare Reaktion des Strafrechts betrachten, d. h. die konkrete Bestrafung eines bestimmten Täters durch ein konkretes Reaktionsmittel, nämlich Freiheitsstrafe oder Geldstrafe. Vielmehr gilt es, den Blick auf die ganz wichtige unsichtbare Aktion des Strafrechts zu lenken, nämlich die abschreckende Fernwirkung allein durch seine Existenz. Denn die meisten potenziellen Straftäter, letztlich all unsere Gesellschaftsmitglieder, werden – neben der Religion und Moral – durch das Bestehen des Strafgesetzbuches und das Wissen um seine Rechtsfolgen von der Begehung strafbarer Handlungen abgehalten.

Jeder Straftatbestand setzt zunächst eine *Handlung* (oder Unterlassung) voraus.
Egal ob Mörder, Totschläger, Räuber, Erpresser oder Körperverletzer – strafrechtliche Wertungen knüpfen immer nur an menschliches Verhalten an, da sich die Gebote und Verbote des Rechts immer nur an Menschen richten. Dass der Tatbestand nur durch menschliches Verhalten erfüllt werden kann, bringt der Gesetzgeber dadurch zum Ausdruck, dass die meisten Tatbestände des besonderen Teils des StGB mit „Wer" beginnen. Also ist Adressat immer ein Mensch als Subjekt einer Strafrechtsnorm. Dieser Mensch muss, um strafbar zu sein, zunächst eine *Handlung* vollzogen haben. Die Strafrechtler definieren eine Handlung als ein vom Willen getragenes menschliches Verhalten. Keine Handlung ist das tierische Verhalten. Ein Tier kann nicht handeln, also nie „Täter" sein, wohl aber der es steuernde Mensch!

Der Aufbau einer Straftat ist immer dreistufig und besteht aus *Tatbestand*, *Rechtswidrigkeit* und *Schuld*.

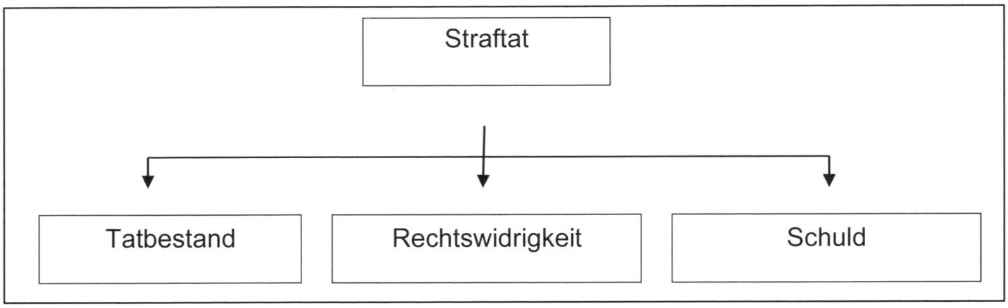

- Der *Tatbestand* fasst diejenigen Tatbestandsmerkmale zusammen, die im Gesetz das verbotene Verhalten beschreiben und von nicht verbotenem Verhalten abgrenzen. Er setzt sich aus den in der einzelnen Strafnorm geschriebenen Merkmalen sowie den beiden nicht geschriebenen, Handlung und Ursächlichkeit, zusammen.

- Ist der Tatbestand verwirklicht, ist damit noch nicht notwendig die *Rechtswidrigkeit* des Verhaltens gegeben, sondern nur ein Indiz für diese. Es gibt zahllose tatbestandsmäßige Handlungen, die im konkreten Fall von der Rechtsordnung gebilligt werden, also nicht „rechts-widrig" sind. Dass eine tatbestandliche Handlung von der Rechtsordnung missbilligt wird, bildet aber die Regel. Ihre Billigung stellt die Ausnahme dar. Die Billigungsgründe fasst man zusammen unter dem Begriff *Rechtfertigungsgründe*, wie z. B. Notwehr (§ 32 StGB). Sie beschreiben die Voraussetzungen, unter denen eine tatbestandsmäßige Handlung nicht „wider das Recht" ist. Die Rechtswidrigkeit stellt das Unwerturteil über die Tat dar und wird „ohne Ansehen der Person" festgestellt. Eine Tat, die durch einen Rechtfertigungsgrund gebilligt wird, verstößt nicht gegen die Rechtsordnung, ist also nicht rechtswidrig. Auf die Rechtfertigungsgründe der Notwehr und des Notstandes, die zugunsten des Täters eingreifen können, wenn ein Hund beim Tatgeschehen im Spiel ist, wird noch im Einzelnen eingegangen werden (s. S. 85 ff.).

- Tatbestandsmäßiges und rechtswidriges Verhalten führen auch noch nicht immer zur Bestrafung des Täters. Hinzukommen muss die *Schuld*. Jetzt wird nicht mehr die Tat betrachtet, sondern der Täter.
  Das deutsche Strafrecht bekennt sich zum Schuldstrafrecht: Strafbar ist nur, wer schuldhaft handelt. Schuld ist in diesem Zusammenhang die seelische Beziehung des Täters zu seiner Tat (der Täterwille) und die Wertung dieser Beziehung als vorwerfbar.
  Das Schuldprinzip, das gem. Art. 20 Abs. 1, 3 GG (Rechtsstaatsprinzip) und Art. 1 GG (Menschenwürde) Verfassungsrang hat, fordert, dass nunmehr beim Täter „angesehen" und geprüft wird, ob man gerade ihm das in die Welt gesetzte tatbestandliche

und rechtswidrige Tun vorwerfen kann und muss. Erst mit Feststellung der Schuld ist das Unwerturteil über den Täter gegeben. Soweit es um die Schuld geht, wird also nach dem „Dafürkönnen", der „Vorwerfbarkeit", der „Verantwortung" des Täters gefragt.

Der strafrechtliche Schuldvorwurf knüpft immer an das bereits durch Tatbestand und Rechtswidrigkeit vorgefilterte menschliche Verhalten an.

	Tatbestand
+	Rechtswidrigkeit
=	**Unwerturteil über die Tat**
+	Schuld
=	**Unwerturteil über den Täter**
=	**Straftat**

Für den komplexen Schuldbegriff ergeben sich vier Elemente der Schuld. Die Schuld des Täters setzt voraus:

- die Schuldfähigkeit,
- eine bestimmte Schuldform,
- Nichtvorliegen von Entschuldigungsgründen und
- ein Unrechtsbewusstsein.
- Die Schuldfähigkeit

Schuldfähigkeit ist die Fähigkeit des Menschen, die Verbote und Gebote des Rechts erkennen zu können und sich von dieser Erkenntnis in normaler Weise bestimmen und leiten zu lassen.

Für die Frage, ob der Täter im Zeitpunkt der Tatbegehung schuldfähig ist, ist zum einen das Alter (§ 19 StGB) maßgeblich, zum anderen die Einsichts- oder Steuerungsfähigkeit (§ 20 StGB), die bei schweren geistigen und seelischen Störungen ausnahmsweise entfallen kann.

Zum Alter
Bei einem *Erwachsenen* kann zunächst ohne weiteres von seiner Schuldfähigkeit ausgegangen werden.
Kinder, d. h. Personen unter 14 Jahren, sind gem. § 19 StGB schuldunfähig (absolute Schuldunfähigkeit). Die mangelnde Reife wird gewissermaßen unwiderlegbar vermutet. Damit kann bei tatbestandsmäßiger, rechtswidriger Tat keine Strafe als Rechtsfolge ausgeurteilt werden. Allerdings kommen bei Kindern Schutzmaßnahmen oder Erziehungsmaßregeln durch das Familiengericht in Betracht.

Bei *Jugendlichen*, d. h. den 14- bis 18-Jährigen, § 1 Abs. 2 Jugendgerichtsgesetz (JGG), ist die Schuldfähigkeit nicht ohne weiteres der Normalfall. Bei Jugendlichen muss die Schuldfähigkeit daher positiv festgestellt werden (§ 3 JGG).

Bei den *Heranwachsenden*, d. h. den 18- bis 21-Jährigen (§ 1 Abs. 2 JGG), wird ohne weiteres von der Schuldfähigkeit ausgegangen. Dass zivilrechtlich die Volljährigkeit nach § 2 BGB bereits mit 18 Jahren eintritt, hat nichts daran geändert, dass die 18- bis 21-Jährigen strafrechtlich Heranwachsende i. S. des Jugendgerichtsgesetzes sind, auf die Jugendstrafrecht Anwendung finden kann (§ 105 Abs. 1 Nr. 1 und Nr. 2 JGG), was in der Praxis zum Regelfall geworden ist.

Zur Einsichts- und Steuerungsfähigkeit

Diese Fähigkeit kann bei schweren geistigen und/oder seelischen Störungen fehlen (§ 20 StGB) oder vermindert sein (§ 21 StGB). Darunter fallen krankhafte psychische Störungen wie z. B. Schizophrenie, tiefgreifende Bewusstseinsstörungen (Rauschtaten), Schwachsinn oder schwere seelische Abartigkeiten (Triebstörungen). Diese Störungen müssen nun dazu führen, dass der Täter unfähig ist, das Unrecht der Tat einzusehen (fehlende Einsichtsfähigkeit) oder sich von dieser Einsicht leiten zu lassen (fehlende Steuerungsfähigkeit).

Schuldformen

Jede Straftat ist entweder ein Vorsatz- oder Fahrlässigkeitsdelikt. Das Vorsatzdelikt ist der Normalfall. Soweit das Gesetz schweigt, ist nur vorsätzliches Handeln strafbar, wie z. B. bei der Sachbeschädigung, § 303 StGB. Die Strafbarkeit fahrlässigen Handelns muss immer ausdrücklich gesetzlich angeordnet sein, so § 15 StGB!

– Vorsatz

Was bedeutet Vorsatz? – Und genau das ist für einen Hundehalter von hohem Interesse!

Das Gesetz definiert die Schuldform „Vorsatz“ nicht. Die klassische Definition des Bundesgerichtshofs zum Vorsatz lautet:

- Vorsatz ist der Wille zur Verwirklichung eines Straftatbestandes in Kenntnis aller seiner Tatumstände.

Kürzer die Formel:

- Vorsatz ist das Wissen und Wollen der Tatbestandsverwirklichung.

Wissen und Wollen sind also die Grundelemente des Vorsatzes.

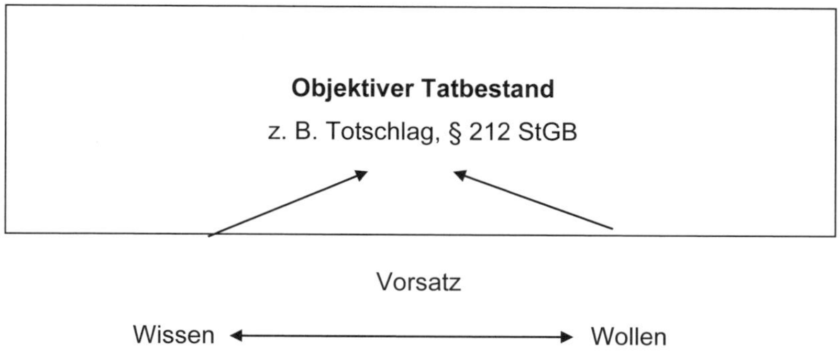

Objektiver Tatbestand
z. B. Totschlag, § 212 StGB

Die beiden Kategorien Wissen und Wollen sind nun aber durchaus problematisch. Es gibt nämlich eine Palette möglicher Abstufungen beim „Wissen", von Ungewissheit über geringe Wahrscheinlichkeit, große Wahrscheinlichkeit, Höchstwahrscheinlichkeit bis zur Gewissheit. Und beim „Wollen" reicht das Spektrum vom Wünschen über Gleichgültigkeit, Nicht-so-richtig-Wollen („hoffentlich nicht"), in Kauf nehmen, bloßes Sich-Abfinden, Billigen bis zum unbedingten Darauf-ankommen-Lassen.
Die Begriffe „Wissen" und „Wollen" sind also insofern nicht ganz präzise, als deren Intensität variiert. Der Strafrechtler unterscheidet zwei Grundformen des Vorsatzes:

„den direkten Vorsatz" als Normallfall vorsätzlichen Handelns und den
„bedingten Vorsatz" als Ausnahme vorsätzlichen Handelns.

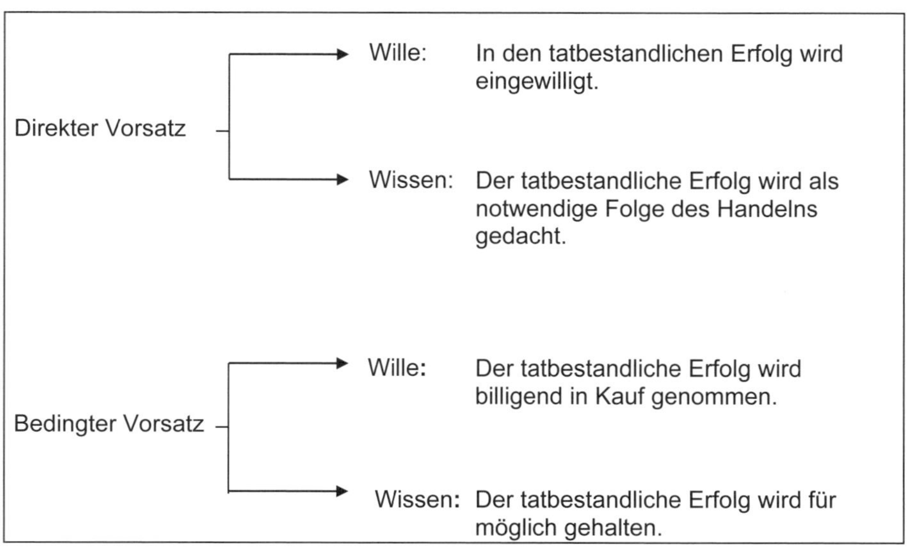

Entscheidend beim bedingten Vorsatz ist die Wollens-Seite. Maßgebend ist, dass der Täter die „Kälte“ aufbringt, auf dem Gedanken an die Tatbestandsverwirklichung „zu bestehen“, indem er sagt: „Na, wenn schon!“; dass er „zustimmt“, „einverstanden“ ist, die Tatbestandsverwirklichung „billigt“, sie „billigend in Kauf nimmt“, sich mit ihr „abfindet“. Es wird auf die emotionale Haltung des Täters abgestellt.

Sieht also der Hundehalter Max seinen Erzfeind Moritz ihm entgegenkommen und ruft seinem Schäferhund „Pluto“ zu: „Fass!“, so weiß er, dass er Moritz durch Pluto verletzt – willigt also ein – und – will das auch – sieht den Biss also als notwendige Folge seines Handelns. Lässt er hingegen „Pluto“ ohne Leine laufen und denkt sich: „Er könnte ja Moritz beißen“, hält er also den Erfolg eines Bisses für möglich und denkt sich dabei, „Na, wenn schon“ – nimmt also den Biss billigend in Kauf –, dann handelt er mit bedingtem Vorsatz.

– Fahrlässigkeit

Neben der vorsätzlichen Tatbegehung kennt das StGB als weitere Schuldform fahrlässiges Handeln, dessen Kenntnis gerade für Hundehalter von immenser Wichtigkeit ist. Die Fahrlässigkeit spielt nämlich für Hundehalter in der Praxis der Strafgerichte eine bedeutsame Rolle, vor allem bei den sog. Erfolgsdelikten, wie § 222 StGB – fahrlässige Tötung – und § 229 StGB – fahrlässige Körperverletzung.

Der Begriff der Fahrlässigkeit ist im StGB ebenfalls nicht definiert. Hier gilt nach höchstrichterlicher Rechtsprechung folgende lange Formel:

> Fahrlässig handelt, wer diejenige Sorgfalt außer Acht lässt, zu der er nach den Umständen (objektiv) und seinen persönlichen Fähigkeiten und Kenntnissen (subjektiv) verpflichtet (objektiv) und in der Lage ist (subjektiv) und deshalb den Erfolg nicht vorhersieht, den er hätte vorhersehen müssen (objektiv) und können (subjektiv) oder ihn vorhersieht, aber darauf vertraut, er werde nicht eintreten.

Zu kompliziert? – Kurze Formel für den Hundehalter:

> Fahrlässig handelt, wer seine Sorgfaltspflicht (objektiv und subjektiv) verletzt bei (objektiver und subjektiver) Vorhersehbarkeit des Erfolges.

Während im bürgerlichen Recht die Fahrlässigkeit nach einem rein objektiven Maßstab festgestellt wird, als Außerachtlassen der im Verkehr (objektiv) erforderlichen Sorgfalt – so § 276 BGB –, wird im schulddominierten Strafrecht auch auf die individuellen Fähigkeiten und Kenntnisse des Täters abgehoben.

Dieser komplexe Begriff der Fahrlässigkeit im Strafrecht zerfällt in vier Komponenten, die sämtlich zusammentreffen müssen:

- *Objektive Sorgfaltspflichtverletzung*
- Hier ist die Frage: Wie hätte sich ein besonnener und einsichtiger Hundehalter in der konkreten Lage und der sozialen Rolle des Täters verhalten?
- *Subjektive Sorgfaltspflichtverletzung*
- Jetzt wird der Hundehalter persönlich betrachtet und geprüft, ob man ihm speziell und individuell die Sorgfaltswidrigkeit vorwerfen kann. Dabei werden Bildung und Intelligenz ebenso berücksichtigt wie Affekt- und Stresssituationen, Schrecken und Verwirrung.
- *Objektive Vorhersehbarkeit des Erfolges*
- Der Erfolg ist vorhersehbar, wenn er nach allgemeiner Lebenserfahrung zwar nicht unbedingt als regelmäßige, so doch mindestens als nicht ungewöhnliche Folge erwartet werden konnte.
- *Subjektive Vorhersehbarkeit*
- Hier ist die Frage: War der Hundehalter aufgrund seiner individuellen Fähigkeiten und Kenntnisse in der Lage, den Erfolg vorherzusehen?

Leider wird es noch leicht komplizierter, aber für den Hundehalter klarer:

Es kommen nämlich zwei Arten der Fahrlässigkeit ins Spiel, die bewusste und unbewusste Fahrlässigkeit.

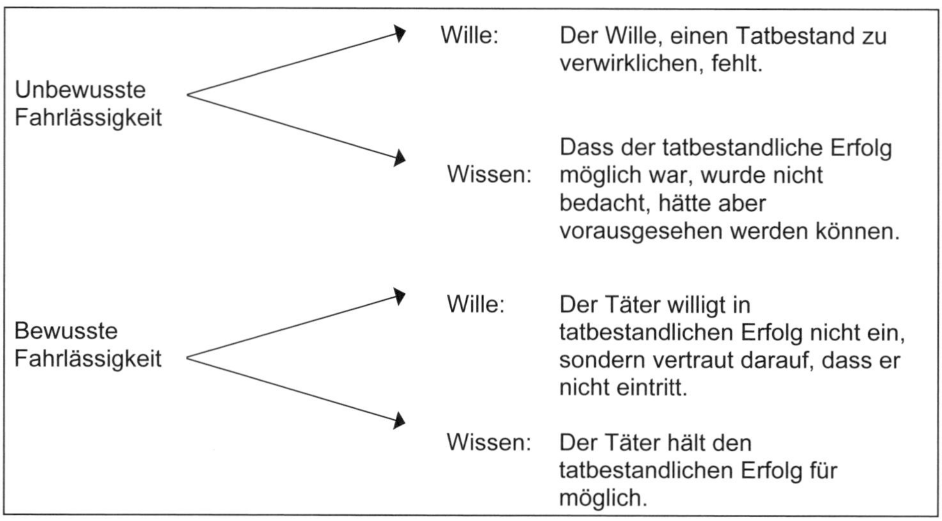

Hier erkennt man nun, dass die Grenzlinie zwischen *bewusster Fahrlässigkeit* und *bedingtem Vorsitz* nur schwer zu ziehen ist.
Wer den tatbestandlichen Erfolg der Tötung eines Menschen billigend in Kauf genommen hat, wäre wegen Totschlages, § 212 StGB, strafbar. Wer dagegen den Erfolg zwar für möglich gehalten, aber sorgfaltswidrig darauf vertraut hat, er werde nicht eintreten, könnte nur wegen fahrlässiger Tötung bestraft werden.

Im strafrechtlichen Alltag hilft folgende Abgrenzungsklausel:

> Bewusste Fahrlässigkeit liegt vor, wenn der Hundehalter sich sagt: „Es wird schon gut gehen."
> Bedingter Vorsatz liegt vor, wenn er sich sagt: „*Na, wenn schon.*"

- Nichtvorliegen von Entschuldigungsgründen

Da sich nur der strafbar macht, der schuldhaft handelt, kann das rechtswidrige Vorgehen eines Täters trotz Vorsatzes oder Fahrlässigkeit dennoch nicht bestraft werden, wenn seine Tat entschuldigt ist. Entschuldigungsgründe sind Konfliktsituationen, bei denen die Vorwerfbarkeit für den Täter auf Grund eines außergewöhnlichen Motivationsdrucks entfällt. Als Entschuldigungsgrund sieht das Gesetz neben der Überschreitung des Notwehrrechts (Notwehrexzess) aus Verwirrung, Furcht oder Schrecken in § 33 StGB den entschuldigenden Notstand in § 35 Abs. 1, S. 1 StGB vor.

> **§ 35 Entschuldigender Notstand**
> **[1] Wer in einer gegenwärtigen, nicht anders abwendbaren Gefahr für Leben, Leib oder Freiheit eine rechtswidrige Tat begeht, um die Gefahr von sich, einem Angehörigen oder einer anderen ihm nahestehenden Person abzuwenden, handelt ohne Schuld.**

Dabei geht es um die Situation, dass der Täter, ein Angehöriger (§ 11 Abs. 1 Nr. 1 StGB) oder eine andere ihm nahestehende Person (z. B. Lebenspartner) schuldlos in eine gegenwärtige Lebens-, Gesundheits- oder Freiheitsgefahr geraten ist, die anders als durch Begehung einer rechtswidrigen Tat nicht abwendbar ist. Entscheidet sich der Täter bei der Verteidigung der geschützten Rechtsgüter für die Wahrung des Lebens, der Gesundheit oder der Freiheit auf Kosten eines Dritten, so mag dies ethischen Ansprüchen nicht genügen. Es liegt aber kein so gravierender, die Stabilität der Rechtsordnung erschütternder Verstoß vor, dass der Staat mit dem scharfen Mittel der Strafe reagieren müsste.
Anders als bei den Rechtfertigungsgründen wird hier das Verhalten des Täters nicht von der Rechtsordnung gebilligt, sondern ihm lediglich nachgesehen, da es für ihn auf Grund einer psychischen Ausnahmesituation für sich selbst oder die ihm nahestehenden Personen besonders schwierig gewesen wäre, die Anforderungen des Rechts einzuhalten.

Hierzu ein Beispiel zu einem potenziellen „Hundeopfer“:

Auf eine junge Frau rast zähnefletschend ein sog. Kampfhund zu. In Angst und Panik ergreift sie einen Stein und schleudert ihn in Richtung des mit Kopfhörer joggenden und auf ihre Zurufe nicht reagierenden Hundehalters, um ihn auf die ihr drohende Gefahr aufmerksam zu machen und ihn zu veranlassen, die nahende Beißattacke zu verhindern. Der Mann wird von dem Stein am Arm getroffen und verletzt. Die Frau kommt mit einem Schrecken davon. Körperverletzung? Ja, aber entschuldigt!

– Unrechtsbewusstsein

Letzter elementarer Bestandteil der Schuld ist das Unrechtsbewusstsein, nämlich das Wissen des Täters, dass er gegen Gebote oder Verbote des Strafrechts verstößt. Wenn das Unrechtsbewusstsein fehlt, liegt ein Verbotsirrtum i. S. v. § 17 StGB vor, der, war er nicht vermeidbar, die Schuld entfallen lässt. War er vermeidbar, bleibt die Schuld bestehen, kann aber zu einer Strafmilderung führen.

Sagt der Hundehalter also: „Wusste nichts von Maulkorbzwang“ – „Leinenpflicht? Kenne ich nicht“ – „Freilaufverbot? – Keine Ahnung“, so braucht der Richter ihm das nicht unbedingt zu glauben. Glaubt er es, so ist der Irrtum über das Verbotensein aber (fast) immer vermeidbar! Man hätte sich erkundigen können und müssen.
Käme der Hundehalter dagegen aus einem Kulturkreis, in dem derartige Maßnahmen völlig unbekannt sind, sähe die Sache anders aus.

2.2 Die wichtigsten Straftaten mit, an und wegen Hunden nach dem Strafgesetzbuch

Wir wissen natürlich längst, dass ein Hund keine Straftaten begehen kann. Aber ein Hundehalter kann, wie auch ein Hundeführer, sehr wohl wegen diverser Straftaten schuldig sein, die vorrangig im Strafgesetzbuch (StGB), aber auch in ganz speziellen Gesetzen unter Strafe gestellt sind. Es geht hier im Wesentlichen um Strafnormen, die Menschen, Tiere und Sachen vor Hunden schützen, und um Straftaten, die von Menschen mit einem Hund, an einem Hund oder wegen eines Hundes begangen werden. Und die blauäugige bekannte Floskel: *„Das hat er doch noch nie gemacht“* hilft kaum weiter.

Der Hund tötet einen Menschen

Kommt ein Mensch durch eine Hundeattacke zu Tode, dann können sich der Hundeeigentümer, der Hundehalter ode r der Hundeführer strafbar gemacht haben wegen

- Mordes, § 211 StGB,
- Totschlags, § 212 StGB,
- Fahrlässiger Tötung, § 222 StGB.

Kurz zur Klarstellung der Begrifflichkeiten:

Hundeeigentümer ist diejenige Person, die die rechtliche Gewalt über den Hund hat, ihn also erworben hat und veräußern darf.

Hundehalter ist diejenige Person, die nach der Verkehrsauffassung darüber entscheidet, ob Dritte den von einem Hund ausgehenden, nur unzulänglich beherrschbaren Gefahren ausgesetzt werden. Hierfür dienen als wesentliche Indizien: Besitz als zwar nicht rechtliche, aber tatsächliche Gewalt, Bestimmungsmacht, Aufkommen für die Kosten des Hundes, wer den Nutzen für sich in Anspruch nimmt, wer das Verlustrisiko trägt. Das Eigentum ist nicht Voraussetzung, aber ein starkes Indiz.

Hundeführer (-aufseher, -hüter) ist diejenige Person, der die Aufsichtsführung zur selbstständigen allgemeinen Gewalt über den Hund durch Vertrag übertragen worden ist, z. B. durch Übergabe zur Verwahrung an eine Person oder in einer Pension, ohne dass schon eine Haltereigenschaft begründet worden ist. Eine nur tatsächliche Beaufsichtigung durch ein Familienmitglied genügt nicht.

Mord, § 211 StGB

Die schwerste Straftat, begangen unter Einsatz eines Hundes, ist der Mord.

> § 211 StGB Mord
> Der Mörder wird mit lebenslanger Freiheitsstrafe bestraft.
> Mörder ist, wer aus Mordlust, ..., aus Habgier oder sonst aus niedrigen Beweggründen
> heimtückisch oder grausam oder mit gemeingefährlichen Mitteln oder
> ...
> einen Menschen tötet.

Nach § 211 StGB muss zunächst ein Mensch durch einen Hund zu Tode gekommen sein. Um jemandem einen Mord anlasten zu können, muss aber hinzukommen, dass der Täter eines der in § 211 StGB zur Art und Weise des Tötens, zu den Beweggründen des Tötens oder zu den Tötungsmitteln aufgeführten Mordmerkmale erfüllt hat. Hetzt jemand seinen scharf abgerichteten Hund auf einen Menschen in der Absicht, dass dieser durch den Angriff des Tieres zu Tode kommt, setzt er den Hund als Mordwaffe ein, wobei der Hund als *„gemeingefährliches Mittel“* angesehen werden kann. Tut er dies aus dem Hinterhalt,

käme auch das Mordmerkmal *„Heimtücke“* in Betracht. Gleichfalls wäre an das Mordmerkmal *„grausam“* zu denken. Auch eine spezielle Motivation bei dem durch seinen Hund tötenden Täter bedeutet Mord, wenn er aus *„Habgier“* (will das Opfer beerben) oder aus *„sonstigen niedrigen Beweggründen“* (Rache, Eifersucht) den Hund einsetzt.
Hinzukommen muss, dass dies mit Wissen und Wollen des Täters, d. h. mit Vorsatz des Hundehalters oder Hundeführers, geschieht, oder dass der Täter den Tod billigend in Kauf genommen hat, d. h., er sich gesagt hat: „Na, wenn schon“ (*bedingter Vorsatz*).
Meist wird ein Täter mit Hund allerdings nicht wegen Mordes verurteilt werden, da dieser Tötungsvorsatz nur in seltenen Einzelfällen („Der Mörder hinter dem Hund!“) vorliegen und als innere Tatseite kaum nachweisbar sein wird.

Totschlag, § 212 StGB

Totschlag bedeutet die vorsätzliche Tötung eines Menschen, ohne dass der Täter eines der genannten Mordmerkmale erfüllt.

§ 212 StGB Totschlag
Wer einen Menschen tötet, ohne Mörder zu sein, wird als Totschläger mit Freiheitsstrafe nicht unter fünf Jahren bestraft.
In besonders schweren Fällen ist auf lebenslange Freiheitsstrafe zu erkennen.

Bedingter Vorsatz hinsichtlich eines Totschlags kann einem Hundehalter oder Hundeführer vorgeworfen werden, wenn er weiß, dass sein Hund schon einmal einen Menschen getötet oder diesen schwer verletzt hat, den Hund dennoch frei herumlaufen lässt und dieser dann erneut einen Menschen anfällt und tötet. Zumindest aber muss der Halter die Tötung des Menschen für möglich gehalten und sich gesagt haben: „Na, wenn schon“ (bedingter Vorsatz)! Im Prolo-Deutsch: „Scheißegal!“

Auch Totschlag unter Einsatz eines Hundes wird mangels Tötungsvorsatzes des Hundebesitzers nur in den seltenen Einzelfällen in Betracht kommen, in denen er sein abgerichtetes Tier zur Tötung benutzt (z. B. „Fass!“).

Fahrlässige Tötung, § 222 StGB

Für diese Straftat reicht ein Verhalten des Täters aus, das den Tod eines Menschen durch seinen Hund nur fahrlässig verursacht. Wie oben ausgeführt, handelt der Hundehalter oder Hundeführer fahrlässig, wenn er den Tod eines Menschen nicht will, er den möglichen Eintritt des Todes nicht bedacht hat, ihn aber hätte vorhersehen können und müssen oder wenn er den Tod eines Menschen durch das Verhalten seines Hundes für möglich gehalten, jedoch darauf vertraut hat, dass der Erfolg, nämlich der Tod, nicht eintreten werde. So könnte es sein bei einem Hundehalter, der seinen Hund ohne Maulkorb und Leine frei herumlaufen lässt und gar nichts dabei denkt oder denkt, es werde schon gut gehen, obwohl er sich darüber klar ist, dass der Hund einen Menschen nicht nur verletzen, sondern sogar töten könnte, weil er sich in der Vergangenheit bereits aggressiv gegenüber Menschen verhalten hat.

§ 222 StGB Fahrlässige Tötung
Wer durch Fahrlässigkeit den Tod eines Menschen verursacht, wird mit Freiheitsstrafe bis zu fünf Jahren oder Geldstrafe bestraft.

Hierzu zwei Beispiele aus der Rechtsprechung:

- Ein junges Paar war wegen fahrlässiger Tötung durch Bisse ihrer Kampfhunde vom Landgericht Hamburg verurteilt worden. Der Mann hatte eine Freiheitsstrafe von drei Jahren und sechs Monaten erhalten und seine Freundin eine Jugendstrafe von einem Jahr unter Strafaussetzung zur Bewährung.
  Ihre zwei Hunde „Zeus“ und „Gipsy“, Mischlinge der Rassen Bullterrier, Pitbull und American Staffordshire-Terrier, waren wiederholt durch Beißattacken gegenüber Hunden und auch einem Menschen auffällig geworden und mehrfach mit ordnungsbehördlichen Anordnungen wie Leinenzwang, später mit Maulkorbpflicht belegt worden. Nur noch zum „Geschäftemachen“ im Innenhof des Hauses ließ das Paar die Hunde daraufhin kurz von der Leine weg, und dies auch nur, wenn niemand in der Nähe war. Solch eine „Gassi“-Situation veranlasste die Hunde, angeregt durch die Geräusche eines Ballspiels, auf den benachbarten Schulhof über den 1,40 m hohen Zaun des Grundstücks zu springen. Der Mann sprang sofort hinterher, um sie zurückzuholen. Zu spät! „Gipsy“ griff einen dort in der Schulpause spielenden sechsjährigen Jungen an, warf ihn zu Boden und biss ihn in den Kopf. „Zeus“ kam hinzu und griff in die Beißerei mit ein. Versuche des Mannes, das Kind mit seinem ganzen Körper zu schützen und die Hunde von ihm abzuhalten, blieben ebenso erfolglos wie seine lauten Hilfeschreie, bis dann schließlich Polizisten eintrafen und beide Tiere erschossen. Das Kind verstarb noch auf dem Schulhof.
  Der Bundesgerichtshof bestätigte, dass beiden Hundehaltern kein bedingter Vorsatz zur Tötung vorzuwerfen sei: Zwar hätten sie trotz aller gravierenden Warnzeichen und amtlichen Hinweise die von den Hunden drohende Gefahr unterschätzt und in hohem Maße verdrängt, beide geprägt von Nachlässigkeit, Acht- und Sorglosigkeit, von Egoismus und Rücksichtslosigkeit. Auch hätten beide gewusst, dass die Tiere die Mauer zum Schulhof hätten überspringen können und dass sie selbst die Hunde nicht ausreichend beherrschten.
  Dennoch, die besondere Gefährlichkeit mit der sich daraus ergebenden Eskalation hätten sie – so das Gericht – möglicherweise nicht voraussehen können. Dies sei ihnen auch nicht gleichgültig gewesen, wie die Abwehrversuche und intensiven Rettungs-

bemühungen des Mannes gezeigt hätten. Insofern scheiden ein bedingter Vorsatz und damit Totschlag aus, und es verbleibe bei einer fahrlässigen Tötung (BGH, Az.: 5 StR 419/01).

Ein Hundehalter wollte seine beiden Hündinnen, einen Rottweiler-Dobermann-Mischling und einen Berner Sennen-Border-Collie-Mischling, auf der gegenüberliegenden Straßenseite auf einer Wiese ihr „Geschäft" verrichten lassen. Dabei gab er dem Ziehen der mit der Örtlichkeit vertrauten Hunde nach und ließ diese bereits vor dem Überqueren der Fahrbahn von der Leine. Eine Radfahrerin stürzte bei dem Versuch, einem der Hunde auszuweichen, der – für sie überraschend – von rechts über die Fahrbahn lief. Sie zog sich dabei so schwere Kopfverletzungen zu, dass sie noch am selben Tag verstarb. Das Oberlandesgericht Stuttgart bestätigte die Verurteilung des Hundehalters wegen fahrlässiger Tötung durch das Vordergericht zu einer Geldstrafe von 100 Tagessätzen zu je 25,- € (OLG Stuttgart, Az.: 2 Ss 94/04).

Der Hund verletzt einen Menschen

Ein Hundehalter oder Hundeführer kann sich weiter strafbar machen, wenn sein Hund einen Menschen „nur" verletzt. Das Gesetz sieht verschiedene Schwerestufen bei der Körperverletzung vor:

- Grundtatbestand ist die einfache Körperverletzung, § 223 StGB.
- Die nächste Stufe ist die gefährliche Körperverletzung, § 224 StGB.
- Es folgt die schwere Körperverletzung, § 226 StGB und schließlich
- die Körperverletzung mit Todesfolge, § 227 StGB.
- Auch die fahrlässige Körperverletzung, § 229 StGB, ist strafbar.

Körperverletzung

§ 223 StGB Körperverletzung
Wer eine andere Person körperlich misshandelt oder an der Gesundheit schädigt, wird mit Freiheitsstrafe bis zu fünf Jahren oder mit Geldstrafe bestraft.
Der Versuch ist strafbar.

Der Straftatbestand des § 223 StGB ist nur erfüllt, wenn die durch eine Hundeattacke herbeigeführte Misshandlung vorsätzlich geschehen ist. Dies wird anzunehmen sein bei einem Hundeführer, der seinen bekanntlich aggressiven Hund ohne die erforderlichen Sicherheitsmaßnahmen, wie Leine und Maulkorb, frei laufen lässt und selbst dann nicht einschreitet, als der Hund auf einen Menschen losgeht, weil es ihm gleichgültig ist, was mit dem Opfer geschieht.

Hat der Hundehalter sogar damit gerechnet, dass das Opfer versterben könnte, ist auch denkbar, dass ihm Totschlag vorgeworfen wird. Stirbt der Verletzte an den Angriffsfolgen und hat der Halter den Tod „nur" fahrlässig herbeigeführt, kann eine Körperverletzung mit Todesfolge, § 227 StGB, vorliegen.

Gefährliche Körperverletzung, § 224 Abs. 1 StGB

Bei dieser Straftat geht es um eine vorsätzliche Körperverletzung (§ 223 StGB) durch Einsatz eines Hundes als „gefährliches Werkzeug".

§ 224 StGB Gefährliche Körperverletzung
Wer die Körperverletzung
...
mittels einer Waffe oder eines anderen gefährlichen Werkzeugs
...
begeht, wird mit einer Freiheitsstrafe von sechs Monaten bis zu zehn Jahren, in minder schweren Fällen mit Freiheitsstrafe von drei Monaten bis zu fünf Jahren bestraft.
Der Versuch ist strafbar.

Gefährliche Werkzeuge sind, so die Rechtsprechung, Gegenstände, die nach ihrer objektiven Beschaffenheit und der Art ihrer Verwendung im konkreten Fall geeignet sind, erhebliche Verletzungen zuzufügen. Auch ein auf einen Menschen gehetzter Hund kommt als solches gefährliches Werkzeug in Betracht. Um den Straftatbestand des § 224 StGB zu erfüllen, muss der Täter den Hund vorsätzlich zur Schädigung eines Menschen eingesetzt haben. Wollte er sogar dessen Tod, so wäre auch eine Bestrafung wegen versuchten Mordes (grausam) oder Totschlages denkbar. Wenn
er den Tod eines Menschen nur für möglich gehalten hat, dieser aber nicht eingetreten ist, so kann dennoch neben der gefährlichen Körperverletzung ein versuchter Mord bzw. Totschlag vorliegen.

- Dass ein auf einen Menschen gehetzter Hund im Einzelfall als „gefährliches Werkzeug" angesehen werden kann, hat der Bundesgerichtshof bereits im Jahre 1960 entschieden. Hier hatte ein Vater zwei auf Menschen abgerichtete Hunde, „Addi" und „Alf", von einem Pfahl losgebunden und mit dem Befehl „Addi, Alf, fasst an!" auf seinen Sohn gehetzt. Dieser wurde dann in den Arm gebissen. Abweichend vom Reichsgericht, das als „gefährliches Werkzeug" nur Gegenstände mit mechanischer Einwirkungsmöglichkeit angesehen hatte (RG St 6/315 f.), erkannte der Bundesgerichtshof den Hund im konkreten Fall als „gefährliches Werkzeug" an und sah den damaligen § 223 a StGB (heute: § 224 StGB) als erfüllt an (BGH, Az.: 4 StR 582/59).

- Wegen versuchter gefährlicher Körperverletzung wurde der Halter eines Dobermanns vom Amtsgericht München zu einer Geldstrafe verurteilt. Nach Überzeugung des

Gerichts hatte er den Hund auf einen Jugendlichen gehetzt mit dem Befehl „Fass!“, worauf der Jugendliche gerufen hatte: „Nimm deinen Hund zurück!“ Anlass war, dass der Junge einen Ball an das Wohnmobil des Hundehalters geschossen hatte. Das Gericht befand, nur der Geistesgegenwart des Opfers sei es zu verdanken, dass der Vorfall ohne ernstliche Verletzungen noch glimpflich ausgegangen sei. Das Hetzen eines Hundes auf einen Menschen bedeute den Einsatz des Hundes als gefährliches Werkzeug zur Einschüchterung und rechtfertige eine entsprechende Verurteilung (AG München, zitiert in den Entscheidungsgründen bei VG München, Az.: M 22 K 13.4848).

Schwere Körperverletzung, § 226 StGB

Auch bei dieser Tat muss der Halter oder Hundeführer dafür verantwortlich sein, dass sein Hund einen Menschen verletzt, und er muss die Körperverletzung vorsätzlich, mindestens bedingt vorsätzlich, herbeigeführt haben. Hinzukommen müssen weitere im Gesetz wie folgt aufgeführte Merkmale, hinsichtlich derer Fahrlässigkeit genügt:

> § 226 StGB Schwere Körperverletzung
> Hat die Körperverletzung zur Folge, dass die verletzte Person
> ...
> ein wichtiges Glied des Körpers verliert oder dauernd nicht mehr gebrauchen kann oder
> in erheblicher Weise dauernd entstellt wird oder ...,
> so ist die Strafe Freiheitsstrafe von einem Jahr bis zu zehn Jahren.

Sind Verletzungsfolgen dieser Art bei einem Menschen aufgrund einer Hundeattacke eingetreten, so macht sich der Hundeführer dann nach § 226 StGB strafbar, wenn er die eingetretene Folge vorhersehen musste und sorgfaltswidrig gehandelt hat, es ihm gleichgültig war oder er sie sogar gewollt hat. Denn selbstverständlich erfüllt jede gesteigerte Schuldform die subjektive Seite.

Körperverletzung mit Todesfolge, § 227 StGB

Wenn der Hund, von einem Menschen gehetzt, einen anderen Menschen so schwer verletzt, dass dieser später aufgrund seiner vorsätzlich herbeigeführten Verletzungen stirbt, dann kann der Hundehalter oder Hundeführer sich wegen einer Körperverletzung mit Todesfolge strafbar gemacht haben. Hierbei muss er zwar nicht zwingend mit dem Eintritt des Todes gerechnet haben (Vorsatz), er muss aber jedenfalls seine Sorgfaltspflichten außer Acht gelassen haben (Fahrlässigkeit).

> § 227 StGB Körperverletzung mit Todesfolge
> Verursacht der Täter durch die Körperverletzung (§§ 223 bis 226) den Tod der verletzten Person,
> so ist die Strafe Freiheitsstrafe nicht unter drei Jahren.
> In minder schweren Fällen ist auf Freiheitsstrafe von einem Jahr bis zu zehn Jahren zu erkennen.

Fahrlässige Körperverletzung, § 229 StGB

Wenn die Körperverletzung durch fahrlässiges Verhalten (zum Begriff siehe oben) herbeigeführt worden ist, droht ebenfalls eine Freiheitsstrafe oder Geldstrafe. Dieser Tatbestand ist der „Renner“ für Hundehalter!

> § 229 StGB Fahrlässige Körperverletzung
> Wer durch Fahrlässigkeit die Körperverletzung einer anderen Person verursacht, wird mit Freiheitsstrafe bis zu drei Jahren oder mit Geldstrafe bestraft.

Fahrlässige Körperverletzung ist dem Hundehalter zur Last zu legen, der gegen die erforderlichen Sorgfaltspflichten eines Hundehalters oder Hundeführers in solchem Maße verstoßen hat, dass ein Schaden eintritt, den er hätte verhindern müssen und können, weil er dies z. B. aufgrund früherer Vorfälle hätte voraussehen können. Wer in Kenntnis um die Bissigkeit seines Hundes diesen ohne Maulkorb und Leine führt, muss sich bei Verletzung eines Menschen durch den Hund zumindest Fahrlässigkeit vorwerfen lassen.

Auch wenn zur Hundeführung körperlich ungeeignete Personen, wie ein Kind oder eine gehbehinderte Person, einen großen kräftigen Hund spazieren führen, dieser sich losreißt und einen Verkehrsunfall mit Verletzten verursacht, liegt fahrlässiges Verhalten vor. Kernfrage ist hier immer, ob das Verhalten des Hundes für den Hundehalter vorhersehbar war.

Hier einige Beispiele aus der Rechtsprechung:

- Ist ein Hund auch nicht grundsätzlich und immer anzuleinen, so muss der Halter doch – so das Bayerische Oberlandesgericht – jederzeit zu einer prinzipiell erfolgversprechenden Einwirkung auf den Hund, sei es durch Befehle oder Zeichen, in der Lage sein. Lässt er den Hund hingegen außerhalb seines Einflussbereichs frei und unbeaufsichtigt herumlaufen, macht er sich bei einer Verletzung im Regelfall wegen fahrlässiger Körperverletzung strafbar. Läuft der Hund jedoch völlig überraschend aus einem umzäunten Grundstück auf die Straße und beißt einen Passanten oder verursacht einen Verkehrsunfall, dann ist der Halter strafrechtlich nicht verantwortlich, wenn er seine Sorgfaltspflichten beachtet hat (BayOblG, Az.: RReg. 5 St 278/86).

Hinzuweisen ist an dieser Stelle auf die Satzungen verschiedener Städte und Gemeinden, die das Anleinen von Hunden ohnehin generell vorschreiben. Ein Verstoß gegen eine entsprechende Satzung wäre wohl ein Indiz auch für eine strafrechtliche Verantwortlichkeit des Halters, wenn der Hund „zulangt“, da der Halter dann eben seine sich aus dem „Gesetz“ ergebenden Sorgfaltspflichten gerade nicht beachtet hätte.

- Fällt ein als Schutzhund ausgebildeter, etwa 50 kg schwerer Rottweilerrüde einen anderen Hund an und kommt es hierbei zur Verletzung des anderen Hundehalters, so kann der Halter des Rottweilers hierfür laut Oberlandesgericht Düsseldorf strafrechtlich wegen fahrlässiger Körperverletzung zur Verantwortung gezogen werden, wenn ihm bekannt war, dass sein Hund auf andere Hunde aggressiv reagiert und er selbst körperlich nicht in der Lage ist, seinen Hund zu bändigen. Dies gilt besonders, wenn die Gefahrensituation – hier Begegnung mit einer „heißen" Hündin – vorhersehbar war und der Hundehalter diese Gefahr durch Ausweichen hätte vermeiden können (OLG Düsseldorf, Az.: 5 Ss 442/91-136/91).

- Wer einen scharf abgerichteten Hund in einem weitläufigen Betriebsgelände, in das in der Vergangenheit wiederholt eingebrochen worden ist, frei herumlaufen lässt, damit dieser Einbrüche verhindert, muss damit rechnen, dass in einem solchen Fall sich etwaige Diebe eine Öffnung zum Gelände schaffen und diese nicht wieder schließen werden. Er muss laut Oberlandesgericht Düsseldorf voraussehen, dass der Hund durch eine solche Öffnung, insbesondere bei der Verfolgung der Einbrecher, ins Freie gelangen kann und dass in diesem Fall unbeteiligte Personen, die von dem Hund angesprungen werden, sich zur Wehr setzen und diesen dadurch veranlassen, zuzubeißen. Kommt es hierbei zu Verletzungen unbeteiligter Passanten, so macht er sich wegen fahrlässiger Körperverletzung strafbar, da er seine Sorgfaltspflichten verletzt hat (OLG Düsseldorf, Az.: 5 Ss 421/92 – 133/92 I).

- Wenn ein viereinhalb Jahre alter Mischlingshund, der bisher nie durch Aggressivität aufgefallen war und insbesondere als kinderverträglich galt, ein 7-jähriges, mit dem Hund vertrautes Kind mehrfach beißt, kann der Hundehalter nach einer Entscheidung des Bayerischen Oberlandesgerichts hierfür strafrechtlich nicht verantwortlich gemacht werden, da ein solches Verhalten nicht vorhersehbar gewesen sei (BayObLG, Az.: 4 StRR 8/93).

- Ein Mann ging auf einem Grünstreifen in einem ihm unbekannten ehemaligen Zechengelände spazieren, als plötzlich ein Hund auf ihn zurannte, ihn mehrfach in den Unterarm biss und ihm, nachdem er zu Boden gefallen war, weitere Bisswunden an Brust und Beinen beibrachte. Der Halter hatte behauptet, mit seinem angeblich angeleinten Hund spazieren gegangen zu sein, als dieser sich beim Erblicken eines Hasen plötzlich losgerissen habe. Auf demselben Gelände hatte der Hund das Opfer schon einmal gebissen. Damals bereits hatte der Halter angegeben, der angeleinte Hund habe sich wegen eines Karnickels losgerissen. Das erstinstanzliche Gericht verurteilte ihn zu einer Geldstrafe wegen fahrlässiger Körperverletzung. Das Oberlandesgericht Hamm wies nun ausdrücklich darauf hin, dass der Halter eines Hundes verpflichtet sei, diesen so zu überwachen, dass Verletzungen und Schädigungen Dritter verhindert würden. Dabei stellte es grundsätzliche Anforderungen auf: Von Bedeutung seien hierbei die Rasse des Hundes, sein Alter und insbesondere seine bisherige Führung, ferner, ob er bereits durch erhöhte Aggressionsbereitschaft oder Bösartigkeit aufgefallen sei, ob er folgsam sei, sich leiten lasse und wie er gewöhnlich reagiere, wenn er mit Menschen in Berührung komme. Auch sei zu berücksichtigen, welche charakterlichen Eigenschaften die Begleitperson habe, wie ihre körperliche Konstitution sei und welche Erfahrung, Geschicklichkeit und Kraft sie im Umgang mit Hunden habe. Erst unter Einbeziehung all dieser Gesichtspunkte könne eine zutreffende Beurteilung der Frage eines fahrlässigen Verhaltens, nämlich die erforderliche Sorgfalts-Pflichtwidrigkeit und die notwendige Vorhersehbarkeit der Tat, erfolgen (OLG Hamm, Az.: 2 Ss 1035/95).

Ein Bernhardiner-Mischling hatte eine sich bietende Gelegenheit – Herrchen schlief – ausgenutzt und war aus dem unzureichend umzäunten Vorgarten seines Zuhauses entwichen – sehr zum Übel einer zufällig vorbeikommenden alten Frau. Denn diese hatte seine Zähne schließlich im Oberschenkel und musste deshalb mehrere Wochen ärztlich versorgt und behandelt werden! Bereits dreimal zuvor hatte der Hund das nicht ausreichend eingezäunte Grundstück verlassen und Radfahrer sowie Passanten angefallen. Der Anordnung des Ordnungsamtes, das Grundstück sicher einzuzäunen und dem Tier beim Auslauf einen Maulkorb zu verpassen, war der Halter nicht nachgekommen. Nun wurde er vom Oberlandesgericht Karlsruhe wegen fahrlässiger Körperverletzung verurteilt: Angesichts der extremen Gefährlichkeit seines Hundes habe er dafür sorgen müssen, dass das Tier nicht entweichen könne, oder habe durch Anlegen eines Maulkorbes oder durch Anleinen verhindern müssen, dass es Menschen anfalle (OLG Karlsruhe, Az.: 3 Ss 94/00).

Wer einen angeleinten fremden Hund streichelt, muss damit rechnen, gebissen zu werden. Der Besitzer des Tieres kann für Schäden dann strafrechtlich nicht belangt werden, wie das Oberlandesgericht Celle entschieden hat. Im betreffenden Fall hatte die Jagdhündin „Wanda" einen Wesenstest bestanden und musste daher keinen Maulkorb tragen.
Ein Zehnjähriger hatte „Wanda" streicheln wollen, als diese in einer Tankstelle angeleint war. Das neun Jahre alte Tier hatte den Jungen daraufhin leicht in die linke Hand gebissen. Das Oberlandesgericht meinte, wie die Vorinstanzen, nun ebenfalls, der Halter habe der Sorgfaltspflicht genügt, indem er das Tier angeleint habe (OLG Celle, Az.: 22 Ss 9/02).

Das Oberlandesgericht Hamm hat eine Frau wegen fahrlässiger Körperverletzung verurteilt, nachdem ihre beiden nicht angeleinten Pudel einen Radfahrer angegriffen und verletzt hatten. Die Hundehalterin war in das Spiel ihrer beiden geliebten Pudel versunken, ohne auf den sich nähernden Fahrradfahrer zu achten, obwohl der geklingelt hatte. Wenn sie die Hunde angeleint oder sie besser auf Passanten bzw. Fahrradfahrer geachtet hätte, so wäre es – so das Gericht – zu dem Hundebiss nicht gekommen. Dass sie mit zwei Hunden unterwegs gewesen sei, wodurch sich die von den Tieren ausgehenden Gefahren potenziert hätten, habe zu einer erhöhten Sorgfaltspflicht und grundsätzlich zu einer Anleinpflicht geführt, da ein Hundehalter in der Regel nicht in der Lage sei, gleich zwei freilaufende Hunde zu kontrollieren. Ein weiteres entscheidendes Moment sei gewesen, dass die Frau sich mit ihren beiden Hunden auf einem von Radfahrern frequentierten Waldweg bewegt habe. Fahrräder würden von Hunden oft als Bedrohung wahrgenommen, was nicht selten dazu führe, dass sie versuchten, die Räder bzw. den Radfahrer zu attackieren. Klingele dieser zudem, so erschrecke der Hund sich möglicherweise, wittere Gefahr und greife aus diesem Grund den Radfahrer an. Diese Umstände hätten die Hundehalterin dazu veranlassen müssen, ihre Hunde anzuleinen, um die naheliegende Gefahrensituation zu beherrschen. Hinzu komme, dass sie durch das Spiel mit den Hunden derart abgelenkt gewesen sei, dass sie nicht einmal das wiederholte Klingeln des Radfahrers wahrgenommen habe (OLG Hamm, Az.: 2 Ss 239/05).

- Ein Hundeführer hatte einen Dackelmischling im Gelände frei laufen lassen, obwohl er wusste, dass das ehemals zugelaufene Tier noch nicht ausreichend erzogen und dessen Verhalten nicht ausreichend kontrollierbar war. Hinter einem Hügel, für den Hundeführer nicht sichtbar, verbellte der Hund zunächst einen 6-jährigen Jungen, lief dann in den Wald zurück, kam wieder und biss den Jungen ins Bein. Er erlitt durch den Hundebiss blaue Flecken. Das Amtsgericht Hersbruck verurteilte den Hundeführer wegen fahrlässiger Körperverletzung zu einer Geldstrafe von 20 Tagessätzen à 50,- DM (AG Hersbruck, Az.: 2 Cs 209 Js 13485/99).

- Etwa 5 Jahre später machte der gleiche Hundeführer wie oben zusammen mit seiner Familie einen Spaziergang und ließ dabei wiederum den Dackelmischling frei laufen. Obwohl er wusste, dass der Hund bisweilen auf Fremde, insbesondere Jogger, aggressiv reagierte, traf er hiergegen keine Vorkehrungen. Als ein Jogger sich der Gruppe näherte, rannte der Hund auf diesen zu. Versuche des Hundeführers, das Tier zurückzurufen und mit lauten Befehlen zur Rückkehr zu bewegen, schlugen fehl. Der Hund hörte nicht darauf, sondern biss dem Jogger erst in das rechte Bein, rannte fort, kehrte zurück und biss ihm in das linke Bein. Dieser erlitt kleinere Blutergüsse, Schwellungen und Schmerzen und begab sich in ärztliche Behandlung. Auf den Strafantrag des Joggers hin verurteilte das Landgericht Nürnberg-Fürth den Hundeführer wegen fahrlässiger Körperverletzung: Er sei zum Tatzeitpunkt verpflichtet gewesen, den Hund zu überwachen und so abzusichern, dass Verletzungen oder sonstige Schädigungen Dritter verhindert würden. Ein Hund, der – wie hier – schon einmal als aggressionsbereit und im Freien schwer lenkbar aufgefallen sei, dürfe nur an der Leine geführt werden, dies auch bei einem Landspaziergang, jedenfalls in der Nähe von Ortschaften, wo mit Wanderern und Joggern gerechnet werden müsse. Unter diesen Ausgangsvoraussetzungen habe in dem erneuten freien Laufenlassen des Hundes wiederum eine sorgfaltspflichtwidrige Handlung gelegen, weil der Hundeführer – wie bereits damals – den mit dem Freilaufen verbundenen Gefahren wegen der Unberechenbarkeit des Tieres nicht gewachsen gewesen sei (LG Nürnberg-Fürth, Az.: 2 Ms 209 Js 21912/05).

Eine sich im Hundetraining als ganz umgänglich und lernbegierig zeigende junge Weimaraner-Hündin eines Rentners verhielt sich außerhalb der Hundeschule des Öfteren ausgesprochen rüpelhaft und sprang fremde Menschen an. Von dieser Seite lernte sie ein Jogger kennen, dem sie ins Gesäß biss. Bei einer anderen Gelegenheit sprang sie ein Kind an und verletzte es leicht. Ein paar Tage später war eine Joggerin an der Reihe. Wegen einer Wegbiegung konnte der Mann noch nicht sehen, was sein frei laufender Hund schon längst entdeckt hatte, nämlich die Joggerin. Die Hündin sprang die Frau an, biss dreimal zu und hinterließ Quetschungen mit Blutergüssen und eine Bisswunde. Das Landgericht Bonn verurteilte den Halter wegen fahrlässiger Körperverletzung: Der Mann habe die stürmischen Neigungen seiner Hündin gekannt und sie deshalb trainieren lassen, damit sie besser gehorchte. Also hätte er vorsichtiger sein und das Tier kontrolliert führen müssen. Weimaraner-Hunde seien nun einmal Jagdhunde, die Jogger instinktiv als Beute wahrnähmen, die es zu stellen gelte. Bleibe ein Jogger stehen, dann wollten sie ihre Beute „fixieren". Diese Warnungen habe der Hundehalter ignoriert und die Hündin an der Wegbiegung im Wald frei laufen lassen. Das Geschehen sei vorhersehbar und vermeidbar gewesen. In unübersichtlichem Gelände müsse man einen Hund mit ausgeprägtem Jagdinstinkt, insbesondere einen jungen, noch nicht vollständig ausgebildeten Hund, an der kurzen Leine führen, auch dann, wenn in dem Gelände kein allgemeiner Leinenzwang bestehe (LG Bonn, Az.: 25 Ns 665 Js 315/12-207/12).

Ein American Staffordshire-Terrier-Mischling, der zuvor noch nicht gegenüber Menschen aggressiv geworden war, biss jetzt zu! – Als ein Vermieter in Begleitung seiner neunjährigen Tochter seinen Mieter in seiner Wohnung aufsuchte, sprang dessen Hund das den Arm nach ihm ausstreckende Kind unvermittelt an und biss es ins Gesicht mit erheblichen Verletzungsfolgen. Das Landgericht Freiburg verurteilte den Hundehalter, entgegen der Vorinstanz, zu einer Geldstrafe. Das nun mit der Revision befasste Oberlandesgericht Karlsruhe hielt den Hundehalter für verpflichtet, seinen Hund zu überwachen und so abzusichern, dass Verletzungen oder sonstige Schädigungen Dritter verhindert würden. Den Halter eines sog. Kampfhundes träfen noch höhere Sorgfaltspflichten, und gerade beim Zusammentreffen mit Kindern sei eine erhöhte Vorsicht geboten wegen ihrer Unerfahrenheit im Umgang mit Hunden. Der

Mieter habe daher seinen Hund in Anwesenheit des Kindes anleinen oder ihn während des Besuchs in einen anderen Raum einsperren müssen, um jegliche Gefährdung des Kindes durch den Hund auszuschließen. Die Missachtung dieser Sorgfaltspflichten, die vorhersehbar zu den durch den Hund zugefügten Verletzungen geführt hätten, begründe den Vorwurf der fahrlässigen Körperverletzung (OLG Karlsruhe, Az.: 2 (7) Ss 318/14).

Sexuelle Nötigung und Vergewaltigung

Diese Straftat ist in § 177 StGB normiert:

§ 177 StGB Sexuelle Nötigung, Vergewaltigung
Wer eine andere Person
mit Gewalt,
durch Drohung mit gegenwärtiger Gefahr für Leib oder Leben oder
unter Ausnutzung einer Lage, in der das Opfer der Einwirkung des Täters schutzlos ausgeliefert ist,
nötigt, sexuelle Handlungen des Täters oder eines Dritten an sich zu dulden ... wird mit Freiheitsstrafe nicht unter einem Jahr bestraft.
1 In besonders schweren Fällen ist die Strafe Freiheitsstrafe nicht unter zwei Jahren. 2 Ein besonders schwerer Fall liegt in der Regel vor, wenn
der Täter mit dem Opfer den Beischlaf vollzieht oder ähnliche sexuelle Handlungen mit dem Opfer vornimmt ..., die dieses besonders erniedrigen, insbesondere, wenn sie mit dem Eindringen in den Körper verbunden sind (Vergewaltigung) ...

Auf Freiheitsstrafe nicht unter drei Jahren ist zu erkennen, wenn der Täter
eine Waffe oder ein anderes gefährliches Werkzeug bei sich führt ...
Auf Freiheitsstrafe nicht unter fünf Jahren ist zu erkennen, wenn der Täter
bei der Tat eine Waffe oder ein anderes gefährliches Werkzeug verwendet ...
...
...

Über einen solchen unvorstellbaren Sachverhalt der schweren Vergewaltigung hatte der Bundesgerichtshof zu entscheiden: Der Täter hatte sein Opfer, eine Frau, zunächst gezwungen, sich von einem Wach- und Zwingerhund penetrieren zu lassen, und hatte danach selbst mit ihr den Beischlaf vollzogen. Das Gericht sah den Straftatbestand der besonders schweren Vergewaltigung als erfüllt an und hielt eine Freiheitsstrafe von neun Jahren für angemessen: Der bei der Tat eingesetzte Hund stelle nach den konkreten Feststellungen zur konkreten Art seines Einsatzes ein „gefährliches Werkzeug" i. S. v. § 177 Abs. 4 StGB dar (BGH, Az.: 5 StR 227/08).

Der Einsatz des Hundes für Vermögensdelikte

Diebstahl mit Waffen

Den Diebstahl als Straftat kennt jeder! Führt der Dieb nun bei der Tat einen scharf abgerichteten Kampfhund bei sich, so ist dies als Diebstahl mit einem „gefährlichen Werkzeug“ i. S. v. § 244 Abs. 1 Ziff. 1a 2. Alt. StGB zu beurteilen, der einer hohen Strafandrohung unterliegt.

> § 244 StGB Diebstahl mit Waffen ...
> Mit Freiheitsstrafe von sechs Monaten bis zu zehn Jahren wird bestraft, wer
> einen Diebstahl begeht, bei dem er oder ein anderer Beteiligter
> eine Waffe oder ein anderes gefährliches Werkzeug bei sich führt.

Die hohe Straferwartung liegt in der großen Gefahr begründet, dass der Dieb diese „Waffen“ in einer Zwangslage auch tatsächlich einsetzt. Er soll also durch die Höhe des Strafrahmens abgeschreckt werden.

Raub

Für den Räuber, der sein Opfer mit Gewalt nötigt oder mit lebensgefährdenden Drohungen „in Schach hält“, um ihm Gegenstände wegzunehmen, geht es um die noch schwerere Tat des Raubes, § 249 StGB, und für den, der dies unter Mitführung oder gar Einsatz eines „gefährlichen Werkzeuges“ begeht, kommt sogar die Straftat eines schweren Raubes in Betracht!

> § 250 StGB Schwerer Raub
> Auf Freiheitsstrafe nicht unter drei Jahren ist zu erkennen, wenn
> der Täter oder ein anderer Beteiligter am Raub
> eine Waffe oder ein anderes gefährliches Werkzeug bei sich führt,
> ...
> Auf Freiheitsstrafe nicht unter fünf Jahren ist zu erkennen, wenn der Täter oder ein anderer Beteiligter am Raub
> bei der Tat eine Waffe oder ein anderes gefährliches Werkzeug verwendet,
> ...
> ...

Der qualifizierte Straftatbestand des § 250 Abs. 1 Nr. 1a StGB kann also schon dann erfüllt sein, wenn der Täter bei seinem Vorgehen einen scharfgemachten Kampfhund lediglich bei sich führte, erst recht, wenn der Täter den Hund auf sein Opfer hetzt mit dem Befehl: „Fass!“, so § 250 Abs. 2, Nr. 1 StGB.

Wegen schweren Raubes hat der Bundesgerichtshof zwei gemeinschaftlich handelnde Täter verurteilt, da sie bei ihrem Vorgehen einen Kampfhund eingesetzt hätten. Dieser sei als „gefährliches Werkzeug“ i. S. v. § 250 Abs. 2 Nr. 1 StGB anzusehen (BGH, Az.: 4 StR 584/98).

Erpressung

Wer seinem Opfer selbst nichts wegnimmt, sondern es durch Gewalt oder Drohung mit einem empfindlichen Übel zur eigenständigen Herausgabe bestimmter geforderter Sachen nötigt, macht sich wegen Erpressung, § 253 StGB, strafbar. Hier droht eine Freiheitsstrafe bis zu fünf Jahren oder eine Geldstrafe.
Folgenschwerer wird es für denjenigen, der die Erpressung durch körperliche Gewalt gegen eine Person begeht oder ihr mit einer gegenwärtigen Gefahr für Leib oder Leben droht. Denn hier geht es um eine *räuberische Erpressung* gem. § 255 StGB!
Eine Drohung ist es, wenn der Täter bei seinem Vorgehen einen Kampfhund bei sich führt und er dem Bedrängten sagt, er werde das Tier auf ihn hetzen, wenn er den verlangten Gegenstand nicht herausgebe.
Bei den meisten dieser Taten liegt zwar auch eine *Nötigung* gem. § 240 StGB oder eine *Bedrohung* gem. § 241 StGB vor. Diese Taten werden aber nicht gesondert bestraft, sondern sie treten zurück gegenüber den schwereren Straftatbeständen, in denen neben dem Vermögen die Willensfreiheit mitgeschützt ist, wie bei Raub und Erpressung.

Der Hund tötet oder verletzt ein Tier

Ein Hundehalter kann sich wegen einer Sachbeschädigung i. S. v. § 303 StGB strafbar machen, wenn sein Hund ein Tier tötet („zerstört“) oder verletzt („beschädigt“).

> § 303 StGB Sachbeschädigung
> Wer rechtswidrig eine fremde Sache beschädigt oder zerstört, wird mit Freiheitsstrafe bis zu zwei Jahren oder mit Geldstrafe bestraft.

Auch Tiere sind trotz § 90 a S. 1 BGB Sachen im Sinne des Strafrechts und damit taugliche Tatobjekte einer Sachbeschädigung. Denn nach § 90 a S. 2 BGB sind die für Sachen geltenden Vorschriften, soweit nichts anderes bestimmt ist, auf Tiere entsprechend anzuwenden. Das strafrechtliche Analogieverbot steht dem nicht entgegen, da es sich hier nicht um eine „freie“ Analogie, sondern um eine „gesetzliche“ Verweisung handelt. Nach anderer Auffassung gilt § 90 a BGB ohnehin nur für das BGB, wo er verankert ist.

Eine fahrlässige Sachbeschädigung ist, im Gegensatz zur fahrlässigen Körperverletzung, gesetzlich nicht vorgesehen. Daher muss dem hinter dem Hund stehenden Hundehalter oder Hundeführer Vorsatz bei der Tötung oder der Verletzung eines Tieres vorgeworfen werden können, um ihn einer Sachbeschädigung beschuldigen zu können. Hierfür reicht aus, dass er den Tod oder die Verletzung des Tieres durch seinen Hund für möglich gehalten und dies akzeptiert hat. So ist es z. B., wenn er seinen Hund auf ein anderes Tier hetzt.

- Der Straftatbestand kann bereits erfüllt sein, wenn ein bissiger Hund auch im Angesicht einer Schafsherde nicht angeleint wird, er auf die Herde zujagt, die Tiere hetzt und beißt oder er durch seine Aggressivität ein trächtiges Schaf derart erschreckt, dass es seinen Nachwuchs verliert (zu Schadensersatz wegen Sachbeschädigung s. LG Duisburg, Az.: 8 O 185/09).

- In der Rechtsprechung ist inzwischen anerkannt, dass der von einem Hundehalter nicht gewünschte Deckakt nicht nur zu Schadensersatzansprüchen führen kann, wenn die Hündin daraufhin trächtig wird, sondern sogar strafrechtlich als Sachbeschädigung eingestuft werden kann (so bereits im Jahre 1975 der Bundesgerichtshof, Az.: VI ZR 177/75, später das Oberlandesgericht Schleswig, Az.: 7 U 9/92 sowie das Landgericht Coburg in einem Verfahren, das mit einem Vergleich endete, LG Coburg, Az.: 11 O 185/13).

Wichtig ist, dass zur Verfolgung der Tat wegen § 303 c StGB ein Strafantrag des Verletzten erforderlich ist. Ansonsten verfolgt die Staatsanwaltschaft die Tat nur dann von Amts wegen, wenn sie ein Einschreiten „wegen des besonderen öffentlichen Interesses an der Strafverfolgung" bejaht, was eher selten vorkommt.

Der Hund beschädigt fremde Sachen

Geht es nicht um ein Tier, das durch einen Hund verletzt oder getötet wurde, sondern um eine „sonstige Sache", die er beschädigt oder zerstört hat, kann sich der Hundehalter oder Hundeführer ebenfalls wegen einer Sachbeschädigung nach § 303 StGB strafbar machen, wenn ihm Vorsätzlichkeit vorgeworfen werden kann, d. h., wenn er die Sachbeschädigung durch den Hund gewollt oder aber für möglich gehalten und billigend in Kauf genommen hat. Auch hier ist ein Strafantrag erforderlich.

Eine „sonstige Sachbeschädigung" kann schon dann vorliegen, wenn der Hund

- in Nachbars Garten auf Maulwurfjagd geht und entsprechend viele Löcher buddelt, während Herrchen dem fröhlich applaudierend und unbeeindruckt zuschaut und nicht eingreift,
- die Kleidung anderer Personen dadurch beschmutzt oder beschädigt, dass er an ihnen hochspringt und Frauchen dies nicht unterbindet,
- das Hosenbein einer sich entfernenden Person zerfetzt (sog. Wadenbeißer) und Herrchen dem Geschehen einfach zusieht und nichts unternimmt, um die Schädigung abzuwenden.

- Auch auf den Mieter einer Wohnung, der es sehenden Auges zulässt, dass sein Hund die Tapete im Raum zerfetzt oder das Parkett zerkratzt, könnte der Vorwurf einer Sachbeschädigung zukommen!

Wegen Sachbeschädigung strafbar sein kann ein Hundehalter, der amüsiert beobachtet, wie sein Vierbeiner zum Kauf in einem Geschäft angebotene Decken „markiert" und nicht sofort einschreitet (AG Wiesbaden in einem Zivilprozess wegen Schadensersatz und Schmerzensgeld, Az.: C 2691/11 (34)).

Der Hund dringt in fremde Grundstücke ein

Springt ein Hund über den Gartenzaun auf ein Nachbargrundstück oder buddelt er sich ein Loch, um dorthin zu gelangen, so kann sich der ihm nachspringende oder nachlaufende Hundehalter wegen eines Hausfriedensbruchs strafbar machen, wenn er unerlaubt in das Grundstück eindringt, um seinen Gefährten einzufangen.

§ 123 StGB Hausfriedensbruch
Wer in die Wohnung, in die Geschäftsräume oder in das befriedete Besitztum eines anderen ... widerrechtlich eindringt oder wer, wenn er ohne Befugnis darin verweilt, auf die Aufforderung des Berechtigten sich nicht entfernt, wird mit Freiheitsstrafe bis zu einem Jahr oder mit Geldstrafe bestraft.
Die Tat wird nur auf Antrag verfolgt.

Allerdings steht dem Besitzer des Hundes nach § 867 BGB ein sog. Verfolgungsrecht zu.

§ 867 BGB Verfolgungsrecht des Besitzers
Ist eine Sache aus der Gewalt des Besitzers auf ein im Besitz eines anderen befindliches Grundstück gelangt, so hat ihm der Besitzer des Grundstücks die Aufsuchung und die Wegschaffung zu gestatten, sofern nicht die Sache inzwischen in Besitz genommen ist.

Ein fremdes Grundstück eigenmächtig zu betreten, um seine „entlaufenen" Sachen zurückholen zu können, ist rechtlich aber nur zulässig, wenn der Eigentümer dies gestattet. Verweigert er sein Einverständnis, so bleibt, wenn es hart auf hart kommt, lediglich die Möglichkeit, ihn auf Gewährung des Zutritts zu verklagen. Nur in Ausnahmefällen darf das Nachbargrundstück ohne Zustimmung betreten werden, so z. B., wenn das eigene Haustier entlaufen ist und ein Aufschub des Verfolgungsrechtes den wahrscheinlichen Verlust des Tieres bedeuten würde.

Hier ein Beispiel dazu aus einem Schadensersatzprozess:

Es ging um einen Hundebesitzer, dessen Hund des Nachts auf ein Nachbargrundstück entwichen war und sich verirrt hatte. Der Mann betrat das Grundstück, um dort – ohne Licht – nach seinem Hund zu suchen, stürzte dabei in den seitlich des fremden Hauses befindlichen Treppenschacht und verletzte sich. Für diesen Schaden nebst Schmerzensgeld wollte er den Nachbarn haftbar machen. Diesem Begehren folgte das Oberlandesgericht Düsseldorf nicht: Die Verletzungen seien entstanden, als der Hundebesitzer nachts ohne Licht *in unbefugter Weise* das fremde Grundstück zur Suche seines Hundes betreten habe. Eine Notstandslage habe nicht vorgelegen. Denn welche gegenwärtige Gefahr dem Hund auf dem Nachbargrundstück gedroht haben sollte, sei nicht ersichtlich.

Dem Eindringling hätte klar sein müssen, dass er sich auf ein Privatgrundstück begeben habe, das weder zum Betreten durch seinen Hund noch durch ihn selbst freigegeben gewesen sei. Wenn er sich darüber hinaus trotz der Dunkelheit und der fremden Örtlichkeit und, ohne zuvor eine Lichtquelle zu besorgen, nicht vorsichtig vorgetastet habe, dann habe er erkennbar auf eigene Gefahr gehandelt (OLG Düsseldorf, Az.: I – 22 U 143/00).

Der Hund schädigt die Umwelt

Verrichtet ein Hund seine Notdurft nahe an einem Gartenzaun und beschweren sich die Bewohner des angrenzenden Grundstücks, angewidert von dieser „Schweinerei", bei der Stadtverwaltung, dann muss die Hundehalterin wegen einer Ordnungswidrigkeit mit einem Bußgeldbescheid rechnen.

Der Hundehalter oder Hundeführer ist nämlich zur Beseitigung des Hundehäufchens verpflichtet. Entfernt er die Hinterlassenschaften seines Vierbeiners nicht, ist das auf jeden Fall eine Ordnungswidrigkeit nach § 118 OWiG sowie nach diversen Straßenordnungen.

Hundehaufen nicht zu beseitigen, bedeutet nicht nur eine Verunreinigung von Straßen, Wegen und Plätzen, eine Ausrutschgefahr und eine Verschmutzung der Schuhe.

Darüber hinaus kann nämlich sogar eine Straftat gegen die Umwelt nach § 326 Abs. 1 StGB vorliegen, wenn es sich bei dem Hundekot um Abfall handelt, der Erreger von auf Menschen oder Tiere übertragbaren gemeingefährlichen Krankheiten enthalten oder hervorbringen könnte, wie Salmonellen oder Würmer.

§ 326 StGB Unerlaubter Umgang mit gefährlichen Abfällen
Wer unbefugt Abfälle, die
Gifte oder Erreger von auf Menschen oder Tiere übertragbaren gemeingefährlichen Krankheiten enthalten oder hervorbringen können,

…
außerhalb einer dafür zugelassenen Anlage oder unter wesentlicher Abweichung von einem vorgeschriebenen oder zugelassenen Verfahren lagert, ablagert, ablässt, beseitigt …, wird mit Freiheitsstrafen bis zu fünf Jahren oder mit Geldstrafe bestraft.
…

Eine Straftat mit der Begründung eines Verstoßes gegen das Abfallbeseitigungsgesetz durch liegengelassenen Hundekot? – Dies erscheint allerdings bedenklich. Denn das Gesetz bezieht tierische Fäkalien offensichtlich nicht ein, ist dort doch von „Abfällen" die Rede, die „nur in den dafür zugelassenen Anlagen … abgelagert" werden dürfen. Zum einen gibt es in Deutschland keine Hundeklos als „Anlagen". Zum anderen erscheint es abwegig, einem Hundehalter zuzumuten, mit seinem Hund die allgemeine Mülldeponie am Stadtrand aufzusuchen. Die Benutzung der Hausmülltonnen wiederum wäre „artfremd", da es nicht um Hausmüll geht. Insofern erscheint bereits die Einordnung tierischer Fäkalien unter den Begriff „Abfall" i. S. v. § 326 StGB kaum möglich. Aber man weiß ja nie, wie die Gerichte das sehen!

Immerhin hat vor Jahrzehnten das Oberlandesgericht Celle den Hundekot als Abfall beurteilt (OLG Celle, Az.: 2 Ss (OWi) 104/78) und auch das Oberlandesgericht Düsseldorf im Fall der Verunreinigung von Spielplätzen und Liegewiesen (OLG Düsseldorf, Az.: 5 Ss 300/90, ebenso OLG Frankfurt, Az.: 3 Ws (B) 205/92).

Zudem ist fraglich, ob eine verhältnismäßig kleine Menge Hundekot, wie sie beim einmaligen Abkoten eines Hundes entsteht, die Eigenschaft *gefährlichen Abfalls* i. S. v. § 326 Abs. 1 Nr. 1 StGB hat. Und schließlich, ob zum „Ablagern" oder „Ablassen", wie es im Gesetz heißt, auch das „Liegenlassen" – von Abfall – zählt. Dies wäre eine Unterlassungs-Straftat, über die höchstrichterlich noch nicht entschieden worden ist. Warten wir also ab, wie sich der Bundesgerichtshof zu diesen Fragen stellen wird!
Allerdings ist nicht ausgeschlossen, dass andere Vorschriften in Gemeindesatzungen, unter Androhung von Bußgeld eine Beseitigung dessen fordern, was strafrechtlich nicht als „Abfall" gesehen werden kann.

Der Mensch tötet oder verletzt einen Hund

Da auch im Strafrecht der Hund bekanntermaßen als Sache behandelt wird, geht es bei dessen Tötung oder Verletzung um eine Sachbeschädigung gem. § 303 StGB, die grundsätzlich nur auf Antrag bestraft wird.

Man stelle sich nun folgendes Szenario vor:
Einem Briefträger – für Hunde erfahrungsgemäß ein „gefundenes Fressen" – werden drei kläffende Dackel zum Verhängnis. Sie attackieren ihn, als er auf einem Bauernhof die Post

zustellen will. Dies lässt er sich nicht gefallen und setzt sich zunächst mit Fußtritten und, als die Tiere sich nicht zurückziehen, mit einem aufgefundenen Birkenknüppel zur Wehr. Im Eifer des Gefechts wird ein Dackel hierbei erheblich verletzt. Der Hundehalter erstattet gegen den Postboten Strafanzeige bei der Staatsanwaltschaft. So geschehen in einem zivilrechtlichen Fall beim Oberlandesgericht Hamm. Strafbar oder nicht strafbar?

Hier erhielt der Postbote Rückendeckung! Das Gericht sprach dem Postboten nämlich ein Notstandsrecht zur Verteidigung zu. Denn das Leben und die Gesundheit des Briefträgers seien höher zu bewerten als die Unversehrtheit eines Dackels (OLG Hamm, Az.: 27 U 218/94).

Um sich vor angreifenden Hunden zu schützen, darf ein Postbote also auch einen Knüppel ergreifen und das Risiko in Kauf nehmen, dass das Tier dabei verletzt wird? Ja! Denn er befindet sich im „Notstand“ und begeht kein Unrecht!

Notstand? – Worum geht es hier rechtlich?

Es geht um die folgenschwere Frage, ob und wieweit ein Mensch sich gegen eine Hundeattacke wehren darf, ohne mit rechtlichen Konsequenzen rechnen zu müssen. Die Juristen stellen dem so Handelnden einen „Rechtfertigungsgrund“ zur Seite, seine Tat ist „gerechtfertigt“ und somit nicht rechtswidrig, also rechtmäßig. Denn an sich begeht der Postbote mit der Verletzung des Hundes eine Sachbeschädigung, die zivilrechtlich mit Schadensersatz belegt und strafrechtlich gem. § 303 StGB mit Strafe bedroht ist. Weil es ungerecht wäre, einen Angegriffenen, der sich angemessen seiner Haut wehrt, zu bestrafen, hat der Gesetzgeber hierfür Vorsorge getroffen und die Rechtsfertigungsgründe
der *Notwehr* in § 32 StGB,
des *rechtfertigenden Notstandes* in § 34 StGB,
sowie in § 228 BGB den sog. *Defensivnotstand* und den sog. *Aggressivnotstand* in § 904 BGB geschaffen. Schauen wir im Gesetz nach:

§ 32 StGB Notwehr
Wer eine Tat begeht, die durch Notwehr geboten ist, handelt nicht rechtswidrig.
Notwehr ist die Verteidigung, die erforderlich ist, um einen gegenwärtigen rechtswidrigen Angriff von sich oder einem anderen abzuwenden.

§ 34 StGB Rechtfertigender Notstand
1 Wer in einer gegenwärtigen, nicht anders abwendbaren Gefahr für Leben, Leib, Freiheit, Ehre, Eigentum oder ein anderes Rechtsgut eine Tat begeht, um die Gefahr von sich oder einem anderen abzuwenden, handelt nicht rechtswidrig, wenn bei Abwägung der widerstreitenden Interessen, namentlich der betroffenen Rechtsgüter und des Grades der ihnen drohenden Gefahren, das geschützte Interesse das beeinträchtigte wesentlich überwiegt.
2 Dies gilt jedoch nur, soweit die Tat ein angemessenes Mittel ist, die Gefahr abzuwenden.

§ 228 BGB Notstand (Defensivnotstand)
1 Wer eine fremde Sache beschädigt oder zerstört, um eine durch sie drohende Gefahr von sich oder einem anderen abzuwenden, handelt nicht widerrechtlich, wenn die Beschädigung oder die Zerstörung zur Abwendung der Gefahr erforderlich ist und der Schaden nicht außer Verhältnis zu der Gefahr steht.
2 Hat der Handelnde die Gefahr verschuldet, so ist er zum Schadensersatz verpflichtet.

§ 904 BGB Notstand (Aggressivnotstand)
1 Der Eigentümer einer Sache ist nicht berechtigt, die Einwirkung eines anderen auf die Sache zu verbieten, wenn die Einwirkung zur Abwendung einer gegenwärtigen Gefahr notwendig und der drohende Schaden gegenüber dem aus der Einwirkung dem Eigentümer entstehenden Schaden unverhältnismäßig groß ist.
2 Der Eigentümer kann Ersatz des ihm entstehenden Schadens verlangen.

Alle zitierten Rechtfertigungsgründe gelten für die gesamte Rechtsordnung einheitlich. Was nach Bürgerlichem Recht gerechtfertigt ist, schließt auch im Strafrecht und Ordnungswidrigkeitenrecht die Rechtswidrigkeit aus! Insofern ist ein zivilrechtlich oder öffentlich-rechtlich gestattetes Handeln auch im Strafrecht nicht rechtswidrig und umgekehrt.

Die Notwehr scheidet in unserem „Postbotenfall“ insofern von vornherein aus, als Notwehr immer einen menschlichen Angriff voraussetzt, der bei einer Hundeattacke ausschließlich dann gegeben ist, wenn das Tier von einem Menschen dazu angetrieben wurde, der Täter also hinter dem Hund menschlicher „Angreifer“ ist. Das ist aber nicht der Regelfall. Meist geht es um einen reinen Hundeangriff ohne menschliche Lenkung. Wehrt sich das Opfer und wird der Hund dadurch verletzt, dann kommen dem Täter die bereits genannten Notstandsregelungen zugute.

Hier kommt zugunsten unseres Postboten § 34 StGB in Betracht.
Hintergrund dieser gesetzlichen Regelungen ist der Gedanke, dass in einem Konfliktfall das nach unserer Rechtsordnung weniger schutzwürdige Rechtsgut – hier der Hund – gegenüber höherrangigen Rechtsgütern – hier das Leben und die körperliche Unversehrtheit eines Menschen – nachrangig ist.

§ 34 StGB setzt voraus, dass
- eine Kollisionslage zwischen zwei Rechtsgütern unterschiedlicher rechtlicher Qualität besteht (bei Hundeattacken nahezu immer: Mensch gegen Hund),
- eine Verteidigung geboten, also erforderlich ist,
- das Verteidigungsmittel angemessen und verhältnismäßig ist (Fußtritt statt Stock oder Reizgas),
- ein milderes Abwehrmittel nicht zur Verfügung steht (Weglaufen nicht zumutbar) und
- der Täter mit Verteidigungswillen handelt, er also um die Notstandslage weiß und entsprechend handeln will.

In dieser Situation begeht der Täter trotz Verstoßes gegen ein Strafgesetz keinen Verstoß gegen die Rechtsordnung!

Das gilt auch für das sich verteidigende Opfer einer Hundeattacke. Da es hier um eine Sachbeschädigung zur Abwehr eines angreifenden Hundes geht, kommt auch § 228 BGB als zivilrechtliche Spezialnorm zum Tragen.

Bei den rechtfertigenden Notstandsregelungen des BGB, wie § 228 und § 904 BGB, handelt es sich um Sonderregelungen, die das in § 34 StGB nur ganz allgemein formulierte Entscheidungsprinzip für bestimmte Notstandssituationen näher konkretisieren. Daraus folgt nun nicht, dass diese Bestimmungen dem § 34 StGB schlechthin vorgehen. Vielmehr kann es notwendig sein, auf die allgemeinen Grundsätze, die in § 34 StGB Ausdruck gefunden haben, als Korrektiv zurückzugreifen.

Unserem Postboten kann also als Opfer eines Hundeangriffs kein rechtswidriges Verhalten vorgeworfen werden, sondern seine verteidigende Handlung, die den Tatbestand des § 303 StGB erfüllt, ist gerechtfertigt.

Der Mensch beschädigt eine sonstige Sache zur Abwehr einer Hundeattacke

Als Beispiel mag hier erneut unser Postbote dienen, der sich bei einer Hundeattacke in seiner Not nicht anders zu helfen weiß, als die vor der Haustür stehende Blumenschale zu ergreifen und nach dem angreifenden Hund zu werfen. Die Schale wird bei dieser Aktion zerschmettert. Der Bauer stellt Strafantrag wegen Sachbeschädigung.

Der Postbote hat zweifellos an der Blumenschale eine Sachbeschädigung gem. § 303 StGB begangen. Aber auch hier stellt sich wiederum die Frage, ob ihm sein Vorgehen als Unrecht angelastet werden kann. Immerhin sah er keine andere Möglichkeit, sich der Hundeattacke zu erwehren, als die Schale nach dem Tier zu werfen. Genau hier kommt der Rechtfertigungsgrund des § 904 BGB zum Tragen, der sog.
Aggressivnotstand. Danach ist der Eingriff in das fremde Eigentum (Schale) zulässig, wenn dies zur Abwehr einer gegenwärtigen Gefahr (Hundeangriff) erforderlich und im Vergleich zum eintretenden Schaden verhältnismäßig ist.

Hier richtet sich die „Tat" der Sachbeschädigung nicht nur gegen die gefahrbringende Sache, nämlich den Hund, sondern auch gegen eine andere fremde Sache, nämlich die Blumenschale, von der keine Gefahr ausgeht, mit der aber die drohende Hundegefahr abgewendet werden kann.
§ 228 BGB regelt diesen sog. Defensivnotstand, der sich gegen die „*schuldige Sache*" (Hund) richtet, von der die Gefahr ausgeht. Den Aggressivnotstand, bei dem auf eine „*unschuldige*

Sache“ (Blumenschale) eingewirkt wird, von der die Gefahr gerade nicht ausgeht, regelt § 904 BGB!
Also: Während § 228 BGB zur Gefahrenabwehr die Beschädigung oder Zerstörung der gefahrbringenden Sache, d. h. hier eine Verteidigungshandlung gegen den angreifenden Hund, gestattet, gibt § 904 BGB das Recht, auf eine Sache einzuwirken, obwohl durch sie keine Gefahr droht.
Richtig! § 228 BGB regelt dasselbe wie § 34 StGB, nur eben als Spezialrechtfertigungsgrund bei Sachbeschädigungen. „Doppelt gemoppelt hält besser“!

Im Ergebnis muss der Briefträger also insgesamt straffrei bleiben, da sein Vorgehen nicht als Unrecht bewertet werden kann, weder die Verletzung des Hundes (§§ 34 StGB, 228 BGB) noch die Zerstörung der Blumenschale (§ 904 BGB).

2.3 Straftaten nach dem Tierschutzgesetz

Wer einen Hund vorsätzlich und ohne vernünftigen Grund tötet oder ihm aus Rohheit erhebliche Schmerzen oder Leiden zufügt oder länger anhaltende oder sich wiederholende Schmerzen bereitet, kann wegen Tierquälerei strafbar sein.
Strafbar macht sich, wer seinen Hund *aktiv* tötet, weil er ihm zur Last fällt, aber auch, wer seinen Hund verhungern oder trotz seiner Erkrankung oder Verletzung nicht behandeln lässt, also die Tat *passiv* durch Nichttun, als sog. Unterlassung, begeht. Die Strafbarkeit kann für denjenigen eingreifen, der Welpen eines Hundes aktiv oder passiv „entsorgt“ oder als Hundezüchter neu gezüchtete Hunde vergiftet oder verhungern lässt, weil sie nicht dem Rassestandard entsprechen.

§ 17 TierSchG
Mit Freiheitsstrafe bis zu drei Jahren oder mit Geldstrafe wird bestraft, wer
ein Wirbeltier ohne vernünftigen Grund tötet oder
einem Wirbeltier
aus Rohheit erhebliche Schmerzen oder Leiden oder
länger anhaltende oder sich wiederholende erhebliche Schmerzen oder Leiden zufügt.

Ein kritisches und alle Hundehalter beschäftigendes Problem stellt sich bei der Abgrenzung zwischen „Töten“ und „Erlösen“.

Klar, jeder weiß: Das Töten eines Tieres „ohne vernünftigen Grund“ ist grundsätzlich verboten und strafbar. Aber nicht jeder weiß, wie es zu beurteilen ist, wenn ein Tier getötet wird, um es von seinen Leiden und Qualen zu „erlösen“.
Der Abschied von seinem Wegbegleiter zählt zu den dunkelsten und schwersten Stunden im Leben eines Hundehalters. Das mag tatsächlich nicht jeder so empfinden. Aber viele

Halter entwickeln zu ihrem Hund eine oftmals intensivere Beziehung als die zu einem Menschen, teilen Alltag, Erlebnisse und Gefühle mit ihm. Die Trauer eines Hundebesitzers um seinen Hund ist also der über den Verlust eines Menschen durchaus vergleichbar, wenngleich die gesellschaftliche Akzeptanz der Trauer um ein Tier eine andere ist. Wer kennt ihn nicht, diesen Spruch: „Ist ja nur ein Hund." Wünscht man sich auch, dass der Hund eines Tages nach einem erfüllten Hundeleben friedlich einschläft, so ist dieses Schicksal doch nicht jedem vergönnt. Ist ein Hund nämlich altersgeschwächt oder sehr krank und kann schließlich nicht mehr aus eigener Kraft aufstehen, sackt zusammen, ist inkontinent, hat Schmerzen, ist verwirrt und orientierungslos, dann müssen Herrchen und Frauchen die schwerwiegende Entscheidung treffen, ob sie ihrem geliebten Gefährten dieses Leiden ohne Aussicht auf Besserung länger zumuten wollen oder ihn schweren Herzens von seinen Leiden erlösen und vom Tierarzt einschläfern lassen sollten. Ein Hundeleben nach Wochen der Qualen friedlich zu beenden, ist zwar ein unendlich trauriger, aber auch ein befreiender Moment. Hier gilt es immer, die Grenze zwischen Tierliebe und Tierquälerei einzuhalten! Hat ein Hund jede Lebensfreude verloren und treten bestimmte Symptome, wie Lähmungen, Verwirrtheit oder Orientierungslosigkeit, in gehäufter Form auf, kann das ein Zeichen sein, dass es jetzt Zeit ist, ihn gehen zu lassen.

Aber haben wir das Recht, ein Leben zu beenden? In der Humanmedizin wird das Thema „Sterbehilfe" seit Jahren kontrovers diskutiert. In der Tiermedizin ist der Fall gesetzlich geregelt. Nach § 17 TierSchG ist es nur verboten, ein Tier „ohne vernünftigen Grund" zu quälen oder zu töten. Ein „vernünftiger Grund" gilt aber als gegeben, wenn der Hund unerträgliche Schmerzen erleidet und es keinerlei Aussicht auf Genesung oder Besserung gibt. Kein Tierarzt macht sich folglich strafbar, wenn er den geliebten Hund dann einschläfert. Auch der Hundehalter, der dies veranlasst und dem zugestimmt hat, bleibt selbstverständlich straffrei!

Während dem vorsätzlich handelnden Täter einer Tiertötung oder -quälerei nach § 17 TierSchG eine Freiheitsstrafe von bis zu 3 Jahren oder Geldstrafe droht, wird die versuchte oder fahrlässige Tierquälerei als bloße Ordnungswidrigkeit eingestuft und im Bußgeldverfahren nach § 18 TierSchG mit einer Geldbuße bis zu 25.000,- € geahndet. Sowohl im Strafverfahren als auch im Ordnungswidrigkeitenverfahren kann der Hund nach § 17 oder § 19 TierSchG als Nebenfolge der Tat aber eingezogen werden. Hier geht das Eigentum an dem Tier mit Rechtskraft des Strafurteils oder des Bußgeldbescheides auf den Staat in Form seiner Verwaltungsbehörden über. Außerdem kann das Gericht ein Tierhaltungsverbot befristet, aber auch dauerhaft aussprechen.

Hier einige Beispiele zur Tierquälerei aus der Rechtsprechung:

Das Kupieren der Ohren eines Dobermanns fügt dem Tier lang anhaltende Schmerzen zu, die nicht auf einem vernünftigen Grund beruhen. Die Maßnahme ist deshalb tierschutzwidrig und strafbar. Dies gilt laut Urteil des Amtsgerichts Neunkirchen auch dann, wenn der Eingriff an den Ohren nicht in Deutschland, sondern im Ausland vorgenommen wurde, wo dies noch erlaubt ist: Denn wer seinen Hund nur deshalb kurzfristig ins Ausland bringe, um dort die Ohren kupieren zu lassen, mache sich strafbar, weil der Hund die Schmerzen nicht nur unmittelbar beim Eingriff habe. Diese Schmerzen dauerten immer noch mehrere Wochen während der Nachbehandlung, etwa zwei bis vier Wochen, an. Ein vernünftiger Grund im Sinne des Tierschutzgesetzes für das Kupieren der Ohren liege nicht vor (AG Neunkirchen, Az.: 19.536/93).

Ein Fahrzeug- und Hundehalter ließ seine drei Hunde für die Dauer von etwa 7 Stunden allein in seinem Pkw. Die Außentemperatur betrug ca. 30 Grad Celsius plus, während die Innentemperatur bei geschlossenen Fenstern mindestens 70 Grad plus erreichte. Diese für ein Tier unerträgliche Hitze reichte dem Bayerischen Oberlandesgericht aus, um den vermeintlichen Tierfreund wegen Tierquälerei zu bestrafen (BayOLG, Az.: 3 ObO-Wi 118/95, ähnlich das Amtsgericht München zu einem Rottweiler/Dogge-Mischling, der im Sommer 20 Minuten lang im Auto bei geöffnetem Fenster und 25 Grad Celsius im Schatten gelassen worden war, AG München, Az.: 115 OWi 236 Js 19323/17).

Im Rahmen einer Kontrolle der Tierhaltung entdeckte die Amtstierärztin auf dem Anwesen des Tierhalters einen zwölfjährigen Mischlingsrüden, dessen Fell verfilzt und stark mit Parasiten befallen war und der wegen erheblicher Schmerzen aufgrund eines verletzungsbedingt stark angeschwollenen Handwurzelgelenks mit diesem Bein seit ca. drei bis vier Wochen nicht auftreten konnte und lahmte. Der Halter hatte es aus finanziellen Gründen unterlassen, das Tier rechtzeitig in ärztliche Behandlung zu geben. Der Hund musste aufgrund seines Krankheits- und Pflegezustandes schließlich vom Tierarzt eingeschläfert werden.
Das Gericht verurteilte den Tierhalter zu einer Geldstrafe wegen eines Verstoßes gegen § 17 Nr. 2b des Tierschutzgesetzes, weil er es unterlassen habe, den Hund rechtzeitig der tierärztlichen Behandlung zuzuführen, wodurch dieser über einen längeren Zeitraum erhebliche Schmerzen habe erdulden müssen. Letztlich habe er eingeschläfert werden müssen, was bei rechtzeitigem Eingreifen hätte verhindert werden können. Seine eigenen finanziellen Bedürfnisse habe er über das Wohl seines Tieres gestellt (AG Bensheim, Az.: 4 Js 1958/01 5 Ds VII).

Ein Gartenbesitzer hatte sich fürchterlich über einen Dackel aufgeregt, der doch tatsächlich vor seiner Gartentür ein größeres Geschäft abgelegt hatte. Aus Wut wegen der „Hinterlassenschaft“ versetzte der Mann dem kleinen Tier einen heftigen Fußtritt, der es einen halben Meter durch die Luft katapultierte. Die Hundebesitzerin suchte nach diesem Vorfall eine Tierärztin auf, die erhebliche Prellungen und Hämatome bei dem Dackel feststellte. Nach Anklage der Staatsanwaltschaft wegen Tierquälerei erschien der Mann zu der angesetzten Verhandlung vor dem Amtsgericht Frankfurt nicht. Staatsanwaltschaft und Gericht einigten sich darauf, gegen ihn einen Strafbefehl in Abwesenheit zu erlassen in Höhe einer Geldstrafe von 1200,- € (60 Tagessätze zu 20,- €) (AG Frankfurt a. M., Az.: 942 Ds 8910 Js 239317/14).

- In einem Mülleimer fanden Spaziergänger einen kleinen Welpen – tot mit eingeschlagenem Schädel. Das Hundebaby war einfach „entsorgt" worden. Die Passanten, die den getöteten Welpen entdeckt hatten, riefen die Polizei. Der tote Hund wurde untersucht. Über die Kennnummer im eingepflanzten Chip führte die Spur zu einem Mann, der nun wegen Verstoßes gegen das TierSchG vor dem Kölner Amtsgericht angeklagt wurde. Trotz des eklatanten Vorwurfes hat das Amtsgericht das Verfahren nur deshalb eingestellt, weil dem Angeklagten bei einem parallel laufenden Drogenverfahren vor dem Landgericht Düsseldorf eine höhere Strafe drohte (AG Köln, Az.: 951 Js 1461/15).

- Herrchen war mit seinem Mischlingshund „Flavia" im Auto unterwegs. Dieser machte mal wieder, wie so oft, ein Häufchen im Kofferraum des Pkw. Aus Verärgerung darüber hielt der Mann an, stieg aus, nahm das Tier aus dem Kofferraum, packte es mit beiden Händen an der Kehle und würgte es so sehr, dass es vor Schmerzen laut aufjaulte. Danach schüttelte er den Hund massiv, schlug ihn zweimal mit der Faust und sprühte ihm schließlich gezielt Trockenshampoo ins Gesicht. Ein Paar, das ihn bei dem Vorfall beobachtet hatte, verständigte die Polizei, worauf es zu einem Strafverfahren gegen ihn kam. Das Amtsgericht München wertete sein Verhalten als Tierquälerei gem. §§ 17 Nr. 2a und 17 Nr. 2 b TierSchG und verurteilte ihn zu einer Geldstrafe in Höhe von 1350,- €. Strafmildernd wurde hierbei berücksichtigt, dass es sich offensichtlich um eine Affekthandlung gehandelt hatte und bei dem Hund keine bleibenden Schäden entstanden waren (AG München, Az.: 111 Cs 230 Js 209820/16).

Im Zusammenhang mit Tierquälerei hier zum Abschluss noch eine interessante verwaltungsgerichtliche Entscheidung zu den finanziellen Folgen eines Polizeieinsatzes zur Rettung eines unter Hitzequalen leidenden Hundes:

- An einem sehr heißen Augusttag ließ eine Hundehalterin ihren Hund in einem geparkten Fahrzeug zurück, um einen Spaziergang zu machen. Fenster und Schiebedach des Wagens waren vollständig geschlossen. Ein besorgter Passant rief die Polizei, die den Hund mit weit heraushängender Zunge und in schnellem Rhythmus nach Luft hechelnd vorfand. Da Frauchen nicht erreicht werden konnte, schlugen die Polizeibeamten die Seitenscheibe des Fahrzeugs mit einem Beil ein und befreiten das Tier. Für diesen Einsatz erhob die Polizei eine Gebühr in Höhe von 83,- € für Personal- und Fahrtkosten. Die hiergegen gerichtete

Klage der Hundehalterin wies nun das Oberverwaltungsgericht Rheinland-Pfalz – anders als die Vorinstanz – im Berufungsverfahren ab: Die Polizei habe den Hund zu Recht aus dem Auto befreit. Wegen der erheblichen Hitze, nämlich 31 Grad Außentemperatur, habe eine Gefahr für das Leben und die Gesundheit des Tieres bestanden. Da die Halterin als verantwortliche Person nicht erreichbar gewesen sei, habe die Polizei unmittelbar einschreiten dürfen. Nach dem Landesgebührengesetz müsse die Besitzerin des Hundes die dabei angefallenen Personal- und Sachkosten zahlen. Dies sei gerechtfertigt, obwohl es sich um Kosten handele, die unabhängig von der konkreten Maßnahme sowieso anfielen. Entscheidend sei, dass der Einsatz wegen des Verhaltens der Hundebesitzerin erforderlich gewesen sei. In einem solchen Fall, wie auch bei Leistungen der Verwaltung zugunsten einzelner Bürger, gebe es keine Rechtfertigung dafür, dass die Allgemeinheit die entsprechenden Kosten trage (OVG Rheinland-Pfalz, Az.: 12 A 106119/05; zur Berechtigung einer Ordnungsverfügung des Veterinäramts Ludwigsburg wegen eines tierschutzrechtlichen Verstoßes durch Unterbringung eines Weimeraner-Hundes den ganzen Tag über im Auto s. auch VG Stuttgart, Az.: 4 K 2755/14).

2.4 Straftaten nach dem Betäubungsmittelgesetz

Beim Handeln mit oder dem Erwerb von Drogen kommt eine besonders schwere Strafbarkeit in Betracht, wenn ein Hund „im Spiel" ist.

> § 30a BtMG Straftaten
> Mit Freiheitsstrafe nicht unter fünf Jahren wird bestraft, wer Betäubungsmittel in nicht geringer Menge ..., mit ihnen Handel treibt ... und dabei als Mitglied einer Bande handelt ...
> Ebenso wird bestraft, wer
> ...
> mit Betäubungsmitteln in nicht geringer Menge unerlaubt Handel treibt oder sie, ohne Handel zu treiben, ..., sich verschafft und dabei eine Schusswaffe oder sonstige Gegenstände mit sich führt, die ihrer Art nach zur Verletzung von Personen geeignet und bestimmt sind.

Wird ein Hund (z. B. ein Pitbull) bei Rauschgiftgeschäften als Drohmittel beim Verkauf oder Ankauf von Drogen mitgeführt, dann kann sich der Hundehalter bzw. Hundeführer nach dieser Strafnorm ganz erheblich strafbar machen (OLG Zweibrücken, Az.: 1 AR 58/00).

Auch der Bundesgerichtshof ordnet einen bei Betäubungsmittelgeschäften mitgeführten Pitbull-Terrier als „sonstigen Gegenstand" i. S. v. § 30a Abs. 2 Nr. 2 BtMG ein, wenn er seiner Art nach zur Verletzung von Personen geeignet und gem. seiner konkreten Zweckbestimmung durch den Täter dazu bestimmt ist (BGH, Az.: 5 StR 444/99). Dies könnte dann gegeben sein, wenn der Hund speziell abgerichtet und „scharfgemacht" worden ist.

2.5 Strafbarkeit nach den Jagdgesetzen

Das Bundesjagdgesetz und die Landesjagdgesetze enthalten Strafvorschriften zum Schutz der Tiere des Waldes.

> § 38 BJagdG
> Mit Freiheitsstrafe bis zu fünf Jahren oder mit Geldstrafe wird bestraft, wer
> ...
> entgegen § 22 Abs. 2 S. 1 Wild nicht mit der Jagd verschont oder
> entgegen § 22 Abs. 4 S. 1 ein Elterntier bejagt.
> Handelt der Täter fahrlässig, so ist die Strafe Freiheitsstrafe bis zu einem Jahr oder Geldstrafe.

Der in § 38 BJagdG zitierte § 22 BJagdG befasst sich mit den Jagd- und Schonzeiten, d. h. den Zeiten, in denen die Jagd auf Wild ausgeübt werden darf, und den Zeiten, in denen Wild von der Jagd zu verschonen ist.

Dazu zwei Beispiele aus der Rechtsprechung:

In einem Strafgerichtsverfahren hat das Amtsgericht Emmendingen einen Rentner zu einer Geldstrafe von 1.500 Euro wegen fahrlässiger Tötung eines Mutterrehs (§§ 22 Abs. 4, 38 Abs. 1 Nr. 3 BJagdG) verurteilt. Der Mann war mit seinem Jagdhund, einem Rhodesian Ridgeback, spazieren gegangen, als der ausgeprägte Jagdinstinkt dieser Hunderasse einem Mutterreh zum Verhängnis wurde, das mit einem 4 Monate alten Rehkitz auf einer Wiese graste. Als die Hündin die Witterung der Rehe aufgenommen hatte, war sie nicht mehr zu halten. Vergeblich pfiff ihr der Rentner hinterher. Am Fluss stellte die Hündin das Muttertier und biss es im Wasser halb tot. Ein städtischer Arbeiter vertrieb den Hund und verständigte mit dem Handy den Jagdpächter, der das Reh mit dem Revolver erschoss, um sein Leiden zu beenden. Das Rehkitz war verstört geflüchtet. Das Gericht hielt die Geldstrafe für berechtigt, da der Rentner fahrlässig nicht nur den Tod eines Elterntiers verursacht habe. Auch das Rehkitz habe in diesem Alter keinerlei Überlebenschance und sei sicher auch umgekommen. In Zukunft dürfe der Tierhalter deshalb die Hündin außerhalb seines Anwesens nur noch angeleint und mit Maulkorb ausführen. Dass man in der Nähe von Wäldern und Maisfeldern mit Rehwild rechnen müsse, sei Allgemeinwissen. Und aufgrund seiner Erfahrungen mit dem Hund habe der Rentner auch gewusst, dass der Jagdinstinkt sofort erwachen würde, wenn Wild zu wittern sei. Dann sei der Hund nicht mehr zu lenken. Also habe die Gefahr bestanden, dass der Hund bei Gelegenheit auch ein zur Aufzucht notwendiges Reh jagen würde. So ein Tier dürfe man im Gelände nicht frei laufen lassen (AG Emmendingen, Az.: 5 Cs 520 Js 33839/AK 415/08).

Mit der Befugnis zur Tötung eines sich im Jagdrevier frei bewegenden Hundes musste sich das Oberlandesgericht Brandenburg auseinandersetzen. Der Jagdpächter eines Jagdreviers hatte eine kurzfristig aus einem nahegelegenen Hausgrundstück entwichene, ihm bekannte Golden-Retriever-Hündin mit einem gezielten Schuss getötet, nachdem die Hündin zuvor im Unterholz ohne Begleitperson gewuselt hatte. Wegen des Vorwurfs der Tiertötung wurde ihm mit Strafbefehl eine Geldstrafe auferlegt. Auf seinen Einspruch hin hatte das Amtsgericht Neuruppin ihn wegen Tiertötung nach § 17 Nr. 1 TierSchG zu einer Geldstrafe verurteilt (AG Neuruppin, Az.: 80 Cs 662/07). Das OLG Brandenburg hat den Angeklagten dann zwar vom Vorwurf der Tiertötung freigesprochen, sah aber einen Verstoß gegen § 40 des Brandenburgischen Jagdgesetzes wegen fehlender Befugnis zur Tötung eines sich im Jagdrevier befindenden Hundes: Diese Befugnis unterliege nämlich einer Prüfung, ob es keine schonenderen Möglichkeiten zur Verteidigung des bedrohten Rechtsgutes gebe, die in gleicher Weise die Gefahr beseitigen könnten. Ein Jagdschutzberechtigter überschreite aber seine zum Schutz des Wildes eingeräumte Befugnis, wenn er im Revier einen Hund töte, von dem er wisse, dass es sich – wie hier – um den Hund des Nachbarn handele, dem der Hund ganz offensichtlich nur kurz entwichen sei. Die von dem Hund für das Wild ausgehende Gefahr hätte er ohne eine entscheidungserhebliche Zeitverzögerung dadurch beseitigen können, dass er die in unmittelbarer Nähe zum Abschussort wohnende Halterfamilie über die Sachlage unterrichtet hätte, damit diese auf ihren Hund hätte einwirken können. Insbesondere habe der Hund zum Zeitpunkt des Abschusses nicht erkennbar dem Wild nachgestellt. Dennoch sprach das Gericht den Mann frei, da er sich in einem sog. *Verbotsirrtum* befunden habe, d. h., er irrte sich nach Meinung des Gerichts über das Verbotene seines Handelns (OLG Brandenburg, Az.: 1 Ss 28/09).

2.6 Straftaten nach den Landeshundegesetzen und -verordnungen

In einzelnen Hundegesetzen der Bundesländer sind Strafvorschriften für Hundehalter und Hundeführer eingefügt:
So droht z. B. nach § 19 des Landeshundegesetzes NRW eine Freiheitsstrafe von bis zu zwei Jahren oder eine Geldstrafe demjenigen,

- der Hunde vorsätzlich auf Menschen oder Tiere hetzt,
- seinen Hund mit dem Ziel einer gesteigerten Aggressivität ausbildet.

Solche Handlungen, die stets vorsätzlich geschehen, sind auch in den anderen Bundesländern durch ähnliche Vorschriften unter Strafe gestellt.

2.7 Das Strafverfahren

Bekommt man es als beschuldigter Hundebesitzer mit der Strafjustiz zu tun, sollte man grob wissen, wie der Gang eines Strafverfahrens abläuft.

Ein Strafverfahren gliedert sich in zwei Hauptabschnitte: das *Erkenntnisverfahren* und das *Vollstreckungsverfahren*!

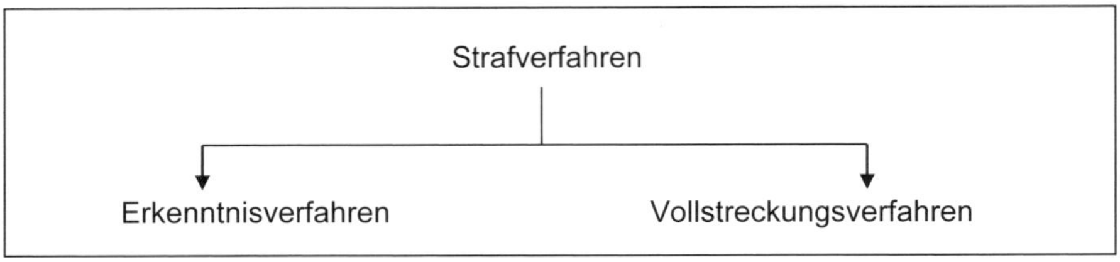

Das Erkenntnisverfahren

Das Erkenntnisverfahren hat zum Ziel, die *Erkenntnis* zu gewinnen, ob sich jemand strafbar gemacht hat. Es ist in drei Abschnitte aufgeteilt:

- *Der erste Abschnitt ist das Ermittlungsverfahren.* Es dient der umfassenden Aufklärung der Straftat und der Person des Täters – des Beschuldigten – durch Polizei und Staatsanwaltschaft (StA). Hält die StA den Beschuldigten nicht für hinreichend verdächtig, eine Straftat begangen zu haben, wird das Ermittlungsverfahren sofort eingestellt. Erledigt! – Anderenfalls erhebt die StA Anklage gegen den Beschuldigten und reicht die Anklageschrift beim Strafgericht ein. Nur die StA hat das Anklagemonopol! Das heißt, nur sie entscheidet, ob und bei welchem Gericht sie den „Täter" anklagt. Damit haben weder die Polizei noch das Gericht irgendetwas zu tun.

- *Mit der Anklageerhebung beginnt der zweite Abschnitt, das Zwischenverfahren.* Hier stellt das nunmehr ausschließlich zuständige Gericht dem Angeschuldigten die Anklage zu und gibt ihm Gelegenheit, Stellung zu nehmen und Beweisanträge anzubringen. Nach Prüfung entscheidet dann das unabhängige Gericht, ob die Anklage zugelassen und das Hauptverfahren eröffnet wird. Das geschieht durch einen Eröffnungsbeschluss.

- *Der Eröffnungsbeschluss leitet über in den dritten Abschnitt,* das *Hauptverfahren.* Hier wird die Hauptverhandlung zunächst vom Gericht vorbereitet (Terminsbestimmung, Ladung der Beteiligten usw.) und anschließend durchgeführt. Die Hauptverhandlung ist das „Kernstück“ des Strafverfahrens. Aufgrund mündlicher Verhandlung und Beweiserhebung wird hier über Schuld oder Nichtschuld des Angeklagten durch Urteil entschieden.

Das Vollstreckungsverfahren

Jetzt kommt die Durchsetzung des Urteils zum Zuge! Innerhalb des Vollstreckungsverfahrens unterscheidet man zwei Arten:

Zum einen die *Strafvollstreckung*. Hier geht es darum, die Ausführung des Urteils einzuleiten und zu überwachen, sowohl bei den Geldstrafen wie bei den Freiheitsstrafen, z. B. Strafantritt und Entlassung aus dem Gefängnis. Das macht die Staatsanwaltschaft. Bei den Geldstrafen liegt auch die Vollstreckung der Strafe in ihren Händen.

Zum anderen den *Strafvollzug*. Das ist die Durchführung der Strafmaßnahme „Freiheitsstrafe“ selbst. Für den Strafvollzug sind im Wesentlichen besondere Vollzugsbehörden, die sog. Justizvollzugsanstalten, zuständig.

Hier ein schematischer Überblick über den Ablauf eines Strafverfahrens und des sich anschließenden Vollstreckungsverfahrens:

E r k e n n t n i s v e r f a h r e n

- Ermittlungsverfahren
  Eingeleitet durch Strafanzeige oder Strafantrag oder von Amts wegen nach dienstlich erlangter Kenntnis von einer möglichen Straftat und dem mutmaßlichen Täter.
  Die StA ermittelt, ob ein „genügender Anlass“ zu einer Anklage gegen den Beschuldigten gegeben ist, nämlich ob eine Verurteilung des Beschuldigten mit Wahrscheinlichkeit zu erwarten ist. Wenn nicht, wird das Verfahren mangels Tatverdachtes oder auch wegen Geringfügigkeit eingestellt, anderenfalls kommt es zur Anklageerhebung durch die StA beim zuständigen Strafgericht. Der bisher „Beschuldigte“ wird hierdurch zum „Angeschuldigten“.
- Zwischenverfahren
  Dem Angeschuldigten wird die Anklageschrift zugestellt, um ihm das von unserer Verfassung, dem Grundgesetz (GG), garantierte rechtliche Gehör zu gewähren. Hält das Strafgericht nach Überprüfung einen hinreichenden Verdacht (Verurteilung mit Wahrscheinlichkeit zu erwarten) für nicht gegeben, lehnt es die Eröffnung des Hauptverfahrens ab. Ansonsten kommt es zum Eröffnungsbeschluss und aus dem „Angeschuldigten“ wird nun der „Angeklagte“.

- Hauptverfahren
  Die Hauptverhandlung ist das „Kernstück“ des Strafverfahrens: Das Gericht muss sich in der Beweisaufnahme die Überzeugung verschaffen, ob der Angeklagte mit an Sicherheit grenzender Wahrscheinlichkeit einer Straftat tatsächlich schuldig ist oder nicht. Das Ergebnis ist, egal ob Freispruch oder Verurteilung, immer eine Entscheidung durch Urteil. Dieses kann mit einem Rechtsmittel vom Angeklagten wie auch von der Staatsanwaltschaft (Berufung/Revision) angegriffen werden. Wird das Urteil rechtskräftig und damit nicht mehr angreifbar, beginnt die Vollstreckung der verhängten Strafe.

Vollstreckungsverfahren

- Eine verhängte Geld- oder Freiheitsstrafe wird durch die StA ausgeführt und überwacht. Die Freiheitsstrafen werden in den Justizvollzugsanstalten (JVA) der Länder vollstreckt, d. h., der Täter muss „ins Gefängnis“, die Geldstrafen werden eingetrieben.

Drittes Kapitel: Der Hund im Privatrecht

3.1 Einführung in das Privatrecht – Das Bürgerliche Recht

Das Privatrecht befasst sich mit den rechtlichen Beziehungen der Bürger untereinander, u. a. mit Verträgen und Vertragsstörungen, mit Haftungsfragen, Eigentumsproblemen, familien- und erbrechtlichen, reise-, arbeits- und versicherungsrechtlichen Konflikten. Die meisten Fragen und Lösungen dazu sind im „Bürgerlichen Gesetzbuch", dem BGB, geregelt.

Das Bürgerliche Gesetzbuch mit seinen 2385 Paragrafen ist in fünf große Hauptgebiete eingeteilt, die der Gesetzgeber „Bücher" genannt hat.

1. Buch: Der Allgemeine Teil
2. Buch: Das Schuldrecht
3. Buch: Das Sachenrecht
4. Buch: Das Familienrecht
5. Buch: Das Erbrecht

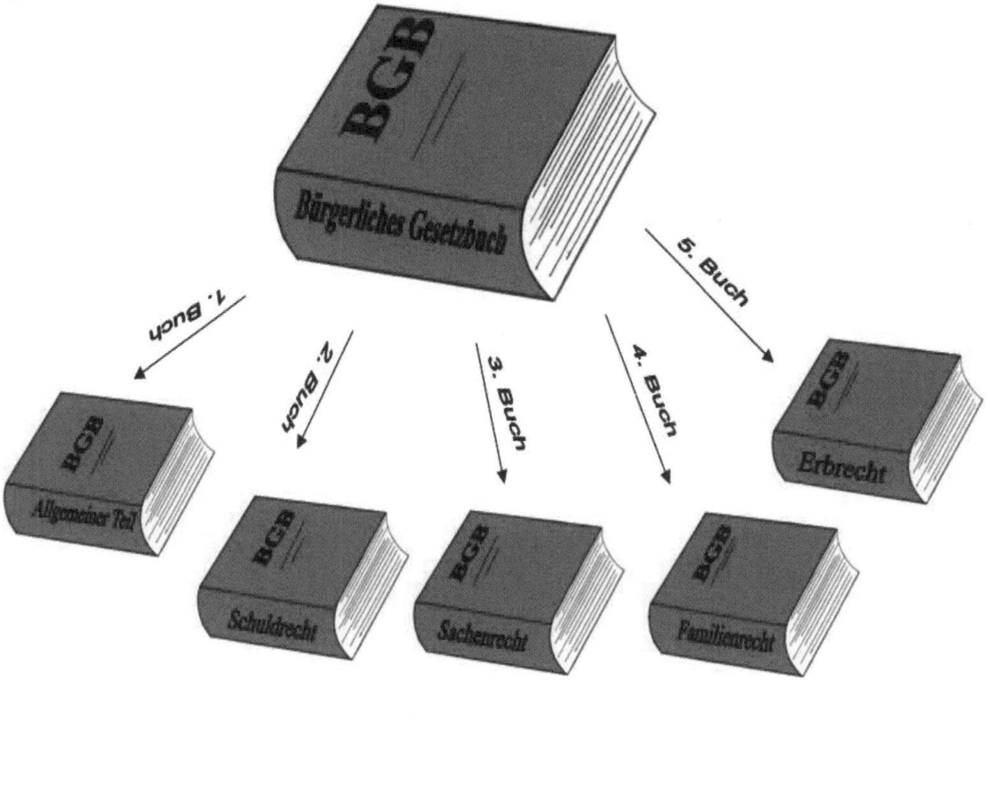

In jedem dieser fünf Bücher kann es nun zum Aufeinandertreffen von Hund und Recht kommen.

- *Das 1. Buch, der „Allgemeine Teil"*, steht den weiteren Büchern vor, gilt also für alle folgenden Bücher und befasst sich, soweit es um Hunde geht, mit folgenden Fragen:

▪ Sind Tiere Sachen?
▪ Wer kann Träger von Rechten und Pflichten sein, also Eigentümer eines Hundes sein? Dies betrifft die Frage der *Rechtsfähigkeit*, die jeder Mensch ab seiner Geburt besitzt.
▪ Wer kann als rechtsfähige Person rechtlich handeln, z. B. einen Hund kaufen und halten? Dies betrifft die Frage der *Geschäftsfähigkeit*, die grds. jeder Mensch erst ab dem 18. Lebensjahr in vollem Umfang hat. Zuvor, ab dem 7. Lebensjahr, nur beschränkt, d. h., die Eltern müssen in die Geschäfte eingewilligt bzw. sie genehmigt haben. Und unter 7 Jahren geht rechtlich gar nichts!

- *Im 2. Buch „Schuldrecht"* ist der gesamte rechtsgeschäftliche Verkehr zwischen Personen, d. h. ihres Geschäfts- und Privatlebens, gesetzlich festgelegt. Hier geht es darum, Vertragsverpflichtungen in geordnete Bahnen zu lenken, nämlich, soweit es Hunde betrifft, um

▪ den Abschluss eines *Hunde-Kaufvertrages* und die Verpflichtungen zu den vertraglichen Leistungen, wie Übereignung und Übergabe des Tieres und Zahlung des Kaufpreises,
▪ das Recht des Käufers, wegen Mängeln des gekauften Hundes gegen den Verkäufer vorzugehen durch Wandlung, Minderung, Rücktritt und Schadensersatz,
▪ die wechselseitigen Rechte und Pflichten beim *Mietvertrag* zwischen Vermieter und dem Hundehalter als Mieter,
▪ die Pflicht, gegenseitige Leistungen zu erbringen auf Grund eines *Dienst- oder Werkvertrages* mit dem Tierarzt, einer Hundepension oder einer Hundeschule, eines *Verwahrungsvertrages* bei Übernahme des Hundes sowie auf Grund von *Versicherungsverträgen*,
▪ die arbeitsrechtlichen Rechte und Pflichten im Zusammenhang mit dem Hund am *Arbeitsplatz*,
▪ die *Verschuldenshaftung* aus sog. unerlaubter Handlung bei vorsätzlicher oder fahrlässiger Schädigung von Personen oder Sachen unter Beteiligung eines Hundes sowie
▪ die weittragende *Gefährdungshaftung* des Tierhalters oder Tierhüters ganz ohne Verschulden.

- *Das 3. Buch „Sachenrecht"* regelt nicht mehr die rechtlichen Beziehungen zwischen Personen, sondern das Verhältnis einer Person zu einer Sache, d. h. also auch zu einem Hund, nämlich u. a.

- Eigentum und Besitz;
- Fund und Aneignung.

- *Das 4. Buch „Familienrecht"*, das sich u. a. mit der Ehe und der Partnerschaft und deren rechtlichen Folgen befasst, tangiert einen Hund bei den Fragen

- der rechtlichen Zuordnung des Hundes bei Trennung und Scheidung,
- des Rechts auf Umgang mit dem Hund,
- der Pflicht zum Unterhalt für den Hund.

- *Im 5. Buch „Erbrecht"* geht es im Wesentlichen darum, wem das Vermögen eines Menschen im Todesfall gesetzlich zukommt und ob und inwieweit man durch ein Testament oder einen Erbvertrag darüber bestimmen kann. Hier ist wieder der Hund im Spiel bei den Fragen:

- Wer erbt den Hund?
- Kann auch der Hund erben?

3.2 Der Hund im Allgemeinen Teil des BGB

Hunde sind keine Sachen und doch Sachen

Im Allgemeinen Teil des BGB ist mit seinem § 90 a bereits im Jahre 1990 eine Vorschrift eingeführt worden, die von Bedeutung ist für alle Hundebesitzer und ihre rechtlichen Beziehungen zu Hunden.

> § 90 a BGB Tiere
> Tiere sind keine Sachen. Sie werden durch die besonderen Gesetze geschützt. Auf sie sind die für die Sachen geltenden Vorschriften entsprechend anzuwenden, soweit nicht etwas anderes bestimmt ist.

Die Regelung in § 90 a S. 1 BGB beruht auf der Überzeugung, dass das Tier als lebendes Mitgeschöpf nicht einer toten Sache formal gleichgestellt werden dürfe und entspricht dem Anliegen, der modernen gesellschaftlichen Anschauung Rechnung zu tragen, dass Tiere schmerzempfindliche Lebewesen sind.

Durch die in § 90 a S. 2 BGB vorgesehene entsprechende (analoge) Anwendung der für Sachen geltenden Vorschriften hat sich aber gegenüber dem vorliegenden Zustand rein rechtlich nichts geändert. Es handelt sich lediglich um ein ethisches Bekenntnis des Gesetzgebers zum Tierschutz, wie es bereits § 1 TierSchG sowie die spätere Aufnahme des Staatsziels „Tierschutz" in Art. 20 a GG beinhalten. Neben diesem Bekenntnis zum Tierschutz sind für Tiere geltende Schutzvorschriften („etwas anderes bestimmt ist") im BGB spärlich vertreten, so in § 251 Abs. 2 S. 2 BGB zur Höhe der Erstattung von Arztkosten für ein verletztes Tier, ferner in § 903 S. 2 BGB zu den Befugnissen des Eigentümers eines Tieres und zudem in der Prozessordnung in § 811 c Abs. 1 ZPO zu dem besonderen Pfändungsschutz für Tiere. Hier sind zumindest Annäherungen an die Vorstellung von Tieren als gesellschaftliche Lebewesen zu entdecken, worauf später noch im Einzelnen eingegangen werden wird.

Ist den Tieren somit durch § 90 a BGB auch zumindest ein klein wenig rechtliches Leben eingehaucht worden, so doch ohne bedeutsame, daran anknüpfende privatrechtliche Konsequenzen. Es geht also überwiegend nur um Begriffskosmetik!
Im Übrigen werden Hunde rechtlich nach wie vor als Sachen, so wie Möbelstücke, erworben, vererbt und bei Trennung oder Scheidung von Ehepaaren als „Haushaltsgegenstand" verteilt. Wer einen Hund findet, ist Finder einer „Sache", wer ihn verletzt, begeht „Sachbeschädigung", und wenn er stirbt, wird er oft „entsorgt" und findet nur selten auf einem (Tier-)Friedhof seine letzte Ruhe.

Minderjährige und Hunde

Für Jugendliche sind im Allgemeinen Teil des BGB die §§ 104–108 BGB wichtige „Hunderechtsvorschriften".
Nach § 104 BGB ist ein Kind bis zum 7. Lebensjahr geschäftsunfähig, kann rechtlich nicht handeln und daher auch selbstständig keinen Hund erwerben. Selbst geschenkt bekommen kann das Kind einen Hund ohne Mitwirkung der Eltern nicht.
Ab dem 7. Lebensjahr bis zur Volljährigkeit mit 18 Jahren sind Kinder und Jugendliche, die der Gesetzgeber „Minderjährige" nennt, beschränkt geschäftsfähig. Zum Abschluss eines Vertrages oder zur Annahme einer Schenkung benötigen sie die vorherige Zustimmung (Einwilligung) oder die nachträgliche Zustimmung (Genehmigung) ihres gesetzlichen Vertreters, meist ihrer Eltern, §§ 107, 108 BGB.
Das Gleiche gilt für Verträge mit dem Tierarzt, dem Hundetrainer oder dem Inhaber einer Hundepension. Ohne Eltern geht es nicht!

Haben die Eltern den Hund für sich gekauft und dem minderjährigen Kind zur Obhut und Pflege überlassen, dann stellt sich die spannende Frage, ob der Minderjährige dadurch zum Tierhalter wird und er als solcher für Schäden, die der Hund herbeiführt, haftet.

Tierhalter ist, wer die Bestimmungsmacht über das Tier hat. Dabei sind die tatsächlichen, nicht die rechtlichen Verhältnisse maßgeblich. Auf das Eigentum kommt es für die Tierhalterschaft also nicht an. Insofern kann bereits ein Kind als Tierhalter in Frage kommen. Und wie ist es dann mit der Haftung für Schäden, die der Hund verursacht? Haftet dann etwa das Kind als Tierhalter?

Die allgemeinen Vorschriften des § 104 ff. BGB zum Minderjährigenschutz sagen hierüber nichts aus, sondern beziehen sich auf rechtsgeschäftliche Willenserklärungen. Sie werden aber ergänzt durch die spezielle Tierhalterhaftung im Schuldrecht, auf die später noch näher eingegangen werden wird. Hierbei geht es um eine reine Gefährdungshaftung, d. h. eine Haftung, unabhängig von Verschulden. Knüpft aber die Haftung an die Eigenschaft als Halter eines Hundes an mit der Folge einer Gefährdungshaftung, dann wäre der Minderjährige ohne Schutz. Um das zu vermeiden, wird zugunsten des Minderjährigen § 828 Abs. 2 BGB entsprechend angewendet. Dies ist eine Vorschrift, die in Ergänzung des § 104 ff. BGB dem Minderjährigenschutz dient, indem sie die Deliktshaftung – Haftung für verschuldete Schäden – Nichtvolljähriger von deren *Alter* und *Einsichtsfähigkeit* abhängig macht. Hierzu gleich mehr bei den Haftungsfragen.

3.3 Der Hund im Schuldrecht

Der Hundekauf

Bereits bei der Anschaffung eines Hundes kann es rechtliche Probleme geben, so, wenn das Tier etwa dem Verkäufer gar nicht gehört, wenn es nicht den Erwartungen des Käufers entspricht, wenn es krank oder behindert ist oder wenn es nicht die Eigenschaften hat, die vom Käufer verlangt und vom Verkäufer zugesichert wurden.

Zum Erwerb eines Hundes ist der Abschluss eines Kaufvertrages erforderlich. Zwar geht es hier nicht um den Kauf von Sachen wie Möbelstücke, nein, es geht um ein Tier, also ein Lebewesen, das über den Schutz des Grundgesetzes hinaus durch § 90 a BGB eigentlich besonders geschützt wird. Denn dort heißt es ja, dass Tiere keine Sachen seien, die BGB-Vorschriften aber entsprechend gelten, soweit Tiere nicht durch besondere Gesetze geschützt würden. Da es aber keine „besonderen Gesetze für den Tierkauf“ gibt, wird der Hund tatsächlich verkauft wie ein Möbelstück.

Was es nun mit einem Kaufvertrag auf sich hat, ist in § 433 BGB geregelt:

§ 433 BGB Vertragstypische Pflichten beim Kaufvertrag
1 Durch den Kaufvertrag wird der Verkäufer einer Sache verpflichtet, dem Käufer die Sache zu übergeben und das Eigentum an der Sache zu verschaffen. 2 Der Verkäufer hat dem Käufer die Sache frei von Sach- und Rechtsmängeln zu verschaffen.
Der Käufer ist verpflichtet, dem Verkäufer den vereinbarten Kaufpreis zu zahlen und die gekaufte Sache abzunehmen.

Danach muss der Käufer den vereinbarten Kaufpreis zahlen, während der Verkäufer ihm Besitz und Eigentum an der Sache – hier: an dem Hund – zu übertragen verpflichtet ist.

Da das Gesetz, wie übrigens für die meisten Verträge, keine Schriftform verlangt, muss der Kaufvertrag nicht unbedingt schriftlich abgeschlossen werden, sondern dies kann auch per E-Mail, SMS, mündlich, telefonisch, ja, sogar schweigend per Handschlag erfolgen. Erforderlich ist nur die Einigung über den Kauf eines bestimmten Hundes und über einen bestimmten Kaufpreis. Dennoch ist aus Beweisgründen zu empfehlen, die Vereinbarung schriftlich zu treffen, um jegliche Missverständnisse zu vermeiden, spätere Konflikte auszuschließen und sicherzugehen, dass das, was zu Papier gebracht wurde, so gilt und vor Gericht Bestand hat.

Deshalb hier ein Muster des abzuschließenden Kaufvertrages:

Kaufvertrag

Vertragsparteien

Verkäufer/in
Name: ______________________
Adresse: ______________________
Telefon, E-Mail: ______________________

Käufer/in
Name: ______________________
Adresse: ______________________
Telefon, E-Mail: ______________________

€ Der Verkäufer versichert, dass er Eigentümer des unten genannten Tieres ist.

Angaben zum Tier

Name: ______________________
Rasse bzw. Kreuzung: ______________________
Wurfdatum: ______________________
Geschlecht: männlich € weiblich €
Besondere Kennzeichen wie Farbe des Fells, Tätowierung, Chip-Nummer etc.:

____

Kastriert € Nicht kastriert € Geimpft:
Entwurmt, Datum: ______________________

Besonderheiten wie Wesenseigenschaften, Krankheiten, Mängel, Prämierungen etc.:

____

____

Dem Verkäufer sind keine Besonderheiten, Krankheiten, Mängel bekannt €
Der Käufer bestätigt, das Tier ausreichend besichtigt zu haben €

Gegenstand des Vertrages

Der o. g. Verkäufer verkauft dem o. g. Käufer das o. g. Tier zu einem vereinbarten Kaufpreis von Euro _________. Eine Anzahlung in Höhe von Euro _________ wurde am ______________ geleistet. Die Restzahlung ist bei Übergabe des Tieres fällig. Das Tier wird am ________________ abgeholt oder übergeben. Leistet der Käufer den vereinbarten Betrag nicht, so kann der Verkäufer vom Vertrag zurücktreten.

Pflichten des Käufers

Der Käufer verpflichtet sich, das Tier artgerecht zu halten, zu füttern und zu pflegen und – wenn nötig – tierärztlich behandeln zu lassen.

Ernsthafte Erkrankungen des Tieres werden nach tierärztlicher Diagnose dem Verkäufer unverzüglich mitgeteilt.

Rechte des Käufers

Diagnostiziert ein Tierarzt innerhalb von 20 Tagen nach Übergabe des Tieres eine Krankheit oder einen körperlichen Defekt, hat der Käufer das Recht, den Kaufvertrag rückgängig zu machen, eine Wandlung zu verlangen oder eine Minderung des Kaufpreises zu erwirken.

Nach Ablaufen der 20-Tage-Frist haftet der Verkäufer nur noch für arglistig verschwiegene Mängel oder grob fahrlässig nicht erkannte Mängel.

Der Verkäufer verzichtet darauf, später Ansprüche geltend zu machen, die sich auf die Gestalt, die Wesensentwicklung, Krankheiten oder sonstige Mängel beziehen.

Besondere Vereinbarungen: ______________________________

____

Ort und Datum / Unterschrift Verkäufer Ort und Datum / Unterschrift Käufer

Übergabe des Hundes:

____

Ort und Datum / Unterschrift Verkäufer Ort und Datum / Unterschrift Käufer

Bestätigung

Dem Käufer wurde bei Abholung des Tieres übergeben:

☐ EU-Heimtierausweis

☐ Gesundheitszeugnis

☐ Ahnentafel

☐ Sonstiges

____

Ort und Datum / Unterschrift Verkäufer Ort und Datum / Unterschrift Käufer

Ist der Hund gekauft, können Rechtsprobleme nun dadurch entstehen, dass der Hund „mangelhaft“ ist, er also einen *Sachmangel* (§ 434 BGB) oder einen *Rechtsmangel* (§ 435 BGB) aufweist.

Was ist ein Sachmangel?

> § 434 BGB Sachmangel
> 1 Die Sache ist frei von Sachmängeln, wenn sie bei Gefahrübergang die vereinbarte Beschaffenheit hat. 2 Soweit die Beschaffenheit nicht vereinbart ist, ist die Sache frei von Sachmängeln, wenn sie sich für die nach dem Vertrag vorausgesetzte Verwendung eignet, sonst wenn sie sich für die gewöhnliche Verwendung eignet und eine Beschaffenheit aufweist, die bei Sachen der gleichen Art üblich ist und die der Käufer nach der Art der Sache erwarten kann ... Einem Sachmangel steht es gleich, wenn der Verkäufer eine andere Sache oder eine zu geringe Menge liefert.

Ein Sachmangel bei dem Hund liegt demnach vor, wenn

- der Hund nicht die *vereinbarte Beschaffenheit* aufweist, d. h., wenn z. B. ein besonders kinderlieber Hund gewünscht und angeboten wurde, der gekaufte Hund tatsächlich aber gegenüber Kindern aggressiv oder abweisend reagiert,
- der Hund für die *vertraglich vorausgesetzte Verwendung* nicht geeignet ist, d. h., wenn sich z. B. der gekaufte, vermeintliche Zuchtrüde später als zuchtuntauglich herausstellt oder der als „Wachhund“ gekaufte Welpe sich tatsächlich als taub erweist,
- der Hund sich nicht für die *gewöhnliche Verwendung* eignet, d. h., wenn es sich statt um einen angeblich freundlichen Familienhund bei dem gekauften Hund tatsächlich um einen „Angstbeißer“ handelt,
- der Hund eine *völlig unübliche Beschaffenheit* aufweist, d. h., wenn der Hund z. B. in schlechter körperlicher Verfassung ist, Flöhe hat oder Würmer,
- ein *anderer als der gekaufte Hund oder eine zu geringe Anzahl* von Hunden geliefert wurde, d. h., wenn z. B. statt eines vereinbarten Berner Sennenhundes ein Bernhardiner geliefert wird.

Was ist ein Rechtsmangel?

> § 435 BGB *Rechtsmangel*
> *1 Die Sache ist frei von Rechtsmängeln, wenn Dritte in Bezug auf die Sache keine oder nur die im Kaufvertrag übernommenen Rechte gegen den Käufer geltend machen können ...*

Ein Mangel ist also auch gegeben, wenn der Verkäufer rechtlich gar nicht in der Lage ist, das Eigentum an dem Hund zu übertragen, weil der Hund z. B. vom Verkäufer bereits zuvor an jemand anderen verkauft wurde oder weil er den Hund zuvor gestohlen hatte. Denn selbst derjenige, der beim Kauf des Hundes gar nicht gewusst hat, dass er gestohlen wurde, kann ihn nicht wirksam erwerben. Einen gutgläubigen Erwerb von Diebesgut verhindert das Gesetz, so §§ 932, 935 BGB.

– Die Mängelhaftung

Wie schön ist es, einen seinen Vorstellungen entsprechenden agilen, bewegungsfreudigen Hund zu erwerben, der die typischen Rassemerkmale erfüllt und dabei kerngesund ist oder der als Mischling keine körperlichen Probleme durch Überzüchtung hat! Wie schlecht ist es aber, wenn der gekaufte Hund Mängel aufweist. Das muss man indes nicht hinnehmen, sondern kann sich dagegen wehren.

Die gesetzlichen Mängelansprüche sind Nacherfüllung, Minderung und Rücktritt sowie Schadensersatzansprüche.

- *Nacherfüllung* bedeutet das nachträgliche Herstellen eines ordnungsgemäßen fehlerfreien Zustandes der Kaufsache, d. h., man kann einen neuen mangelfreien Hund verlangen oder eine medizinische Behandlung des Hundes so lange, bis er gesund ist.
- *Minderung* bedeutet, dass man einen Teil des Kaufpreises zurückbekommt, aber den Hund behält. Die Minderung des Kaufpreises ergibt sich aus dem Differenzbetrag zwischen Kaufpreis (Wert des Hundes, der mangelfrei sein sollte) und dem tatsächlichen Wert.
- *Rücktritt* bedeutet, dass der Vertrag rückabgewickelt wird. Man gibt den Hund zurück und bekommt den Kaufpreis in voller Höhe erstattet.
- *Schadensersatzansprüche* sind Forderungen, die – auch neben den Mängelansprüchen – geltend gemacht werden können, wenn durch den Kauf eines mangelhaften Hundes ein Schaden beim Käufer eingetreten ist. Voraussetzung ist aber, dass der Verkäufer den Mangel des Hundes „zu vertreten" hat, d. h., dass er bei der Übergabe den Mangel gekannt hat oder zumindest hätte kennen müssen. Handelt es sich z. B. um eine sehr seltene Erkrankung mit einem wenig bekannten Krankheitsbild, so hat der Verkäufer diesen Mangel regelmäßig nicht zu vertreten.
- Statt des Schadensersatzes kann auch der Ersatz vergeblicher Aufwendungen verlangt werden, wie Futterkosten, Tierarzthonorare oder Kursgebühren für einen Ausbildungslehrgang mit dem Hund.

– Nacherfüllung

Wie bereits angesprochen, bedeutet Nacherfüllung, dass ein bestehender Mangel vom Verkäufer beseitigt werden muss, oder dass ein nunmehr mangelfreier Hund zu liefern ist. Eine Nacherfüllung ist häufig aber gar nicht möglich, weil eine ganze Reihe von Mängeln an einem Hund gar nicht beseitigt werden kann. So kann der Zuchtrüde, der genetisch zuchtuntauglich ist, nicht tauglich gemacht werden. Aus einem tatsächlich gelieferten Bernhardiner kann nicht etwa der im Kaufvertrag vereinbarte Berner Sennenhund gemacht werden. Ist in diesem Fall noch denkbar, dass stattdessen nunmehr der Berner Sennenhund geliefert werden könnte, so ist in den meisten Fällen ausgeschlossen, einen mangelfreien Hund nachzuliefern.

Denn es wird ja nicht irgendein Hund gekauft, sondern meistens ein ganz bestimmtes, individuelles Tier, das man nicht mir nichts, dir nichts auswechseln kann. Geht es hingegen nicht um das Interesse an einem ganz bestimmten einzelnen Hund, sondern nur um einen aus einer bestimmten Rasse, so kann ausnahmsweise eine Nacherfüllung möglich sein.

Die Nacherfüllung ist vorrangig. Nur wenn sie ausscheidet, kommen für den Käufer die gesetzlich geregelten weiteren Möglichkeiten des Rücktritts vom Vertrag, der Minderung des Kaufpreises sowie Schadensersatz in Betracht. Dass die Nacherfüllung vorrangig ist und der Käufer dem Verkäufer zur Beseitigung des Mangels grundsätzlich eine Frist setzen muss, hat der Bundesgerichtshof in zwei Urteilen ausdrücklich ausgesprochen. In beiden Fällen hatte das Gericht zu prüfen, ob der Käufer, der dem Verkäufer keine erforderliche Frist zur Nacherfüllung gesetzt hatte, dennoch ausnahmsweise die Kosten für die selbst veranlassten tierärztlichen Behandlungen erstattet bekommen könnte. Für die Beantwortung der Frage hielt das Gericht die Regelung in § 281 Abs. 2 BGB für maßgeblich. Dort heißt es:

> § 281 BGB *Schadensersatz statt der Leistung wegen nicht oder nicht wie geschuldet erbrachter Leistung*
> *Die Fristsetzung ist entbehrlich, wenn der Schuldner die Leistung ernsthaft und endgültig verweigert oder wenn besondere Umstände vorliegen, die unter Abwägung der beiderseitigen Interessen die sofortige Geltendmachung des Schadensersatzanspruches rechtfertigen.*

- Im ersten Fall hielt das Gericht eine Fristsetzung nach Abwägung der beiderseitigen Interessen nicht für entbehrlich nach Kauf eines Pferdes, das sich wegen einer Augenentzündung einer Operation unterziehen musste (BGH-Urteil, Az.: 8 ZR 126/05). Offensichtlich war der BGH hier der Meinung, es sei dem Käufer zumutbar, ein Pferd mit einer Augenentzündung zum Verkäufer zur Veranlassung einer Nachbesserung in Form einer ärztlichen Behandlung zu transportieren. Für einen Hund würde dies entsprechend gelten.

- Hingegen urteilte der BGH in dem anderen Fall eines erkrankten Welpen, dass die Fristsetzung unter Abwägung der beiderseitigen Interessen entbehrlich gewesen sei. Es sei nämlich hier um eine Notfallmaßnahme gegangen, die keinen Aufschub geduldet habe. Denn eine sofortige tierärztliche Behandlung des an einem bakteriell verursachten blutigen Durchfall erkrankten Hündchens sei geboten und erforderlich gewesen. Daher sei es dem Käufer nicht zumutbar gewesen, mit dem kleinen Tier im Auto eine Strecke von 30 Kilometern zurückzulegen, um es zu dem Verkäufer zur Einleitung der notwendigen Untersuchungen zurückzubringen. Die aufgrund des mit der Nachfristsetzung verbundenen Zeitverlustes drohende Gefahr eines noch größeren Schadens sowie Gesichtspunkte des Tierschutzes hätten ausnahmsweise ein sofortiges Handeln erforderlich gemacht (BGH-Urteil, Az.: VIII ZR 1/05).

– Stichpunkt: Minderung

Minderung bedeutet, dass man einen Teil des Kaufpreises zurückbekommt, aber den Hund behält. Die Minderung des Kaufpreises ergibt sich aus dem Differenzbetrag zwischen Kaufpreis (Wert des mangelfreien Hundes) und dem tatsächlichen, durch den Mangel geminderten Wert.
Gem. § 434 Abs. 1 BGB, der nach § 90 a S. 2 BGB auf Tiere entsprechend anzuwenden ist, ist ein Hund nur dann mangelfrei, wenn er auch die vereinbarte Beschaffenheit hat. Wird also der Kauf eines Hundes einer bestimmten Rasse vereinbart, dann soll nach dem Inhalt des Kaufvertrages dieser Hund genau dieser Rasse angehören. Die Rasse, also die Abstammung, wie auch das Alter des Hundes sind nämlich für den Käufer ein die Kaufentscheidung wesentlich mitbestimmendes Kriterium (so z. B. OLG Düsseldorf, Az.: I-21 U 100/02). Denn ob man einen Hund der Rasse „Bull-Terrier“ oder der Rasse „Deutschkurzhaar“ kauft, unterscheidet sich erheblich in den Beschaffenheiten und Eigenschaften der Hunde. Die Rassezugehörigkeit hat nicht nur Einfluss auf den Wert des Tieres, sondern lässt auf ein ganzes Spektrum von Merkmalen und Eigenschaften beim Tier schließen, wie seine Größe, seine charakterlichen Merkmale wie Gehorsam, Verlässlichkeit oder Aggressivität gegenüber Menschen und damit seine Eignung für die Zucht oder für den beabsichtigten Einsatz.

Die Reinrassigkeit eines Hundes wird urkundlich durch seine Ahnentafel, den „Stammbaum“, nachgewiesen, den Auszug aus einem „Zuchtbuch“ eines anerkannten Rasse-Hundezuchtvereins, in das nur Hunde eingetragen werden dürfen, deren Ahnen lückenlos über drei Generationen, nämlich Eltern, Großeltern und Urgroßeltern, eingetragen sind.

Das Amtsgericht Brandenburg an der Havel hat der Käuferin eines Hundes, die von einer Züchterin einen Teil ihres Geldes zurückverlangte, Recht gegeben und den bisherigen Kaufpreis von 450,- € um 125,- € gemindert. Vereinbart war nämlich der Kauf einer „Hündin in Weiß/Creme, Rasse Shih-Tzu“. Tatsächlich erhielt sie von der Züchterin jedoch einen „Shih-Tzu-Mischling“. Eine Kaufsache, die von der vereinbarten Beschaffenheit abweiche, sei mangelhaft, so das Gericht. Im Streitfall hätten die Vertragsparteien die Rasse-Zugehörigkeit des Hundes ausdrücklich vereinbart, während der übergebene Hund gerade nicht reinrassig gewesen sei. Denn in Fachkreisen werde die Angabe einer Rasse allgemein so verstanden, dass der Hund nur dieser Rasse angehöre und kein Mischling bzw. „Mix“ mit dieser Hunderasse sei. Entsprechend sei die Abstammung von Rassehunden lückenlos in einem sog. Zuchtbuch zu dokumentieren, in dem die Ahnen über drei Generationen einzutragen seien. Daher seien Rassehunde auch besonders teuer. Zudem sei die Rasse ein wesentliches Kriterium für die Kaufentscheidung. Denn der Käufer könne hier, abgesehen vom Wert des Tieres, besser einschätzen, welche charakterlichen Merkmale das Tier wahrscheinlich aufweise und auch, wie es einsetzbar sei, z. B. als Wachhund, Familienhund oder Zuchthund, wozu sich nicht jeder Hund eigne (AG Brandenburg, Az.: 34 C 139/98).

Ähnlich hatte es auch das Amtsgericht Frankfurt/Main in einem vergleichbaren Fall gesehen. Hier hatte das Gericht einen als „reinrassiges Tier" verkauften Hund trotz vorhandener Ahnentafel einer Züchtervereinigung nicht als reinrassig angesehen, weil das Tier nicht gekennzeichnet, beispielsweise tätowiert, war. Nur wenn das Tier gekennzeichnet sei, sei es individuell der Ahnentafel zuzuordnen, so das Gericht. Ohne diese Verbindung bestehe keine unverwechselbare Zuordnung, so dass sich der Hund beliebig austauschen ließe. Ein nicht gekennzeichneter Hund sei damit vergleichbar einem Kraftfahrzeug ohne Identifikationsnummer und sei in seinem Wert deutlich gemindert. Entsprechend gab das Gericht der Klage einer Käuferin eines nicht tätowierten Retrievers statt, die diesen Welpen für 1800,- DM in einem Zoogeschäft erworben hatte. Das Gericht bewertete den Marktwert dieses Hundes als den eines Tieres ohne Papiere und hielt deshalb eine Kaufpreisminderung in Höhe von 1000,- DM für gerechtfertigt (AG Frankfurt/Main, Az.: Hö 3 C 3124/97).

– Stichpunkt: Rücktritt

Rücktritt bedeutet, dass der Vertrag ganz einfach rückabgewickelt wird. Man gibt den Hund zurück und bekommt den Kaufpreis in voller Höhe erstattet. Ganz unkompliziert!

– Stichpunkt: Schadensersatz

Schadensersatzansprüche sind Forderungen, die auch neben den anderen Mängelansprüchen geltend gemacht werden können, wenn durch den Kauf eines mangelhaften Hundes ein über den Mangelschaden hinausgehender Schaden beim Käufer eingetreten ist. Hier geht es z. B. um die Erstattung von Kosten für die Fahrt zum Tierarzt und um die Kosten einer tierärztlichen Behandlung, dies auch bei einer etwa aufgrund einer vorausgegangenen Erkrankung aufgetretenen Folgekrankheit.

Auch die anlässlich des Hundekaufs entstandenen Kosten und Schäden wie Fahrt- und Übernachtungskosten sowie Schäden, die der Hund aufgrund einer Verhaltensstörung an Möbeln oder Autositzen des Käufers herbeigeführt hat, gehören dazu. Voraussetzung ist aber immer, dass der Verkäufer den Mangel des Hundes zu „vertreten" hat, ein juristischer Ausdruck dafür, dass der Verkäufer bei der Übergabe den Mangel des Hundes gekannt hat oder zumindest hätte kennen müssen. Handelt es sich dagegen um eine sehr seltene Erkrankung mit einem wenig bekannten Krankheitsbild, so hat der Verkäufer diesen Mangel regelmäßig nicht „zu vertreten".

Statt des Schadensersatzes kann auch der Ersatz vergeblicher Aufwendungen verlangt werden, wie z. B. Futterkosten oder Kursgebühren für einen Ausbildungslehrgang mit dem Hund gem. § 437 Abs. 1 Nr. 3 BGB.

- In einem Urteil des Bundesgerichtshofs ging es um Schadensersatz nach dem Verkauf eines Rauhaardackelwelpen, bei dem sich fünf Monate später eine Fehlstellung des rechten hinteren Sprunggelenkes mit der Folge einer übermäßigen O-Beinigkeit herausstellte. Das Gericht hielt die an sich gesetzlich vorrangig geschuldete Nacherfüllung für ausgeschlossen, weil der Mangel selbst durch eine Operation nicht vollständig beseitigt werden könne, abgesehen von möglichen Neben- und Folgewirkungen. Da ein bestimmter Dackelverkauf vorgenommen worden sei, komme auch eine Nachlieferung nicht in Betracht. Der Schadensersatzanspruch scheitere am Verschulden des Verkäufers, eines Züchters, da die 4 Monate nach der Übergabe erkannte Fehlstellung des Sprunggelenks genetische Ursachen gehabt habe. Habe der Züchter nicht eine Garantie für eine bestimmte Entwicklung des Hundes übernommen, so habe er eine anlagebedingte Fehlentwicklung lediglich zu vertreten bei Vorsatz oder Fahrlässigkeit. Fahrlässig handele der Züchter nur, wenn er bei der Zucht die im Verkehr erforderliche Sorgfalt außer Acht gelassen habe und deshalb für die genetischen Ursachen der Fehlentwicklung die Verantwortung tragen müsse. Da im Streitfall aber die Zucht nach den dafür geltenden, auf Wissenschaft und Erfahrung beruhenden züchterischen Grundsätzen betrieben werde, bestehe kein Zweifel, dass dem sogar im deutschen Teckelclub als seriös anerkannten Züchter kein Zuchtfehler unterlaufen sei. Vielmehr betreibe er die Hundezucht mit der erforderlichen Sachkunde und Professionalität, dies seit mehr als 30 Jahren. Auch habe er einen genetischen Defekt des einzelnen Welpen weder vorhersehen noch verhindern können (BGH-Urteil, Az.: VIII ZR 281/04).

- In einer weiteren, bereits in anderem Zusammenhang erwähnten Entscheidung des BGH vom 22. Juni 2005 ging es um den Kauf eines Terrierwelpen, der kurze Zeit nach der Übergabe an blutigem Durchfall erkrankte. Der Käufer hatte das Tier sofort zu einem Tierarzt am eigenen Wohnort gebracht und die entstandenen Tierarztkosten von ca. 380,- € dem Verkäufer als Schadensersatz in Rechnung gestellt. Das Gericht sah hier zwar die Nacherfüllung, die der Verkäufer eingewandt hatte, als gesetzlich vorrangig an, hielt dies aber ausnahmsweise nicht für maßgeblich, da die sofortige tierärztliche Behandlung des Welpen geboten und erforderlich gewesen sei. Dementsprechend wurde der Verkäufer verurteilt, für die Erstbehandlung des Hundes Schadensersatz zu leisten. Was die Folgebehandlungstermine anging, hat das Gericht einen Wechsel des Tierarztes für den Käufer als unzumutbar und unzweckmäßig angesehen, abgesehen davon, dass die Behandlungskosten in gleicher Höhe angefallen wären, wenn der Verkäufer nach entsprechender Aufforderung durch den Käufer die weitere Behandlung des Tieres veranlasst hätte (BGH, Az.: VIII ZR 1/05).

Ebenfalls Ersatz der Tierarztkosten hat das Landgericht Essen einem Käufer zugesprochen, weil er einen infizierten Hund erhalten hatte (LG Essen, Az.: 13 S 84/03).

– Stichpunkt: Verjährung

Dringend zu beachten ist die Mängelgewährleistungsfrist, die zwei Jahre ab Übergabe des verkauften Hundes beträgt (§ 438 Abs. 1 Ziff. 3 BGB). Wurde ein dem Verkäufer bekannter Mangel allerdings absichtlich verschwiegen, gilt eine Frist von drei Jahren immer ab Ende des Jahres, in dem die Übergabe erfolgte (§§ 438 Abs. 3, 195 BGB).

– Stichpunkt: Verbrauchsgüterkauf

Hat der Verkäufer beim Verkauf des Hundes als Händler, Züchter oder Unternehmer gehandelt, greifen die gesetzlichen Regelungen zum *Verbrauchsgüterkauf* des § 474 BGB ein, soweit der Käufer als Privatperson gehandelt hat. Hier gilt eine sog. Beweislastumkehr: Muss üblicherweise der Käufer beim Vorliegen eines Mangels beweisen, dass dieser Mangel auch schon bei der Übergabe des Tieres vorlag, so gilt für den Kauf bei einem Händler oder Züchter etwas anderes: Sollte der Mangel hier innerhalb von sechs Monaten nach Übergabe des Hundes auftreten, wird vermutet, dass der Mangel schon bei der Übergabe vorlag. Das bedeutet, dass der Verkäufer dann seinerseits nachweisen müsste, dass dem nicht so war.

Der Hund aus dem Tierheim

Wird ein Hund aus einem Tierheim übernommen, geht es rechtlich um einen Übergabevertrag, nicht um einen Kaufvertrag, da kein Kaufpreis, wohl aber ein Eigentumsübergang vereinbart wird.
Das Gleiche gilt, wenn der Tierheimvertrag etwa mit „Abgabevertrag“, „Betreuungsvertrag“, „Schutzvertrag“ oder bloß mit „Vertrag“ überschrieben ist. Das Tierheim haftet bei einem solchen Vertrag nicht für die Mängel des Hundes nach den Grundsätzen der Mängelhaftung wie im Kaufrecht. Wohl kommen Schadensersatzansprüche in Betracht,

- wenn der Betreiber des Tierheims weiß oder wissen müsste, dass der Hund krank ist oder eine bestimmte schlechte Eigenschaft hat, indem er z. B. nach kleinen Kindern schnappt, sie verfolgt oder in die Waden beißt und
- er vor der Übergabe nicht über diesen Umstand aufgeklärt hat.

Der Hund in der Mietwohnung

Das Zusammenleben mit Hunden ist, wie jedes Zusammenleben, aber ganz besonders im Zusammenleben von Mieter und Vermieter, nicht frei von Konflikten. Gerade im Hinblick auf dieses Umfeld des Hundehalters birgt es oftmals einiges an Streitpotenzial. Denn nicht jeder Wohnungseigentümer, Mitbewohner oder Nachbar bringt Verständnis für den Hund und denselben Grad an Tierliebe auf wie der Hundehalter.

Der Mietvertrag und die Hundehaltung

Immer mehr Mieter wollen einen Hund in ihrer Wohnung aufnehmen. Sie fragen sich dann oft, ob sie das von sich aus tun dürften oder ob sie vorher den Vermieter um Erlaubnis bitten müssten und ob sowie wann und warum der Vermieter dieses Begehren verweigern dürfe. Diese Fragen sind rechtlich nicht leicht zu beantworten. Denn über Rechte und Pflichten eines Hundehalters und über die Haltung von Hunden in einer Mietwohnung schweigt das Gesetz mal wieder.

Hier heißt es zum Inhalt und den Hauptpflichten des Mietvertrages nur:

> § 535 BGB Inhalt und Hauptpflichten des Mietvertrages
> 1 Durch den Mietvertrag wird der Vermieter verpflichtet, dem Mieter den Gebrauch der Mietsache während der Mietzeit zu gewähren. 2 Der Vermieter hat die Mietsache dem Mieter in einem zum vertragsmäßigen Gebrauch geeigneten Zustand zu überlassen und sie während der Mietzeit in diesem Zustand zu erhalten. 3 ...
> Der Mieter ist verpflichtet, dem Vermieter die vereinbarte Miete zu entrichten.

Man kann aus juristischer Sicht dennoch folgende Grundsätze aufstellen.

- Zum einen ist klar, dass der Mieter nicht ohne Rücksprache mit seinem Vermieter einfach einen Hund anschaffen darf.
- Zum anderen ist auch klar, dass gleichgültig, ob die Frage der Hundehaltung im Mietvertrag geregelt ist oder nicht, ob eine formularmäßige Klausel zur Hundehaltung im Mietvertrag wirksam ist oder nicht, immer die Interessen der Mietvertragsparteien und der Nachbarn umfassend abgewogen werden müssen.
- Willkürlich oder schematisch seine Zustimmung oder Genehmigung zur Hundehaltung verweigern darf der Vermieter nicht.
- Entscheidend ist immer zunächst, was im Mietvertrag vereinbart wurde. Denkbar sind folgende Varianten:

– Der Mietvertrag erlaubt die Hundehaltung.
– Der Mietvertrag verlangt die Zustimmung des Vermieters zur Hundehaltung.

- Der Mietvertrag verbietet die Hundehaltung.
- Der Mietvertrag sagt zur Hundehaltung nichts.

Der Mietvertrag erlaubt die Hundehaltung

In den seltenen Fällen, in denen die Hundehaltung im Mietvertrag erlaubt ist, kann der Mieter an sich problemlos einen Hund halten. Ob der Vermieter die Hundehaltung erlauben will oder nicht, ist seine eigene vertragliche Entscheidung. Allerdings:

Die Erlaubnis muss erteilt werden, wenn kein triftiger Grund vorliegt, sie zu verweigern, so das Amtsgericht Bückeburg (AG Bückeburg, Az.: 73 C 353/99).

Ist die Erlaubnis mit bestimmten Bedingungen verknüpft, muss der Mieter diese Bedingungen, die z. B. Größe oder Rasse der Hunde betreffen können, einhalten, anderenfalls droht ihm eine Unterlassungsklage oder gar eine Kündigung des Vermieters.

Wie viele Hunde sind erlaubt?

Auch wenn ein Hund in der Mietwohnung erlaubt wurde, heißt dies noch nicht, dass mehrere Hunde einziehen dürfen, womöglich ein ganzes Rudel. Da gibt es Grenzen!

Bei der Frage der erlaubten Anzahl von Hunden in einer Mietwohnung muss man zwischen mietrechtlichen und tierschutzrechtlichen Aspekten unterscheiden: Während es mietvertraglich darauf ankommt, ob die Haltung von mehr als einem Hund noch dem vertragsgemäßen Gebrauch der Mietwohnung als „Wohnung“ entspricht, schreibt das Tierschutzgesetz dem Mieter als Hundehalter, nicht dem Vermieter (!), die artgerechte Haltung vor, also auch eine bestimmte Größe des Raumes für Hunde. Bei grundsätzlich erlaubter Tierhaltung gemäß Mietvertrag ist also vom Hundehalter tierschutzrechtlich darauf zu achten, dass es nicht zu einer dem TierSchG widersprechenden Überbelegung mit Tieren kommt.

In einer 40 qm-Wohnung sah das Amtsgericht München die Haltung von zwei Rehpinschern als „normal“ an. Aber vier Hunde, nämlich zusätzlich noch zwei Mischlingshunde, seien angesichts des Missverhältnisses zwischen der Anzahl von vier Hunden und der Größe einer 40 qm-Mietwohnung zu viel. Hier hatte das Gericht tierschutzrechtliche Aspekte bei seiner Beurteilung einbezogen, wonach es den einzelnen Hunden nicht zuzumuten sei, auf engstem Raum gehalten zu werden (AG München, Az.: 473 C 30536/00).

Das Celler Amtsgericht untersagte einer Hundebesitzerin die Haltung von 15 Cockerspaniels, ein kläffendes Rudel. Die Frau dürfe nur noch 3 Hunde halten und müsse nachts und mittags für Ruhe sorgen (AG Celle, Az.: 22 Ss 9/02)!

- Ein Hund in der Wohnung reicht! – So hat das Amtsgericht München entschieden: Der Vermieter einer Zweieinhalb-Zimmerwohnung von 98 qm müsse den Wunsch des Mieters, 5 kleine Hunde anzuschaffen, nicht akzeptieren. Denn die Haltung von mehr als einem Hund entspreche in der Regel nicht mehr dem vertragsgemäßen Gebrauch einer Miet-„wohnung“ (AG München, Az.: 424 C 28654/13). In der Berufungsinstanz haben die Mietparteien sich dann geeinigt, dass der Rechtsstreit erledigt sei. Denn die Mieter waren in einem Räumungsprozess wegen Mietrückständen zur Räumung der Wohnung verurteilt worden.

- Die Haltung von zwei Retrievern in einer Etagenwohnung mit einer Größe von 50 qm hielt das Amtsgericht Reinbeck dagegen noch für vertragsgemäß (AG Reinbeck, Az.: 11 C 15/14).

- Nach heute geltender höchstrichterlicher Rechtsprechung sind bei der Beurteilung des Mietvertrages allein mietrechtliche, nicht auch tierschutzrechtliche Kriterien berücksichtigungsfähig, so dass sich Fragen des TierSchG nicht mehr stellen: Wenn der Vermieter meine, der vom Mieter gehaltene Hund – konkret ging es um einen Bearded-Collie – könne in der Familienwohnung wegen des Bewegungsdrangs dieser Rasse nicht artgerecht gehalten werden, so sei dies mietrechtlich unerheblich. Denn für die beim Mietvertrag allein maßgebliche mietrechtliche Betrachtung der Hundehaltung spiele die Frage der artgerechten Haltung, wie sie das Tierschutzgesetz für den Hundehalter vorschreibe, keine Rolle (BGH, Az.: VIII ZR 329/11).

Der Mietvertrag verlangt die nachträgliche Zustimmung des Vermieters zur Hundehaltung

Enthält der Mietvertrag eine Klausel, wonach es für die Hundehaltung der Zustimmung des Vermieters bedarf, so greift zunächst wieder der Grundsatz der Vertragsfreiheit. Aber Vorsicht!

- Eine generelle Klausel, nach der „jede Tierhaltung“ der Zustimmung des Vermieters bedarf, kann unwirksam sein. Auf jeden Fall ist die Klausel nichtig, wenn der Mietvertrag nicht berücksichtigt, dass jedenfalls die Haltung von Kleintieren vertragsgemäß ist. Die Klausel ist aber auch dann unwirksam, wenn sie zwar einige, aber nicht alle Kleintiere von der Zustimmungspflicht des Vermieters ausnimmt, so z. B. wenn Hamster und Schildkröten erlaubt sind, nicht aber Hunde, unabhängig von ihrer Größe (BGH, Az.: VIII ZR 340/06).

Beispiele für eine wirksame Tierhaltungs-Klausel:

- „Der Mieter darf Haustiere mit Ausnahme von Kleintieren (Ziervögel etc.) nur mit Zustimmung des Vermieters halten. Die Zustimmung ist zu versagen bzw. kann widerrufen werden, wenn durch die Tiere andere Hausbewohner oder Nachbarn belästigt werden oder eine Beeinträchtigung der Mieter oder des Grundstücks zu befürchten ist“ (BGH, Az.: VIII ZR 329/112).

- Zu der Haltung eines Yorkshire-Terriers in der Mietwohnung ist nach Meinung des Landgerichts Düsseldorf regelmäßig die vertraglich vorbehaltene Zustimmung des Vermieters zur Tierhaltung zu gewähren. Das Gericht hat seine Entscheidung damit begründet, dass es im Einzelfall missbräuchlich sein könne, dem Mieter einen solch kleinen Hund zu verbieten (LG Düsseldorf, Az.: 24 S 90/93, ebenso zu dieser Hunderasse LG Kassel, Az.: 1 S 503/96, anders aber AG Berlin-Spandau, Az.: 13 C 574/10).

- Der Vermieter, der nicht generell gegen die Haltung eines Hundes in der Mietwohnung ist, kann sich durch seine Zustimmungsklausel grundsätzlich offenhalten, ob er im konkreten Einzelfall die Hundehaltung gestatten will oder nicht. Dies darf er aber nicht willkürlich verweigern, sondern nur – so das Amtsgericht Bückeburg –, wenn gewichtige bzw. vernünftige Gründe entgegenstehen, wie eine Gefährdung der anderen Mieter durch die Rasse oder die Größe des Hundes, absehbare Störungen durch Gekläffe oder Gejaule oder durch Geruchsbelästigung, insbesondere, wenn es um mehrere Hunde geht (AG Bückeburg, Az.: 73 C 353/99).

- Auch wenn sich der Vermieter im Mietvertrag vorbehalten hat, die Haltung eines Hundes von seiner Zustimmung abhängig zu machen, kann der Mieter doch davon ausgehen, dass eine Zustimmung nur bei gewichtigen Gründen versagt wird. Nach Meinung des Amtsgerichts Tempelhof-Kreuzberg liegt ein solcher Grund nicht allein deswegen vor, weil der Hund wegen seiner Rasse als „gefährlich“ eingestuft werde. Eine entsprechende Vermutung könne durch die Vorlage eines aktuellen Negativgutachtens entkräftet werden (AG Tempelhof-Kreuzberg, Az.: 20 C 155/13).

Der Mietvertrag verbietet die Hundehaltung

Zunächst eine gute Nachricht für Hundefreunde: Ein Hund in Mietwohnungen kann nicht mehr generell und pauschal verboten werden!

- Der Bundesgerichtshof hat nämlich nunmehr entschieden, dass eine starre Klausel in einem formularmäßigen Mietvertrag unzulässig ist, wenn in ihr ein generelles Hundehaltungsverbot festgeschrieben ist. Erforderlich sei vielmehr, dass in jedem Einzelfall zwischen den Interessen des Vermieters, denen der Hausgemeinschaft und denen des hundehaltenden Mieters abgewogen werde (BGH, Az.: VIII ZR 168/12).

Bei der Frage, wie eine Verbotsklausel zu beurteilen ist, ist zunächst zu unterscheiden, ob die Tierhaltungs-Klausel individuell ausgehandelt wurde oder ob es sich – wie meist – um eine Klausel in einem Formularvertrag handelt.

Individualvereinbarung

Wurde im Mietvertrag individuell ausgehandelt, dass der Mieter keine Hunde halten darf, so gilt das selbstverständlich auch. Pacta sunt servanda! Der Mieter kann später nicht einwenden, er würde durch das Verbot in seinem Grundrecht auf freie Entfaltung der Persönlichkeit verletzt. Auf Verlangen des Vermieters muss er daher das Tier wieder abgeben. Nur in besonderen Ausnahmefällen, wie z. B. bei einem Blindenhund, kann ein solches Verbot unwirksam sein (BGH, Az.: V ZB 5/95).

Formularklausel

Oft findet man in den „*Allgemeinen Geschäftsbedingungen*" eines Mietvertrages, dass die Haltung von Hunden in der Wohnung allgemein untersagt ist.

„Allgemeine Geschäftsbedingungen" sind Vertragsbedingungen, die für eine Vielzahl von Verträgen vorformuliert werden und die eine Vertragspartei der anderen Vertragspartei bei Vertragsabschluss stellt. Die Regelungen werden hier gerade nicht für einen einzelnen Vertrag ausgehandelt und können für jeden Fall auf ihre Wirksamkeit überprüft werden.

Solche Geschäftsbedingungen findet man nicht in individuell ausgehandelten Mietverträgen, sondern in sog. Formular-Mietverträgen, die im Schreibwarenhandel zu kaufen oder im Internet zu finden sind und alle mietvertraglichen Bedingungen ausschließlich von Vermieterseite stellen, u. a. eben auch die Klausel mit einem generellen Hundehaltungsverbot. Derartige Klauseln kann man wegen möglicher Ungleichgewichtigkeit und einseitiger Benachteiligung des Mieters gerichtlich überprüfen lassen.

Der Bundesgerichtshof hat nun solchen „Allgemeinen Geschäftsbedingungen" eines Mietvertrages einen Riegel vorgeschoben: Eine generelle Verbotsklausel benachteilige den Mieter unangemessen, weil sie ihm eine Hundehaltung ausnahmslos und ohne Rücksicht auf die besondere Fallgestaltung und Interessenlage verbiete. Dies sei unzulässig. Zugleich verstoße eine solche Klausel gegen den wesentlichen Grundgedanken der Gebrauchsgewährungspflicht des Vermieters gem. § 535 Abs. 1 BGB. Ob eine Tierhaltung zum vertragsgemäßen Gebrauch i. S. dieser Vorschrift gehöre, erfordere eine umfassende Interessenabwägung im Einzelfall. (BGH, Az.: VIII ZR 168/12).

Die Unwirksamkeit einer Klausel bedeutet aber nun nicht, dass jede Tierhaltung erlaubt wäre. Vielmehr kommt es darauf an, was zum *vertragsgemäßen Gebrauch* gehört. Dies muss jeweils unter Berücksichtigung aller Umstände des Einzelfalls geprüft werden. Die Interessen der „Zwangsgemeinschaft" aus Mietern, Vermietern und Nachbarn im Haus müssen berücksichtigt und gegeneinander abgewogen werden.

Bei der Abwägung wiegt laut Landgericht Köln das Interesse des Vermieters an einer möglichen Konfliktvermeidung weniger schwer als das Interesse des Mieters, im Rahmen seiner freien Lebensgestaltung und Entfaltung seiner Persönlichkeit in der Mietwohnung einen Hund zu halten (LG Köln, Az.: 1 S 300/12).

Endlich mal Klartext:

Die Klage einer Vermieterin auf Abschaffung des Hundes ihrer Mieterin hat das Amtsgericht Köln abgewiesen. Das generelle Hundehaltungsverbot in den allgemeinen Geschäftsbedingungen zum Mietvertrag benachteilige die Mieterin unangemessen und sei deshalb rechtsunwirksam. Ob diese nun ihren Hund weiter in der Mietwohnung halten dürfe, richte sich nach dem Ergebnis einer vorzunehmenden Abwägung unter Berücksichtigung insbesondere folgender Kriterien:

- Art, Größe, Verhalten und Anzahl der Tiere,
- Art, Größe, Zustand und Lage der Wohnung sowie des Miethauses,
- persönliche Verhältnisse, insbesondere Alter,
- berechtigte Interessen der Mitbewohner und Nachbarn,
- Anzahl und Art der anderen Tiere im Haus,
- bisherige Handhabung durch den Vermieter,
- besondere Bedürfnisse des Mieters.

Im Streitfall ging die Abwägung zugunsten der beklagten Mieterin aus (AG Köln, Az.: 210 C 26/15).

Auch das Landgericht Nürnberg-Fürth hat, der BGH-Rechtsprechung zum pauschalen Hundeverbot im Mietvertrag folgend, mit einem Hinweisbeschluss klargestellt, dass ein Mops in der Mietwohnung bleiben darf, obwohl im Mietvertrag die Tierhaltung ausdrücklich verboten war. Nach Ansicht des Gerichts dürfe der Hund ohne Absprache mit dem Vermieter „einziehen", weil das pauschale und generelle Verbot im Formular-Mietvertrag unwirksam sei. Der Vermieter müsse vielmehr im Einzelfall entscheiden. Diese Anforderungen seien bei der Klausel „Tierhaltung ist nicht gestattet" gerade nicht erfüllt (LG Nürnberg-Fürth, Az.: 7 S 8871/16).

Der Vermieter kann das Verbot der Hundehaltung aber wohl mit Ängsten der anderen Mieter und mit Eigenschaften der Tiergattung oder Rasse mit Gefahrenpotenzial rechtfertigen.

- Dies sah das Landgericht Nürnberg-Fürth bei einem Bullterrier so. Denn dieser stelle für die anderen Mieter des Hauses eine Gefahr dar, weil ein Angriff durch einen Hund dieser Rasse nicht vorherzusehen sei und mit normalen Kräften nicht abgewehrt werden könne (LG Nürnberg-Fürth, Az.: 7 S 3264/89 und auch das Landgericht Krefeld, Az.: 2 S 89/96, ebenfalls bei einem Dobermann LG Hamburg, Az.: 833 S 151/98).

- Ähnlich urteilte das Landgericht München: Insbesondere müsse sich die Gefährlichkeit des speziellen Tieres nicht bereits konkret gezeigt haben, um das Haltungsverbot des Vermieters allein wegen der Rassezugehörigkeit, unabhängig vom Charakter und Wesen des einzelnen Hundes, zu rechtfertigen (LG München, Az.: 13 T 14638/93).

- Ebenso entschied das Landgericht Gießen. Der Vermieter müsse die Haltung eines oder mehrerer Bullterrier in der Mietwohnung nicht erlauben, sondern könne dies wegen einer Gefährdung für die Mitmieter eines Zwölf-Parteien-Hauses verbieten (LG Gießen, Az.: 1 S 128/94, ähnlich LG Krefeld, Az.: 2 S 89/96).

- Das Amtsgericht Frankfurt hielt das Verbot des Vermieters, einen American Stafford in der Mietwohnung zu halten, ebenfalls für berechtigt: Diese Tiere gehörten zu den potenziell gefährlichsten Kampfhunden. Es komme nicht darauf an, ob bisher eine konkrete Gefährdung von diesem Hund ausgegangen sei oder nicht (AG Frankfurt, Az.: 33 C 77/00).

- Die Haltung von Kampfhunden kann vom Vermieter auch dann untersagt werden, wenn im Haus die Hundehaltung an sich erlaubt ist. Das Amtsgericht Kassel verwies auf eine besondere Gefährlichkeit solcher Tiere, auch wenn sie bisher unauffällig gewesen seien (AG Kassel, Az.: 452 C 2190/01).

Wichtig ist:
Auch ein anderer Mieter kann von dem Vermieter verlangen, von dem Mieter, der einen Kampfhund hält, zu fordern, dass dieser verschwinde. Denn der Vermieter schuldet jedem Mieter den vertragsgemäßen Gebrauch der Wohnung. Zu den Vermieterpflichten gehört hierbei auch die Pflicht, die Mieter vor Störungen und Gefährdungen durch andere Mieter zu schützen. Da bei Kampfhunden mit Beißattacken gerechnet werden kann, entsteht durch einen solchen Mieter eine Gefahrenlage, die von Dritten nicht hingenommen werden muss und die der Vermieter deshalb zu beseitigen hat.

Ein Hund kommt zu Besuch

Was ist nun, wenn der Mietvertrag dem Mieter die Haltung eines eigenen Hundes verbietet und ein Besucher mit Hund in der Mietwohnung erscheint?

Den Besuchshund verbieten kann der Vermieter trotz eines Hundehaltungsverbotes im Mietvertrag grundsätzlich nicht, es sei denn, der Mieter versucht hier, das Hundehaltungsverbot zu umgehen. Dies wurde von Gerichten bejaht

- bei ständiger Anwesenheit des Besuchshundes, auch nachts (AG Hannover, Az.: 525 C 11351/98),
- bei täglicher Anwesenheit über mehrere Stunden, häufig auch nachts, d. h. nicht nur vorübergehend (AG Rheine, Az.: 4 C 673/03),
- bei Beherbergung eines Hundes durchschnittlich zwei- bis dreimal die Woche für jeweils 3 bis 4 Stunden als Besuchshund (AG Hamburg, Az.: 49 C 29/05, so auch bereits AG Bergisch-Gladbach, Az.: 23 C 662/93).

Bei Besuchen von Hunden wird also jeweils im Einzelfall zu entscheiden sein, ob dies als vertragsgemäß zulässig ist.

– Rechtsmissbräuchliches Verbot der Hundehaltung

Trotz eines Verbotes im Mietvertrag, einen Hund in der Mietwohnung zu halten, darf der Mieter ausnahmsweise doch einen Hund aufnehmen. Zwar kann der Vermieter grundsätzlich frei über die Haltung von Hunden im Haus entscheiden. Aber dies darf nicht rechtsmissbräuchlich sein!

- Die Berufung auf das Verbot im Mietvertrag hat das Amtsgericht Hamburg dann als rechtsmissbräuchlich angesehen, wenn alle Bewohner und Nachbarn einverstanden sind. Denn hier liege kein schutzwürdiges Eigeninteresse des Vermieters mehr vor (AG Hamburg, Az.: 409 C 517/02).

- Steht zu befürchten, dass dem Mieter bei Trennung von dem Hund gesundheitliche Nachteile drohen, dann muss der Vermieter laut Entscheidung des Amtsgerichts Berlin grundsätzlich die Hundehaltung genehmigen (AG Berlin, Az.: 6 C 348/89).

- Ähnlich hat das Landgericht Freiburg, Az.: 3 S 240/93, entschieden bei einem Blindenhund, dessen Entfernung der Vermieter verlangt hatte.

Ein im Mietvertrag festgeschriebenes Hundeverbot kann auch rechtsmissbräuchlich sein, wenn der Mieter auf die Haltung eines Hundes aus gesundheitlichen Gründen angewiesen ist und die Interessen des Vermieters hierdurch nicht verletzt werden.

- Ein „Angewiesensein“ aus gesundheitlich-psychischen Gründen liegt aber – so das Landgericht Hamburg – nicht vor, wenn das Halten des Tieres nicht die einzige zumutbare Möglichkeit zur Überwindung der psychischen Störung ist. Vielmehr ist der Mieter dann an das Tierhaltungsverbot gebunden (LG Hamburg, Az.: 316 S 44/94).

- Ein Rentner habe aus sozialen, therapeutischen Gründen einen Anspruch auf Aufnahme zumindest eines kleinen Hundes (hier: West-Highland-Terrier) in die Mietwohnung, befand das Landgericht Hamburg. Der Mann habe nachvollziehbar begründen können, warum er seinen Ruhestand durch die Beschäftigung mit dem Haustier sinnvoller gestalten könne und der Hund seinen Lebensalltag somit deutlich verbessere (LG Hamburg, Az.: 334 S 26/01).

- Auch das Bayerische Oberste Landesgericht war der Ansicht, dass behinderte Menschen trotz eines Hundehaltungsverbots in Einzelfällen einen Hund in der Wohnung halten dürfen. Hier ging es um eine Contergan-geschädigte Frau, die trotz Verbotes einen Dackel in ihrer Wohnung gehalten und sich durch dessen Bellen den Unmut der Nachbarn zugezogen hatte. Die Frau hatte gegenüber dem Verbot eingewandt, durch ihre Behinderung sei sie an ihre Wohnung gebunden und habe kaum Kontakt zu anderen Menschen. Das Gericht zog das Grundgesetz und hier Art. 3 Abs. 3 S. 2 GG zu Rate, wonach niemand wegen seiner Behinderung benachteiligt werden darf. Ergebnis: Die Durchsetzung eines wirksamen Hundehaltungsverbotes gegenüber der Behinderten auf Dauer oder auf Zeit sei grob unbillig. Trotz Belästigung der anderen Mieter dürfe die Frau den Hund behalten (BayObLG, Az.: 2 ZBR 81/01).

– Der Hund wird in der Mietwohnung über längere Zeit geduldet

Hält der Mieter trotz Verbotes bzw. ohne die vertraglich vorgesehene Erlaubnis oder Zustimmung des Vermieters einen Hund in der Mietwohnung, kann der Vermieter nicht verlangen, dass der Hund abgeschafft wird, wenn er in Kenntnis des Hundes dessen Anwesenheit längere Zeit geduldet hat.

- Das Landgericht Mannheim sah schon einen Zeitraum von fünf Monaten als ausreichend an, um von einer Duldung ausgehen zu können (LG Mannheim, Az.: 12 S 71/73).

- Aus dem gleichen Grund hat das Landgericht Frankenthal eine fristlose Kündigung wegen der Tierhaltung für unberechtigt gehalten: Werde ein Hund längere Zeit stillschweigend vom Vermieter geduldet, so sei dies als stillschweigende Zustimmung zu werten (LG Frankenthal/Pfalz, Az.: 2 S 239/89).

– Der Mietvertrag sagt zur Hundehaltung nichts

Enthält der Mietvertrag keine vertragliche oder eine unwirksame Regelung zur Haltung von Hunden, so könnte der Mieter denken, dass er in der Mietwohnung grundsätzlich einen Hund halten darf. So einfach ist es aber nicht! – Entscheidend ist nämlich auch hier, ob und inwieweit die Hundehaltung zum *„vertragsgemäßen Gebrauch“* der Mietwohnung gehört.

Ob die Hundehaltung in einer Mietwohnung einen solchen vertragsgemäßen Gebrauch darstellt, lässt sich letztlich nur im Einzelfall unter Abwägung der Interessen aller Beteiligten beantworten. Zu den Beurteilungskriterien zählen insbesondere Art, Größe, Verhalten und Anzahl der Tiere, Art, Größe, Zustand und Lage der Wohnung sowie des Hauses, in dem sich die Wohnung befindet, Anzahl, persönliche Verhältnisse, insbesondere Alter und berechtigte Interessen der Mitbewohner und Nachbarn, Anzahl und Art anderer Tiere im Haus, bisherige Handhabung des Vermieters sowie besondere Bedürfnisse des Mieters (so BGH, Az.: VIII ZR 340/06).

Man kann nun mit guten Gründen vertreten, grundsätzlich gehöre die Hundehaltung heutzutage zur allgemeinen Lebensführung und betreffe damit den Kernbereich des Wohnens. Sie sei daher dem *„vertragsgemäßen Gebrauch“* der Mietwohnung zuzuordnen und sei insofern von der normalen Nutzung der Mietsache umfasst. Jedenfalls bei *kleinen Tieren* wie Hamster und Ziervögeln besteht Einigkeit, dass sie gehalten werden dürfen.

Das Landgericht Düsseldorf hat auch einen Yorkshire-Terrier dazugerechnet (LG Düsseldorf, Az.: 24 S 90/93)!

Bei der Abwägung wiegt laut Landgericht Köln das Interesse des Vermieters an einer möglichen Konfliktvermeidung weniger schwer als das Interesse des Mieters, im Rahmen seiner freien Lebensgestaltung und Entfaltung seiner Persönlichkeit in der Mietwohnung einen Hund zu halten (LG Köln, Az.: 1 S 300/12).

Ist im Mietvertrag zur Hundehaltung nichts festgelegt, sollte man noch einen Blick in die *Hausordnung* werfen, auf deren Geltung der Mietvertrag regelmäßig Bezug nimmt. Sind danach Hunde in der Mietwohnung nicht gestattet oder abhängig von einer Erlaubnis/ Zustimmung des Vermieters, so muss man sich grundsätzlich danach richten!

– Gleiches Recht für alle Mieter mit Hunden?

Für die Hundehaltung in einer Mietwohnung gibt es grundsätzlich kein Recht auf Gleichbehandlung. Ein Vermieter kann einem Mieter also verbieten, ein Tier anzuschaffen, selbst wenn er anderen Bewohnern die Hundehaltung gestattet hat.

Zwar ist in Art. 3 GG das Grundrecht auf Gleichbehandlung verankert. Dies gilt aber nur im Verhältnis des Bürgers zum Staat und nicht im Verhältnis zwischen Privatleuten untereinander, wie es Mietvertragsparteien sind. Dementsprechend besteht z. B. auch kein Anspruch des Mieters auf gleiche Miete oder gleiche Ausstattung der Wohnung. Dies ist bei der Tierhaltung nicht anders. Gerade wenn bereits mehrere Tiere im Wohnobjekt gehalten werden, kann das Hinzukommen weiterer Tiere zu Problemen und Streitigkeiten führen. Deshalb kann eine *Selbstbindung* des Vermieters, der bereits ein Tier oder mehrere Tiere erlaubt hat oder duldet, nicht angenommen werden.
Selbst wenn sich Nachbarn oder Mitmieter nicht gegen die Tierhaltung aussprechen, vermag dies nicht immer, das Ermessen des Vermieters einzuschränken. Denn insbesondere in größeren Mietobjekten kommt es immer wieder zu einem Mieterwechsel. Haben die aktuellen Mitmieter nichts gegen einen weiteren Hund, kann sich das bei einem Mieterwechsel schnell ändern. Dies birgt für den Vermieter aber die Gefahr, sich dem Verlangen von Mietern auf Einschreiten oder Mietminderung ausgesetzt zu sehen. Daher muss es im Ermessen des Vermieters stehen, inwieweit er sich einem solchen Risiko aussetzen will.

Dementsprechend hat das Landgericht Köln die Verweigerung der Hundehaltung bei einem Mieter für berechtigt gehalten, der seinen Hund angeschafft hatte, ohne zuvor den Vermieter um Erlaubnis zu fragen. Der Mietvertrag sah die Haltung eines Hundes nur mit vorheriger Zustimmung des Vermieters vor. Obwohl in der Wohnanlage bereits Hunde waren, verlangte der Vermieter die Abschaffung des neuen Hundes. Dieses Verlangen sei berechtigt, so das Gericht. Der Vermieter sei in seiner Entscheidung, die Hundehaltung zuzulassen, völlig frei. Gerade wenn schon einige Tiere gehalten würden, könne es durch ein weiteres Tier hier zu Problemen unter den Mietern kommen (LG Köln, Az.: 6 S 269/09, dem Urteil des Amtsgerichts Kerpen, Az.: 22 C 412/08 folgend).

– Der Widerruf der Erlaubnis oder Zustimmung

Ob die Erlaubnis, Zustimmung oder die Duldung der Hundehaltung widerrufen werden kann, hängt davon ab, wie schwerwiegend sich die aufkommenden Beeinträchtigungen der anderen Mieter oder der Mietwohnung gestalten.

Kommt es zu erheblichen Beeinträchtigungen der Interessen des Vermieters oder der übrigen Mieter, kann der Vermieter die Zustimmung widerrufen (LG Hamburg, Az.: 334 S 26/01; AG München, Az.: 413 C 12648/04).

Um den Mieter vor dem Damoklesschwert des ständig drohenden Widerrufs oder eines nachträglichen Verbots und damit vor einem ständig währenden Zustand der Unsicherheit zu schützen, können nur *gewichtige* und *triftige Gründe* des Vermieters zu einem Widerruf oder zu einem nachträglichen Verbot akzeptiert werden. Solche Gründe können z. B. sein:

- häufiges, unerträgliches, lautes Gebell oder Gejaule;
- wiederholte Verunreinigung oder Beschädigung von Treppenhaus oder Gemeinschaftsgarten;
- Eindringen in fremde Wohnungen;
- Anknurren oder Beißen eines anderen Mieters;
- Allergie eines Mieters gegen Hundehaare;
- Ängste von Mietern vor einem Hund, wie einem Bullterrier oder einem Dobermann:

Eine Formularklausel, wonach eine Erlaubnis jederzeit unter Angabe von Gründen widerrufen werden kann, ist unwirksam (LG Berlin, Az.: 63 S 493/12).

Zum Hundegebell

Immer wieder kommt es zu Streitigkeiten auf Grund von Hundegebell.

Dass ein Hund gelegentlich bellt, liegt in der Natur des Tieres und ist grundsätzlich als hausübliche Geräuschkulisse hinzunehmen, es sei denn, es geht über das normale Maß hinaus. Dann ist es eine Belästigung, die durch geeignete Maßnahmen unterbunden werden kann.

Häufiges lautes oder anhaltendes Bellen oder Jaulen eines Hundes kann vielseitige Konsequenzen für den Hundehalter haben:

- mietrechtlich, weil ein Widerruf der bisher erlaubten Hundehaltung droht,
- nachbarschaftsrechtlich, weil ein Anspruch auf Unterlassung der Störung droht,
- ordnungsrechtlich, weil ein Bußgeld wegen einer Ordnungswidrigkeit droht.

Gerichte praktisch aller Instanzen wurden und werden mit Hundegebell immer wieder beschäftigt.
Die Rechtsprechung stellt dabei auf der einen Seite auf die Dauer und Lautstärke des Bellens ab und auf der anderen Seite auf die Ruhezeiten, konkret die Mittagszeit, die Zeit der Nachtruhe und teilweise auch auf das Wochenende und die Feiertage.

Zum Hundegebell haben sich auch die Zivilgerichte, speziell zum Mietrecht, befassen müssen:

Das bloß gelegentliche Bellen oder Jaulen eines Hundes gehört nach Meinung des Amtsgerichts Hamburg-Altona zur hausüblichen Geräuschkulisse und ist daher für den Vermieter kein triftiger Grund für ein nachträgliches Verbot bzw. den Widerruf der Hundehaltung (AG Hamburg-Altona, Az.: 316a C 97/89).

Ebenso sah es das Amtsgericht Hamburg-Wandsbek: Das kurze Anbellen fremder Personen oder die überschwängliche Begrüßung von Personen seien artgerechte Reaktionen der Tiere, die vom Vermieter bereits mit der Zustimmung der Hundehaltung in Kauf genommen worden seien. Solch gelegentliches Bellen sei kein Grund, die Erlaubnis zur Tierhaltung zu widerrufen (AG Hamburg-Wandsbek, Az.: 716c C 114/90).

Das Landgericht Schweinfurt hat einen Hundehalter nicht für verpflichtet gesehen, seine Hunde so zu halten, dass sie nur

- zu bestimmten Zeiten,
- nicht länger als 10 Minuten am Stück,
- insgesamt nicht mehr als 30 Minuten am Tag

bellen. Denn solche festgelegten Bellzeiten könnten einem Tier nicht verständlich gemacht werden. Dies gebe dem Hundehalter allerdings keinen Freibrief für unbegrenztes Hundegebell. Hier müsse er reagieren, notfalls den Hund abschaffen, wenn der Nachbar sich schwer oder sogar gesundheitlich in seinem Ruhebedürfnis gestört fühle (LG Schweinfurt, Az.: 3 S 57/96).

Das Landgericht Mainz hat dies sogar auf ländliche Gebiete ausgeweitet. Auch dort müsse der Hundehalter dafür sorgen, dass keine Geräuschimmissionen durch Hundegebell auf das Nachbargrundstück einwirkten. Das Recht des Nachbarn auf Ruhe gehe hier dem Interesse des Hundehalters vor und rechtfertige die richterlich festgelegte Bellzeit

- in den Ruhezeiten von 22 Uhr bis 7 Uhr
- von 13 Uhr bis 15 Uhr

(LG Mainz, Az.: 6 S 87/94-04/96, so auch zur offenen Zwingerhaltung in einem Wohngebiet OLG Brandenburg, Az.: 5 U 115/15).

Ein Bellverbot für Hunde in einer Wohnung

- in der Zeit von 22 Uhr bis 7 Uhr

hielt das Amtsgericht Zeven für angemessen (AG Zeven, Az.: 3 C 216/05).

Dass ein Hund bellt, liegt nach Auffassung des Amtsgerichts Waiblingen in der Natur der Sache. Grundsätzlich sei dies hinzunehmen, soweit es nicht über das normale Maß hinausgehe (AG Waiblingen, Az.: 9 C 327/13).

Wegen weiterer gerichtlicher Entscheidungen und Festsetzung von Bellzeiten und Belldauer wird auf die Ausführungen zum Öffentlichen Recht verwiesen.

– Vermieterwechsel

War mit dem bisherigen Vermieter eine Erlaubnis zur Hundehaltung vereinbart, fragt man sich als Mieter, ob diese Erlaubnis mit dem Personenwechsel des Vermieters weiterhin bestehen bleibt. Hier gibt § 566 BGB Aufschluss. Danach tritt der neue Eigentümer der Wohnung oder des Hauses in die Rechtsstellung des bisherigen Eigentümers ein, d. h., er übernimmt den gesamten Mietvertrag einschließlich sämtlicher Rechte und Pflichten des Voreigentümers. Ergibt sich also aus dem Mietvertrag die Erlaubnis zur Hundehaltung, so ist der neue Vermieter nicht berechtigt, seinem Mieter die Hundehaltung nun zu verbieten mit dem Argument: „Mit dir habe ich keinen Vertrag!“ War die Erlaubnis mündlich vereinbart worden und kann der Mieter dies beweisen, etwa durch dies bestätigende Zeugen, tritt der neue Vermieter auch dann automatisch in die mündliche Vereinbarung ein.

– Mieterwechsel

Wenn der Vermieter dem Mieter die Haltung eines Hundes gestattet hat, so gilt dies auch für den Erben, der die Wohnung und den Hund übernimmt, aber nicht für den „Nachmieter“. Hier muss neu verhandelt werden!

– Tod des Hundes und Neuanschaffung

Stirbt der Hund und will sich der Mieter einen neuen Hund anschaffen, ist eine erneute mietvertragliche Zustimmung des Vermieters erforderlich. Die ursprüngliche Zustimmung deckt nur den konkreten bisherigen Hund ab und kann nicht auf einen „Ersatzhund“ ausgeweitet werden. Aber auch hier sind vom Vermieter gewichtige Gründe vorzubringen, die einer erneuten Zustimmung entgegenstehen, so z. B., wenn ein „Schoßhund“ jetzt durch einen Bernhardiner ersetzt werden soll.

– Mietminderung wegen Hundegebell

Die Miete zu mindern, ist der Mieter nur berechtigt, wenn durch ständiges und ruhestörendes Bellen die Grenze des Zumutbaren überschritten wird.

Dies im Einzelnen darzulegen, ist Sache des Mieters, der mit seiner Klage wegen nicht ausreichender Darlegung des Lärms beim Amtsgericht Rheine keinen Erfolg hatte (AG Rheine, Az.: 14 C 731/97, anders in einem Fall beim Amtsgericht Köln, Az.: 130 C 275/00, und beim Amtsgericht Hamburg, Az.: 49 C 165/05).

– Kündigung des Mietvertrages wegen Störungen durch den Hund

Grundsätzlich bedarf es vor Ausspruch einer Kündigung des Mietvertrages einer sog.

Abmahnung, d. h., eines dringenden Hinweises an den Mieter, dass die Störungen durch den Hund nicht mehr hingenommen würden und im Wiederholungsfall eine Kündigung als Konsequenz drohe. Ohne eine solche „Warnung“ ist eine Kündigung regelmäßig nicht berechtigt!

Der Hund einer Mieterin war manchmal in Bedrängnis und konnte öfter das Gassigehen nicht abwarten. Der Druck und Drang waren so groß, dass er mehrfach ein Pfützchen im Hausflur hinterließ. Frauchens Klage gegen die daraufhin vom Vermieter ausgesprochene fristlose Kündigung des Mietvertrages gab das Amtsgericht Köln statt. Die Verfehlungen reichten nicht aus, die Mieterin sofort vor die Tür zu setzen. Aber zukünftig müsse sie dafür sorgen, dass ihr Hund nicht mehr unbeaufsichtigt durch das Treppenhaus laufe. Denn bei weiteren Verstößen könne sich eine fristlose Kündigung als berechtigt erweisen (AG Köln, Az.: 208 C 165/00, anders das Amtsgericht Potsdam, das wegen ständigen Gebells – Tag und Nacht – sowie Gestanks den Hausfrieden als so gestört ansah, dass eine fristlose Kündigung berechtigt sei, AG Potsdam, Az.: 26 C 76/00).

Dass die unerlaubte Haltung von zwei Schäferhunden in einer Ein-Zimmer-Mietwohnung den Vermieter zur fristlosen Kündigung wegen vertragswidrigen Gebrauchs der Wohnung berechtige, hat das Amtsgericht Frankfurt entschieden (AG Frankfurt, Az.: 33 C 4476/98-67).

Wird der Hauseigentümer vom Hund des Mieters gebissen, so rechtfertigt dieser einmalige Hundebiss nach Auffassung des Amtsgerichts Nürnberg weder eine fristlose noch eine fristgerechte Kündigung, jedenfalls dann nicht, wenn eine gezielte Schädigungsabsicht des Mieters nicht nachgewiesen werden könne (AG Nürnberg, Az.: 26 C 4676/93).

– Der Hund verursacht Schäden in der Mietwohnung

Zwar hat der Mieter gemäß § 538 BGB Veränderungen oder Verschlechterungen der Mietsache, die durch den vertragsgemäßen Gebrauch herbeigeführt werden, nicht zu vertreten. Aber neben der Pflicht, die monatliche Miete zu entrichten, trifft den Mieter auch eine Sorgfaltspflicht, nämlich die Pflicht zur Einhaltung des vertragsgemäßen Gebrauchs (§§ 541, 543 Abs. 2 S. 1 Nr. 2 BGB) sowie eine Obhutspflicht hinsichtlich der Mietsache (§ 536 c BGB) und bei Beendigung des Mietverhältnisses die Rückgabepflicht (§ 546 BGB).

Bei Schäden, die nun der Hund des Mieters am Mietobjekt verursacht hat, muss man unterscheiden, ob

- es sich um eine bloße Abnutzung der Mietwohnung durch den vertragsgemäßen Gebrauch handelt i. S. v. § 538 BGB
- oder ob grobe Schäden unter Verletzung der Obhutspflicht des Mieters vorliegen.

Der Vermieter kann laut Entscheidung des Landgerichts Oldenburg den Mietvertrag kündigen, wenn der Hund des Mieters die Terrassentür und drei Wohnungsfenster zerkratzt, die weißen Innenwände verschmutzt und den Teppichboden total beschädigt hat. Solche „Gebrauchsspuren" brauche kein Vermieter hinzunehmen (LG Oldenburg, Az.: 2 S 415/95)!

Schadensersatz hat das Amtsgericht Böblingen einem Vermieter zugesprochen, weil der Hund seines Mieters den Teppichboden der Mietwohnung durch Erbrechen verunreinigt hatte und der Mieter als Hundehalter für den durch ein willkürliches Verhalten seines Tieres entstandenen Schaden verantwortlich sei (AG Böblingen, Az.: 2 C 3212/96).

Weil der Parkettboden der Mietwohnung Kratzspuren des Hundes aufwies, verlangte der Vermieter von seinem Mieter und Halter des Hundes Schadensersatz für das erforderliche Abschleifen des Bodens. Ohne Erfolg! Das Amtsgericht Berlin-Köpenick war der Auffassung, dass die vom Hund verursachten Kratzer nur Folge einer vertragsgemäßen Nutzung der Wohnung seien. Da der Vermieter die Hundehaltung geduldet habe, gehöre eben auch die darauf zurückzuführende Abnutzung des Parkettbodens zum üblichen Mietgebrauch (AG Berlin-Köpenick, Az.: 8 C 126/98).

Ganz übel sah eine gemietete Zwei-Zimmer-Wohnung aus, in der ein Mieter 7 Katzen, einen Schäferhund und zwei Chinchillas ohne Kenntnis des Vermieters beherbergt hatte. Mietvertraglich war die Haltung eines „Kleintieres" erlaubt. Das Landgericht Mainz entsprach dem Verlangen des Vermieters, dass beim Auszug die Holzdecke gereinigt und die Wände neu tapeziert und gestrichen werden müssten, weil die von den Tieren verursachten Gerüche ansonsten noch geraume Zeit in den Wohnräumen nachhängen würden (LG Mainz, Az.: 6 S 28/01).

Der Labrador eines Mieters hatte mit seinen Krallen durch alltägliche Bewegungen erhebliche, teilweise 10 cm lange Kratzer auf der gesamten Parkettfläche der Mietwohnung verursacht. Der Mieter ließ das Parkett instand setzen und klagte nun gegen den Vermieter auf Zahlungsausgleich, da er hiermit ein Geschäft des Vermieters vorgenommen habe. Zu Recht, entschied das erstinstanzliche Amtsgericht. Die Kratzer fielen unter den vertragsgemäßen Gebrauch der Wohnung, da mit der genehmigten Tierhaltung solche eigentümlichen Begleitumstände einhergingen und lediglich auf das normale Laufverhalten des Hundes zurückzuführen seien.

Anders sah es das mit der Berufung befasste Landgericht Koblenz: Der Vermieter müsse den Betrag nicht zurückerstatten, da der Mieter gegen seine Obhutspflicht schuldhaft verstoßen habe. Es handele sich hier nicht um eine bloße Abnutzung der Mietsache. Die Erlaubnis zur Haltung des Labradors stelle den Mieter nicht von jeglicher Verantwortung frei für die durch den Hund herbeigeführten Schäden. Er müsse vielmehr im Rahmen des ihm Zumutbaren die Mietsache vor Schäden durch den Hund bewahren. Das bedeute, dass er, sobald er festgestellt habe, dass die Krallen des Hundes erhebliche Kratzer verursachten, zumutbare Gegenmaßnahmen ergreifen müsse, wie den Aufenthalt des Hundes auf einzelne Räume zu beschränken oder den Parkettboden durch Abdeckung mit geeigneten Materialien vor den Krallen des Hundes zu schützen. Alternativ hätte er die Krallen des Hundes mit Kratzschutz, wie im Handel erhältliche Hundesocken, ausstatten können (LG Koblenz, Az.: 6 S 45/14).

Eine Frau hatte eine Wohnung gemietet, in der sie zwei Hunde hielt. Bei ihrem Auszug wurde ein Abnahmeprotokoll gefertigt, in dem Schäden an Türen, Zargen und dem PVC-Boden der Küche festgehalten waren. Der Vermieter verlangte von der Mieterin Schadensersatz, weil ihre Hunde die Türzargen von drei Räumen stark zerbissen, die anderen Türzargen und Türblätter zerkratzt und den PVC-Boden teilweise zerrissen hätten. Darüber hinaus seien der Laminatboden im Flur und die darunter befindliche Trittschalldämpfung wegen eingedrungener „Hundepisse“ nicht mehr nutzbar, was sich durch eine starke Geruchsbelästigung bemerkbar mache.
Die Mieterin wendete ein, die Schäden seien größtenteils schon beim Einzug vorhanden gewesen, allenfalls seien kleinere Kratzer durch die Hunde hinzugekommen.
Das Amtsgericht Saarbrücken kam nach einer Beweisaufnahme zu dem Ergebnis, dass die Türen und Zargen sowie der PVC-Boden in einem beschädigten Zustand zurückgegeben worden seien, der deutlich schlechter gewesen sei als derjenige bei Einzug. Die Schäden gehörten eben nicht mehr um vom Mieter nicht zu vertretende Veränderungen oder Verschlechterungen der Mietsache, die durch vertragsgemäßen Gebrauch entstanden seien. Das Ausmaß der Schäden ergebe sich aus dem Abnahmeprotokoll mit Ausnahme des Laminatbodens. Während der Vermieter insoweit den Beweis schuldig geblieben sei, müsse nun aber die Mieterin ihrerseits beweisen, dass die restlichen Beschädigungen bei der Rückgabe nicht vorgelegen hätten bzw. bei Mietbeginn bereits vorhanden gewesen seien. Da Schäden bei Einzug weder im Übernahmeprotokoll erwähnt noch von den Zeugen bestätigt worden seien, sei der Nachweis nicht gelungen. Die Mieterin müsse daher wegen Verletzung ihrer Verpflichtung, die Mietwohnung in unbeschädigtem Zustand zurückzugeben, für die Instandsetzungen Schadensersatz leisten, dies unter Abzug – neu für alt – von 70 % (AG Saarbrücken, Az.: 120 C 12/16).

Diese Gerichtsentscheidungen lassen sich nicht einfach auf andere Sachverhalte übertragen. Es handelt sich nämlich jeweils um Einzelfälle, die von den Gerichten unterschiedlich beurteilt wurden und zu denen eine höchstrichterliche Entscheidung noch aussteht. Deshalb: gut aufgepasst, wenn man einen Hund in einer Mietwohnung hält und mögliche Beschädigungen der Mietwohnung durch das Tier drohen, sei es durch die Zähne, die Krallen, durch Kratzen, Urinieren, Koten oder Spucken!

Der Hund im eigenen Haus

Meint man nun, im eigenen Haus habe man als Eigentümer, im Unterschied zum Mieter, mit Konflikten bei der Hundehaltung nichts zu tun, so ist das ein Irrtum! Auch hier gibt es nämlich Nachbarn, die sich durch einen Hund gestört fühlen können und deren Interessen und Belange zu beachten sind. Solange niemand Beeinträchtigungen wie Bellerei, Gejaule, Pfützchen oder gar Aggressivität moniert, hat man kein Problem. Beschwert sich der Nachbar aber darüber, sieht die Sache anders aus. Dann kommt es darauf an, was und wie viel die Nachbarn hinnehmen müssen und wann die Grenze des Zumutbaren überschritten ist. Diese Fragen sind nach dem ungeschriebenen Gesetz zur Rücksichtnahme und zudem nach § 906 BGB zu beantworten.

> § 906 BGB Zuführung unwägbarer Stoffe
> *(1)[1] Der Eigentümer eines Grundstückes kann die Zuführung von Gasen, Dämpfen, Gerüchen, Rauch, Ruß, Wärme, Geräusch, Erschütterungen und ähnliche von einem anderen Grundstück ausgehende Einwirkungen insoweit nicht verbieten, als die Einwirkung die Benutzung seines Grundstücks nicht oder nur unwesentlich beeinträchtigt …*

Die Vorschrift zeigt, dass im Nachbarschaftsverhältnis unwesentliche Störungen ertragen werden müssen, weil ansonsten eine sinnvolle Nutzung des Eigentums zu stark eingeschränkt würde. Hier erkennt man, dass sich das Gebot der Rücksichtnahme des Hauseigentümers und die Duldungspflicht des Nachbarn gegenüberstehen und anwachsen, je nach Störegrad. Wo die Grenze des Erträglichen liegt, kann nicht generell beantwortet werden, sondern richtet sich nach der Schwere der Beeinträchtigung im Einzelfall. Hauptsächlicher Streitpunkt sind in diesem Zusammenhang neben Uringestank und Hundekot das Gebell, Gejaule und Gefiepse. Das betrifft sowohl die Häufigkeit als auch die Lautstärke, die Dauer und die „Unzeiten“. Insoweit kann auf die Ausführungen zu solchen Konflikten bei Mietverträgen und im Öffentlichen Recht verwiesen werden.

Insbesondere beim Eigenheim sollte man darauf achten, sein Grundstück, in dem sich auch ein bissiger Hund durchweg frei bewegen darf, ausreichend abzusichern. Grundstückseigentümer sind nämlich auf Grund der Verkehrssicherungspflicht gehalten, für einen verkehrssicheren Zustand ihres Grundstücks zu sorgen. Im zumutbaren Rahmen sollen Gefahren

von anderen Personen abgewendet werden, insbesondere dann, wenn von den Grundstücken auf Grund besonderer Umstände erhebliche Gefahren ausgehen. Hierzu gehört auch das uneingeschränkte Herumlaufenlassen eines bissigen Hundes auf einem in einem Wohngebiet gelegenen Hausgrundstück.
Allerdings:

- Ein Hundehalter muss nicht schon damit rechnen, dass sein auf einem umzäunten Grundstück freilaufender Hund durch eine schadhafte Stelle im Zaun ein unmittelbar davor stehendes Kind beißt, jedenfalls dann nicht, wenn der Hund zuvor niemanden angefallen und gebissen hat und sich bisher auch sonst nicht aggressiv gezeigt hatte (BayObLG, Reg. Nr.: 4 St 159/90).

Meint man, alles Erforderliche getan zu haben, so ist das manchmal noch nicht genug, wie folgende Beispiele zeigen:

- Wird ein Besucher auf dem Grundstück von einem freilaufenden Hund gebissen, so haftet der Grundstückseigentümer nicht nur wie jeder andere Hundehalter, sondern auch, weil er seine Sorgfaltspflicht als Eigentümer gegenüber anderen verletzt hat. Ein am Tor angebrachtes Schild „*Warnung vor dem Hund*" stellt keine ausreichende Sicherung dar, weil es weder ein Betretungsverbot ausspricht noch auf die Bissigkeit des Hundes hinweist. Wer eine solche Warnung in den Wind schlägt, kann im Falle einer Hundebissverletzung trotzdem Schadensersatz vom Grundstückseigentümer verlangen. Jedoch muss er sich ein Mitverschulden anrechnen lassen, so das Landgericht Memmingen (Az.: 1 S 2081/93).

- Der Halter eines als Wachhund eingesetzten Hofhundes muss damit rechnen, dass der Hund Besucher angreift, wenn sie das frei zugängliche Hofgelände betreten. Er muss daher geeignete Sicherungsmaßnahmen treffen, um die vor Angriffen gefährdeten Besucher zu schützen. Zu derartigen Vorkehrungen gehört das Anketten oder Anleinen eines nicht ganz ungefährlichen Wachhundes. Anderenfalls haftet der Hundebesitzer einem Besucher auf Schadensersatz und Schmerzensgeld, wenn sein Hund den Besucher durch Bisse verletzt (OLG Köln, Az.: 19 U 32/95).

- Wenn der Hundehalter ein Hinweisschild am Gartentor angebracht hat: „*Hier wache ich! Betreten auf eigene Gefahr*!", so führt auch solch ein Schild nach Meinung des Oberlandesgerichts Stuttgart nicht zu einem Haftungsausschluss des Hundehalters, wenn eine fremde Person das Grundstück betritt und dann gebissen wird. Denn ein solches Schild weise lediglich auf die Anwesenheit eines Wachhundes hin, nicht aber auf eine besondere Aggressivität des Tieres. Dies gelte vor allem dann, wenn sich die Klingel zum Haus erst an der Haustür befinde. Wenn allerdings ein Schild „*Vorsicht, bissiger Hund*" am Gartentor angebracht sei, müsse von einem Mitverschulden des Besuchers beim Betreten des Grundstücks ausgegangen werden (OLG Stuttgart, Az.: 1 U 38/10).

Ein weiteres Augenmerk muss der Hauseigentümer als Halter eines Hundes auch darauf richten, dass sein Hund Nachbarn nicht in Angst versetzt wegen der drohenden Gefahr seiner Aggressivität. Auch insofern kann auf die bereits erwähnten Störungen durch die in Mietwohnungen gehaltenen Hunde verwiesen werden.

Der Hund in der Eigentumswohnung

Problematisch ist es mit Hunden in den eigenen vier Wänden.
Um Störungen, Beeinträchtigungen oder Belästigungen von Nachbarn hier zu vermeiden, müssen Wohnungseigentümer darauf achten, ihre Hunde so zu halten, dass sie nicht Kern eines Unfriedens im nachbarschaftlichen Bereich werden. Insoweit wird auch hier auf die bereits zu Mietern und Nachbarn angeführten gerichtlichen Entscheidungen verwiesen. Man muss sich immer die Frage stellen, was die Nachbarn dulden und hinnehmen müssen und wogegen die Nachbarn vorgehen können. Das nachbarschaftliche Verhältnis ist, wie bei Mietern auch, durch das Gebot der Rücksichtnahme geprägt. Auf der einen Seite müssen aus dem nachbarschaftlichen Miteinander heraus bestimmte Störungen des Eigentums hingenommen werden, um eine sinnvolle Nutzung des Eigentums zu ermöglichen. Auf der anderen Seite ergeben sich aus dem Gebot der Rücksichtnahme Pflichten der Nachbarn zur Duldung unwesentlicher Beeinträchtigungen, während bei wesentlichen Beeinträchtigungen Abwehransprüche bestehen können. Am besten hält man sich immer an die als „Goldene Regel" bekannte ethische Weisheit: *Was du nicht willst, das man dir tut, das füg' auch keinem anderen zu!*

Für die Hundehaltung in Eigentumswohnungen ist gesetzlich im Wohnungseigentumsgesetz (WEG) zwar nichts ausdrücklich bestimmt, wohl aber gibt es Regelungen im WEG zur sog. Teilungserklärung, zur Hausordnung sowie zu Beschlüssen der Wohnungseigentümergemeinschaft, die insoweit einschlägig sein können.

– Teilungserklärung

Zunächst muss hier unterschieden werden zwischen dem Eigentum an den Wohnungen selbst, in die ein Haus aufgeteilt worden ist, und dem verbleibenden, der gemeinschaftlichen Nutzung zur Verfügung stehenden Gemeinschaftseigentum, an dem alle Wohnungseigentümer einen Miteigentumsanteil erworben haben, so an Garten, Keller, Hof und Treppenhaus. All das wird in der Teilungserklärung nach dem WEG schriftlich festgehalten, ebenso alle Rechte und Pflichten der Wohnungseigentümer, ggfs. auch ein generelles Verbot der Hundehaltung.

– Beschlüsse der Eigentümerversammlung zum Hundeverbot

Manche Miteigentümer fühlen sich durch einen Hund gestört. Sie versuchen dann über den Weg des Mehrheitsbeschlusses ein Hundeverbot durchzusetzen. Ob die Wohnungseigentümergemeinschaft in ihren Beschlüssen die Hundehaltung generell verbieten kann, wird von den Gerichten nicht einheitlich beantwortet.

- Zunächst ist dies laut Oberlandesgericht Stuttgart rückwirkend nicht machbar. Darüber hinaus gilt ein solches Verbot nicht für künftig einziehende Hunde, soweit sich auch nur ein einziger Eigentümer dagegen ausspricht (OLG Stuttgart, Az.: 8 W 8/82).

- Demgegenüber hat der Bundesgerichtshof einen Mehrheitsbeschluss der Wohnungseigentümer mit einem generellen Hundehaltungsverbot als rechtswirksam und für alle Wohnungseigentümer bindend angesehen. Das Besondere an diesem Fall war aber, dass der Beschluss von keinem der Wohnungseigentümer innerhalb der gesetzlichen Frist angefochten wurde, was der BGH als einheitliche Einigung der Eigentümer auf ein generelles Hundeverbot wertete. Hierin liegt auch kein Verstoß gegen geltendes Recht, da sich Beeinträchtigungen der übrigen Wohnungseigentümer durch Schmutz oder Lärm infolge der Hundehaltung niemals völlig ausschließen lassen würden (BGH, Az.: V ZB 5/95).

- Das Kammergericht Berlin sieht eine Eigentümergemeinschaft sehr wohl als befugt an, durch Mehrheitsbeschluss das Verbot zur Haltung von Kampfhunden oder Kampfhunde-Mischlingen anzuordnen. Zur Klärung der Frage, welche Hunderassen unter den Begriff „Kampfhunde“ fallen würden, komme es auf das Verständnis dieses Personenkreises an. Nach allgemeinem Verständnis würden hierzu die Hunderassen gehören, die sich bereits aufgrund ihrer körperlichen Merkmale durch eine hohe Kampf- und Beißkraft auszeichneten und die im Vergleich mit anderen Hunderassen überproportional häufig auf Angriffslust gezüchtet oder trainiert würden (KG Berlin, Az.: 24 W 38/03).

– Hausordnung

Die Hausordnung dient dem friedlichen Zusammenleben der Parteien in einem Haus mit Eigentumswohnungen und regelt deshalb potenzielle Konflikte im Zusammenhang mit Reinigungsarbeiten oder Benutzung und Pflege von Gemeinschaftseinrichtungen wie Garten, Waschküche oder Treppenhaus. Auch Regelungen zur Hundehaltung finden sich häufig in der Hausordnung, vom vollständigen Hundeverbot bis hin zur Leinenpflicht, darüber hinaus Reinigungsanordnungen zu Hundekot, Urin und Hundehaaren außerhalb der Wohnung.

Laut Oberlandesgericht Düsseldorf kann die Hundehaltung in der Hausordnung gänzlich verboten werden, auch nur die Haltung bestimmter Hunderassen wie etwa Kampfhunde (OLG Düsseldorf, Az.: 3 W 459/96).

Einzelfälle

- Leinenpflicht

Viele Menschen haben Angst, wenn Hunde frei herumlaufen. Sie befürchten, beschnüffelt oder gar angesprungen zu werden. Dem kann man entgegentreten, indem man eine Anleinpflicht für die Wohnanlage in der Hausordnung oder durch Mehrheitsbeschluss festlegt.

Ein solcher mehrheitlicher Beschluss ist durchaus zulässig (LG München, Az.: 1 T 1633/04).

Existiert in der Wohngemeinschaft keine Regelung über die Anleinpflicht von Hunden, so kann jedenfalls aufgrund des zwischen Wohnungseigentümern herrschenden Rücksichtnahmegebots verlangt werden, dass Hunde im Gebäude und in der Außenanlage angeleint werden (AG München, Az.: 484 C 18498/12).

Hat das Gericht hier allein die Angst oder Besorgnis, der Hund könnte andere Wohnungseigentümer anspringen oder sonst belästigen, für eine Leinenpflicht ausreichen lassen, so hat eine andere Abteilung des Amtsgerichts München kurz darauf allerdings anders entschieden: Ein Hund sei in der Anlage nicht anzuleinen, wenn die Hausordnung keinen Leinenzwang vorsehe und der Hund andere Eigentümer nicht belästige. Hierbei sah das Gericht es als ausreichend an, dass der Hundehalter das Beschnüffeln der anderen Eigentümer oder das Hochspringen an ihnen sofort unterbunden hatte (AG München, Az.: 113 C 19711/13).

Da die Rechtsprechung hier nicht einheitlich ist, sollten Wohnungseigentümer, um ganz sicherzugehen, einen entsprechenden Beschluss fassen, wenn sie gestatten oder verbieten wollen, dass Hunde in der Anlage frei herumlaufen dürfen.

- Hundehäufchen

Um das unliebsame Problem des Hundekots zu lösen, können die Eigentümer beschließen, dass eine Nutzung der Gartenanlage als Hundetoilette untersagt wird oder die Hundehalter verpflichtet sind, etwaigen Hundekot umgehend zu beseitigen (OLG Hamburg, Az.: 2 Wx 72/07).

Das Oberlandesgericht Köln hat den zur Hundehaltung gefassten Beschluss einer Eigentümerversammlung für ungültig erklärt, weil er den Grundsätzen einer ordnungsgemäßen Verwaltung widerspreche. Zwar seien die Wohnungseigentümer berechtigt, durch einen Mehrheitsbeschluss Regeln zu setzen, die geeignet seien, Belästigungen und Beeinträchtigungen durch einen Hund auszuschließen. Das zu diesem Zweck beschlossene alleinige Gebot der Leinenpflicht im Garten der Anlage könne aber nur ausreichend sicherstellen, dass unliebsame Begegnungen der Miteigentümer mit einem Hund vermieden würden. Gegen andere Beeinträchtigungen werde in dem Beschluss indes keine Vorsorge getroffen. Die Interessen der Miteigentümer würden aber nur dann hinreichend gewahrt, wenn die Regeln zur Hundehaltung auch geeignet seien, den Garten als Gemeinschaftsfläche vor einer etwaigen Verunreinigung zu schützen. Dies sei lediglich dann gewährleistet, wenn die Nutzung der Gartenfläche als Hundewiese untersagt und der Hundehalter verpflichtet werde, dennoch abgelassenen Hundekot umgehend selbst zu beseitigen. Ein Leinenzwang sei nicht geeignet, eine Verkotung des Gartens zu verhindern, insbesondere dann nicht, wenn der Aufenthalt des – angeleinten – Hundes im Garten unbeschränkt erlaubt sei (OLG Köln, Az.: Wx 116/08).

Noch ein außergewöhnlicher Schadensfall zu „Hundehäufchen“:

Schadensersatz wegen der Beseitigung von Hundekot auf einem Grundstück kann in der Regel erst verlangt werden, wenn der Hundebesitzer zuvor zur Beseitigung des Kots aufgefordert worden ist, so das Amtsgericht München.

Der Verkäufer einer Eigentumswohnung war Halter eines Hundes und gestattete diesem, zumindest gelegentlich, auch die Verrichtung des großen Geschäfts in dem zur Wohnung gehörenden Garten. Der Käufer der Wohnung behauptete nun, der Garten sei bei der Übergabe mit mehreren Hundehaufen verunreinigt gewesen. Der Verkäufer habe die Haufen seines Hundes in dem Wissen seines baldigen Auszugs nicht mehr entfernt. Die Existenz dieser Haufen sei zunächst nicht erkennbar gewesen, da der Garten schneebedeckt gewesen sei. Erst nach Einsetzen des Tauwetters seien die Haufen aufgefallen.

Der Käufer verlangte nun von dem Verkäufer die Zahlung von 3.500,- € für die Reinigung des Gartens durch eine Gartenbaufirma. Wegen der 19 Hundehaufen sei durch das Einsickern des Kots in das Erdreich eine Kontaminierung des Oberbodens eingetreten. Der Kot von „fleischlastigen Fressern“, wie Hunden, sei besonders gefährlich wegen der Existenz von äußerst widerstandsfähigen Krankheitserregern und Parasiten. Der Oberboden müsse daher abgetragen und alles müsse neu bepflanzt werden. An den Stellen, an denen sich der Kot befunden habe, wachse auch kein Gras mehr, sondern nur noch das hinsichtlich der Humusqualität völlig anspruchslose Moos. Der Verkäufer weigerte sich zu zahlen, da der Kot nicht von seinem Hund stamme und die Erneuerung des Bodens nicht erforderlich sei.

Mit seiner Klage vor dem Amtsgericht München hatte der Käufer keinen Erfolg. Nach Auffassung des Gerichts begründete die Existenz einer Vielzahl von Hundehaufen zwar einen Sachmangel des Kaufobjekts, nämlich der Eigentumswohnung. Da aber der Käufer den Verkäufer zum Entfernen der Haufen nicht aufgefordert und dafür keine entsprechende Nachfrist gesetzt habe und er darüber hinaus die Kontamination des Bodens durch zu spätes Entfernen des Kots maßgeblich selbst verursacht habe, könne er keinen Schadensersatz fordern wegen des auf dem ursprünglichen Sachmangel des Grundstücks beruhenden Folgeschadens (AG München, Az.: 171 C 15877/15).

– Hausaufzug

Leider gibt es auch zu der Beförderung von Hunden im gemeinschaftlichen Aufzug keine einheitliche Rechtsprechung.

- Das Amtsgericht Freiburg hält ein generelles Verbot, Tiere im Aufzug zu transportieren für unzulässig, da es die freie Ausübung des Eigentumsrechtes erheblich einschränke, ohne dass sachliche Gründe vorlägen, die den Eingriff im beschlossenen Umfang ausnahmsweise rechtfertigten (AG Freiburg, Az.: 56 C 2496/12).

- Dementgegen ist laut Landgericht Karlsruhe eine Regelung in der Hausordnung, die den Transport von Tieren im gemeinschaftlichen Aufzug verbietet, nicht zu beanstanden (LG Karlsruhe, Az.: 5 S 43/13).

Fazit: Ein generelles Verbot sollte nicht beschlossen werden. Eher sollte man differenzieren nach Tierart oder Hunden ab einer bestimmten Größe. Dies sollte sachlich begründet werden, wie mit der Angst eines Bewohners vor großen Hunden. Ein solches Verbot wird einer richterlichen Überprüfung eher standhalten.

Der Hund als Patient

Wenn der Hund krank oder verletzt ist oder die notwendigen Impfungen und Entwurmungskuren anstehen, dann muss Herrchen oder Frauchen mit ihm zum Tierarzt. Dies ist ihre moralische, aber auch gesetzliche Pflicht nach § 2 TierSchG. Danach haben sie ihren Hund unter Berücksichtigung des der Rasse entsprechenden Bedarfs regelmäßig zu pflegen und für seinen Gesundheitszustand zu sorgen.

– Der Tierarztvertrag

Beim Tierarzt werden Untersuchungen und Behandlungen des Tieres vertraglich vorgenommen. Der – auch stillschweigend abschließbare – Vertrag zwischen Tierarzt und Hundehalter ist juristisch ein Dienstvertrag nach § 611 BGB:

> § 611 BGB *Vertragstypische Pflichten beim Dienstvertrag*
> *(1) Durch den Dienstvertrag wird derjenige, welcher Dienste zusagt, zur Leistung der versprochenen Dienste, der andere Teil zur Gewährung der vereinbarten Vergütung verpflichtet.*
> *(2) Gegenstand des Dienstvertrages können Dienste jeder Art sein.*

Durch diesen Vertrag ist der Tierarzt verpflichtet, den Hund nach den Regeln der tierärztlichen Kunst fachgerecht zu untersuchen und zu behandeln. Der Halter verpflichtet sich im Gegenzug zur Zahlung des Honorars für die vom Tierarzt geleisteten Dienste. Die Tierarztkosten richten sich grundsätzlich nach der Gebührenordnung für Tierärzte, der GOT, wenn nicht eine hiervon abweichende schriftliche Honorarvereinbarung getroffen wurde. Das Honorar ist zu zahlen, selbst wenn der Hund nicht geheilt wird oder sogar stirbt. Denn der Arzt schuldet vertraglich nur die tierfachärztliche Behandlung, nicht aber einen Erfolg wie Genesung oder Heilung!

– Die Haftung des Tierarztes

Hat der Tierarzt den Hundehalter vor Beginn der Untersuchung und Behandlung nicht oder nicht ausreichend über alles hierfür Notwendige, wie Behandlungsmöglichkeiten, deren Vor- und Nachteile, aber auch Erfolgsaussichten und Risiken, aufgeklärt oder unterläuft ihm bei der Behandlung ein tierärztlicher Fehler mit negativen Folgen für den Hund, dann macht er sich schadensersatzpflichtig (so u. a. OLG Hamm, Az.: 26 U 95/14).

Ein *Behandlungsfehler* liegt vor, wenn der Tierarzt entgegen den Regeln der tierärztlichen Wissenschaft vorgeht und dadurch

- einen medizinischen Fehler macht,
- eine falsche Diagnose stellt,
- sich nicht sorgfältig über aussichtsreiche Behandlungsmethoden und Therapien informiert und diese dennoch angewandt hat.

In einem dem Landgericht Bielefeld vorgelegten Fall war eine Hündin durch den Fehler eines Tierarztes unfruchtbar geworden. Das Gericht sprach der Eigentümerin Schadensersatz in Höhe von 8.000,- DM zu. Diesen Betrag hätte die Frau mit dem Tier verdienen können, weil die Hündin noch zweimal je vier Welpen hätte werfen können (LG Bielefeld, Az.: 20 S 32/98).

Wer muss nun beweisen, dass der Tierarzt fehlerhaft gehandelt hat und dies für den eingetretenen Schaden ursächlich gewesen ist?
Grundsätzlich trägt der Hundehalter die Beweislast als derjenige, der Schadensersatz fordert, nach dem Grundsatz, dass immer der Anspruchsteller beweisen muss, was er begehrt. Grobe „Tierarzt-Schnitzer“ kehren allerdings die Beweislast um!

Dies hat der Bundesgerichtshof ganz aktuell festgestellt und damit veterinärärztlich begangene Behandlungsmängel den am Menschen begangenen Kunstfehlern in der Beweislastumkehr gleichgesetzt. Im zu entscheidenden Fall hatte eine Frau ihr Pferd bei einem Tierarzt wegen einer durch den Tritt eines anderen Pferdes erlittenen Beinverletzung zur Behandlung vorgestellt. Der Arzt verschloss die Wunde, nahm aber keine weiteren Untersuchungen vor. Einige Tage später wurde eine Fraktur des verletzten Beines diagnostiziert, die sich aus einer verletzungsbedingten Fissur entwickelt hatte. Die Operation der Fraktur gelang nicht, das Pferd wurde noch am selben Tag getötet. Das Gericht war hier der Auffassung, der Tierarzt habe einen groben Behandlungsfehler in Form eines Befunderhebungsfehlers begangen. Er hätte nämlich die Möglichkeit einer Fissur erkennen und weitere Untersuchungen vornehmen müssen, die die Fissur bestätigt hätten. Wer hier den Beweis zu führen hatte, hat der Bundesgerichtshof wie folgt entschieden: Der Arzt habe zu beweisen, dass der Schaden nicht durch seine Beteiligung entstanden sei bzw. auch ohne seine Beteiligung entstanden wäre. Dies entspreche den Grundsätzen des Arzthaftungsrechts in der Humanmedizin und müsse auch für Veterinärmediziner gelten (BGH, Az.: VI CR 247/15).

Im Bereich des Arzthaftungsrechts in der Humanmedizin wurde diese Beweislastumkehr durch § 630 h BGB mittlerweile kodifiziert:

§ 630 h BGB *Beweislast bei Haftung für Behandlungs- und Aufklärungsfehler*
(1) Ein Fehler des Behandelnden wird vermutet, wenn sich ein allgemeines Behandlungsrisiko verwirklicht hat, das für den Behandelnden voll beherrschbar war und das zur Verletzung des Lebens, des Körpers oder der Gesundheit des Patienten geführt hat.
(2) …
(3) …
(4)…
(5) Liegt ein grober Behandlungsfehler vor und ist dieser grundsätzlich geeignet, eine Verletzung des Lebens, des Körpers oder der Gesundheit der tatsächlich eingetretenen Art herbeizuführen, wird vermutet, dass der Behandlungsfehler für diese Verletzung ursächlich war. Dies gilt auch dann, wenn es der Behandelnde unterlassen hat, einen medizinisch gebotenen Befund rechtzeitig zu erheben oder zu sichern, soweit der Befund mit hinreichender Wahrscheinlichkeit ein Ergebnis erbracht hätte, das Anlass zu weiteren Maßnahmen gegeben hätte, und wenn das Unterlassen solcher Maßnahmen grob fehlerhaft gewesen wäre.

Dieses am 26. 02. 2013 in Kraft getretene Gesetz regelt zwar nicht auch die Tierbehandlung. Auf diese Konstellation hat die Rechtsprechung aber die Haftung ausgedehnt.
Nach Auffassung des BGH sind nämlich die in der *Humanmedizin entwickelten Rechtsgrundsätze* hinsichtlich der Beweislastumkehr bei groben Behandlungsfehlern, insbesondere auch bei Befunderhebungsfehlern, auch im Bereich der tierärztlichen Behandlung anzuwenden. Beide Tätigkeiten bezögen sich auf einen lebenden Organismus. Auch der grob fehlerhaft handelnde Tierarzt habe durch einen schwerwiegenden Verstoß gegen die anerkannten Regeln der tierärztlichen Kunst Aufklärungserschwernisse in das Geschehen hineingetragen und dadurch die Beweisnot auf Seiten des Geschädigten vertieft.
Der BGH bleibt hier also bei den ungeschriebenen und allgemein anerkannten Grundsätzen und wendet nicht, was durchaus in Betracht käme, ausdrücklich § 630 h BGB analog an. Es sind aber kaum Gründe ersichtlich, warum, wie die bisherige Rechtsprechung zur Beweislast in der Humanmedizin, nicht auch die nunmehr erfolgte explizite Kodifizierung in § 630 h BGB auf den Tierarzt ausgedehnt werden sollte. Die Unterschiede sind gering, die Beweislastschwierigkeiten identisch. Insofern wäre eine analoge Anwendung von § 630 h BGB auf den Tierarztvertrag angezeigt!
Hat der Hundehalter zu dem Schaden beim Hund beigetragen, weil er zuvor nicht auf bisherige Behandlungen, auf eine mögliche Allergie oder Überempfindlichkeit seines Vierbeiners hingewiesen hat, dann kann dieses Verhalten wegen Mitverschuldens zu einer Minderung des Schadensersatzanspruches führen. Ebenso ist es, wenn der Halter die ärztlichen Anordnungen nicht oder nicht korrekt befolgt oder er den Arzt nicht informiert hat über die Verschlechterung des Gesundheitszustandes oder sonstige Komplikationen. Denn auch hier trägt er ein Mitverschulden für die verzögerte, verschlechterte oder verhinderte Genesung des Tieres.

Ist der Tierarzt seiner gesetzlichen Pflicht zur *Dokumentation* der vorgenommenen Untersuchung, Diagnose und Medikation im Behandlungsblatt des Hundes nicht nachgekommen, muss er sich entlasten, z. B. durch den Nachweis, dass die Dosis des verabreichten Medikaments für den Hund richtig war und für die Verschlimmerung seines Zustandes oder gar seinen Tod nicht ursächlich gewesen sein kann.

Weitere Informationen zum Thema Tierärzte und Behandlungsfehler sind auf der Homepage der Bundestierärztekammer zu finden unter www.bundestieraerztekammer.de.

– Der Hund verletzt den Tierarzt

Nun kann es passieren, dass der Hund den Tierarzt während oder nach der Behandlung in Aufregung, Angst oder Stress beißt. Haftet dann der Halter, obwohl das Tier sich in der Obhut des Tierarztes befindet und der Halter kaum eine Möglichkeit hat, auf seinen Hund Einfluss zu nehmen?

- Ja, urteilte das Oberlandesgericht Celle: Allein der Umstand, dass man sein Tier zum Zweck der Behandlung in die Obhut einer anderen Person gebe, könne nicht dazu führen, dass die Haftung des Halters ausgeschlossen sei. Denn die Tierhalterhaftung bestehe als Gefährdungshaftung unabhängig von der Möglichkeit einer Einflussnahme. Allerdings könne die Haftung beschränkt werden, wenn der Geschädigte durch inadäquates Verhalten zu der Verletzung selbst beigetragen habe. Da Hunde während des Erwachens aus der Narkose mitunter außergewöhnlich und aggressiv reagierten, habe der Tierarzt hier besonders vorsichtig an den Hund herangehen müssen, was er jedoch nicht getan habe. Dementsprechend könne er nur einen Teil der geltend gemachten Schäden ersetzt verlangen (OLG Celle, Az.: 20 U 38/11).

- Auch das Oberlandesgericht Hamm hat bereits im Jahre 2002 in einer Schmerzensgeldklage eines Tierarztes gegen einen Hundehalter entschieden. Dieser hatte seine Bulldogge „Hasso" während der Behandlung festgehalten bis auf einen kurzen Moment, in dem er abgelenkt war. Das hatte für den Tierarzt fatale Folgen. Hasso biss nämlich plötzlich zu und verletzte den Arzt schwer im Gesicht. Dieser wollte Schmerzensgeld. Zu Recht, so die Richter: Ein Hundehalter müsse sein Tier so im Griff haben, dass Dritte nicht zu Schaden kämen. Für die Bissverletzung im Gesicht seien daher 15.000,- € an Schmerzensgeld zu zahlen (OLG Hamm, Az.: 6 U 14/02).

- Ebenso der Bundesgerichtshof: Wird ein Tierarzt beim Behandeln eines Tieres verletzt, haftet der Halter dafür (BGH, Az.: VI ZR 166/08).

Der Hund in der Hundeschule

Um seinen Hund ausbilden zu lassen, sollte man sich an eine Hundeschule wenden. Über die Erziehung des Hundes muss dann mit dem Hundetrainer ein Vertrag geschlossen werden, der den Gang der Ausbildung, deren Dauer und Zeiten bzw. Termine sowie die Kosten beinhaltet. Hierbei handelt es sich um einen Dienstvertrag gem. § 611 BGB. Der Inhaber der Hundeschule schuldet die reine Trainings- und Ausbildungsleistung, nicht einen konkreten Erfolg.
Auch bei diesem Vertrag ist Vorsicht geboten bei den Haftungsregelungen, die meist in den „*Allgemeinen Geschäftsbedingungen*" der Hundeschule aufgeführt und oftmals unwirksam sind, da zu weitgehend und zu umfassend.

Eine Hundeausbildungsschule darf ihr Honorar für die Ausbildung eines Hundes erst dann fordern, wenn die Ausbildungsstunde beendet ist. Eine Vorauszahlungspflicht, die oft in den „*Allgemeinen Geschäftsbedingungen*" enthalten ist, ist unwirksam, weil der Hundehalter hierdurch unangemessen benachteiligt wird.

Unwirksam ist auch die Vertragsklausel: „*Sagt der Hundehalter einen vereinbarten Termin nicht mindestens 24 Stunden vor Beginn der Ausbildungsstunde ab, gilt die Stunde als genommen; ein Anspruch auf Ersatztermin besteht nicht; die Stunde ist zu bezahlen.*"

Eine solche Klausel, so das Landgericht München, verpflichte im Extremfall den Hundehalter selbst dann zur Bezahlung der Ausbildungsstunde, wenn diese von beiden Parteien nicht durchgeführt werden könne. Es sei aber z. B. denkbar, dass der Hundeführer der Hundeschule mit dem Hund nicht zurechtkomme und deshalb die Ausbildungsstunde abgesagt werde. Hier dürften dann keine Ausbildungskosten verlangt werden, weil dies nicht im Verantwortungsbereich des Hundehalters liege (LG München, Az.: 7 O 15581/96).

Einen Hinweis darauf, wie eine Hundeschule oder ein Hundetrainer arbeitet, kann die entsprechende Homepage im Internet geben. Diese muss nicht hoch professionell aussehen, sollte aber Aufschluss darüber geben, welches Hundebild und welche Gesinnung der Ausbilder bei der Hundeerziehung vertritt, ferner, welche Ausbildungen, Kurse und Seminare er absolviert hat und über welche Erfahrungen er verfügt. Es gibt nämlich viele unterschiedliche Methoden der Hundeerziehung, sei es mit „Leckerli", mit Befehlen und Kommandos, körpersprachlich und nonverbal oder sogar mit Schlägen oder Elektroschocks. Außerdem ist zu bedenken, dass man im „Netz" viel erzählen kann, was mit der Realität nicht unbedingt übereinstimmen muss. Insofern wäre es vor einer vertraglichen Bindung wichtig, ein Beratungsgespräch zu führen und sich kostenlos eine Trainingsstunde anzusehen oder eine Probestunde mit dem eigenen Hund zu absolvieren. Der Stil des Trainings wird schnell erkennbar, ob ruhig und stressfrei oder hektisch, ob freundlich, aber bestimmt oder ob autoritär, ob der Trainer auf das jeweilige Mensch-Hund-Team individuell eingeht oder versucht, seine Lerninhalte strikt durchzuziehen. All dies auszuprobieren und zu wissen, ist von großer Bedeutung bei der Entscheidung, mit wem ein Vertrag zur Hundeerziehung geschlossen wird!

Der Einsatz von Elektroreizgeräten, die erhebliche Leiden oder Schmerzen verursachen können, sind zum Zwecke der Hundeausbildung gem. § 3 Nr. 11 des TierSchG verboten.

Die Klage auf eine Erlaubnis zur Durchführung von Hundeseminaren, in denen die Wirkung und der Einsatz solcher Elektroreizgeräte vorgeführt werden sollten, hatte vor dem Bundesverwaltungsgericht keine Chance! Elektroreizgeräte, die erhebliche Schmerzen oder Leiden verursachen könnten, seien bei der Hundeausbildung tierschutzrechtlich verboten. Auf die konkrete Verwendung dieser Geräte im Einzelfall komme es nicht an. Maßgeblich sei vielmehr, ob die Geräte von ihrer Bauart und Funktionsweise her geeignet seien, dem Tier nicht unerhebliche Schmerzen zuzufügen. Denn solche Geräte würden es ermöglichen, Hunde mittels eines Senders über Entfernungen bis zu mehreren hundert Metern durch einen im Halsband integrierten, mit Elektroden versehenen Sender Stromreizen unterschiedlicher Stärke und Länge auszusetzen. Der Absicht des Gesetzgebers entspreche es, bereits den Einsatz solcher potenziell gefährlichen Geräte generell zu verbieten (BVerwG, Az.: 3 B 14/05; so auch später VG Freiburg, Az.: 4 K 2339/05 und VG Augsburg, Az.: 5 K 10.404).

Der Hund im Arbeitsrecht

Auch im Arbeitsverhältnis kann es nun zu Konflikten kommen, ist ein Hund im Spiel!

Das Arbeitsrecht, ein Sondergebiet des Privatrechts, ist das für die Rechtsbeziehungen zwischen Arbeitgeber und Arbeitnehmer geltende Recht. Hierunter fällt die Arbeit auf Grund eines Arbeitsvertrages, durch den die Verpflichtung zur unselbständigen, fremdbestimmten, persönlich abhängigen Erbringung von Arbeitsleistungen gegen Entgelt entsteht.
Es gibt immer noch kein einheitliches Arbeitsgesetzbuch, sondern eine Vielzahl von Gesetzeswerken zum Individualarbeitsrecht, neben dem BGB u. a. das Entgeltfortzahlungsgesetz (EFZG), das Bundesurlaubsgesetz (BUrlG), das Kündigungsschutzgesetz (KSchG) oder das Pflegezeitgesetz (PflegeZG), aber auch das Sozialgesetzbuch VII (SGB VII) zur Haftung für einen Arbeits- oder Wegeunfall.
Die wichtigste Rechtsquelle des Arbeitsvertrages ist jedoch nach wie vor das BGB, dessen § 611 BGB die Arbeits- und Vergütungspflicht als die zwei Hauptelemente des Arbeitsvertrages kennzeichnet und in § 620 ff. BGB die Beendigung des Arbeitsverhältnisses regelt.

Arbeitsleistung und Arbeitsentgelt stehen in einem Gegenseitigkeitsverhältnis. Es gilt der Grundsatz: „Ohne Arbeit kein Lohn." Aber es bestehen Ausnahmen. So ist der Arbeitslohn weiterzuzahlen, wenn der Arbeitnehmer für einen nicht erheblichen Zeitraum aus persönlichen Gründen schuldlos an der Arbeitsleistung verhindert ist (§ 616 BGB), aus Krankheitsgründen nicht arbeiten kann (§ 3 EFZG) oder wegen Urlaubes von der Arbeitspflicht befreit ist (§ 11 BurlG).
Auch kann der an sich arbeitspflichtige Arbeitnehmer die Arbeit verweigern, wenn ihm die persönlich zu erbringende Leistung nicht zugemutet werden kann (§ 275 Abs. 3 BGB, sog. Pflichtenkollision).
Für arbeitsrechtliche Streitigkeiten gibt es eine besondere Gerichtsbarkeit, die Arbeitsgerichtsbarkeit. Sie besteht aus den Arbeitsgerichten, den Landesarbeitsgerichten und dem Bundesarbeitsgericht als höchste Instanz. Das Arbeitsgerichtsverfahren ist in einem speziellen Gesetz, dem Arbeitsgerichtsgesetz, kodifiziert. Die Arbeitsgerichte sind sämtlich mit „Profi"- und Laienrichtern besetzt.

Der Hund am Arbeitsplatz

Immer mehr Arbeitnehmer wollen einen Hund haben und müssen das Problem lösen, wo sie ihren Vierbeiner tagsüber lassen können. Insofern taucht häufig die Frage auf, ob sie ihn mit zu ihrem Arbeitsplatz nehmen dürfen, oder aber, ob der Arbeitgeber dies untersagen kann.

– Erlaubnis

Es wird jedem einleuchten, dass ein Arbeitnehmer seinen Arbeitgeber um Erlaubnis fragen muss, will er seinen Hund mit zur Arbeit nehmen. Denn durch den Hund am Arbeitsplatz könnten die Arbeitsleistung, die Arbeitskollegen oder die Kunden mittelbar oder unmittelbar negativ betroffen sein.

Grundsätzlich kann der Arbeitgeber über das Ordnungsverhalten im Betrieb, d. h. das betriebliche Zusammenwirken und Zusammenleben, im Rahmen seines Weisungsrechts entscheiden. Dieses Weisungsrecht kann er nun aber nicht willkürlich ausüben, sondern nur nach Abwägung der wesentlichen Umstände und bei angemessener Berücksichtigung der beiderseitigen Interessen:

Auf der einen Seite wird ein gut erzogener, freundlicher Hund oftmals zu einem sympathischen Firmenbild und zu einer Art Gemeinschaftsgefühl der Belegschaft beitragen können. Andererseits kann der Arbeitsablauf auch ungünstig beeinflusst werden und das Tier ein nicht unerhebliches Konfliktpotential zwischen Kollegen oder auch mit Kunden darstellen.

Das Risiko einzugehen und dem Arbeitnehmer die Erlaubnis zu erteilen oder aber dieses Risiko zu scheuen und Tiere am Arbeitsplatz generell zu verbieten, muss der Arbeitgeber gut überlegen und abwägen. Insbesondere wird er zu berücksichtigen haben, ob nach seiner Kenntnis potenzielle Kontaktpersonen im Betrieb etwa an einer Tierhaarallergie leiden, ob sie Angst vor Hunden haben, ob sie sich durch die Anwesenheit eines Hundes im Büro in ihrer Konzentrationsfähigkeit gestört fühlen, ob das Tier unangenehme Gerüche verbreitet oder durch Gebelle und Gejaule nervt.

– Betriebliche Übung

Anders kann die Lage sein, wenn die Mitnahme des Hundes zwar nicht ausdrücklich erlaubt, aber bereits über Jahre geduldet wurde. Dann wird der Arbeitnehmer seinen Hund auch zukünftig zur Arbeit mitnehmen dürfen.
Hat der Arbeitgeber es nämlich über Jahre hinweg ausdrücklich geduldet oder zumindest hingenommen, dass Herrchen oder Frauchen mit Hund zur Arbeit kommt, so wird man einen entsprechenden Anspruch auf unveränderte Handhabung aus einem stillschweigend zustande gekommenen Vertrag, zumindest aber aus sog. *betrieblicher Übung* anerkennen müssen.

– Widerruf der Erlaubnis bzw. der betrieblichen Übung

Gelten die erteilte Erlaubnis, die Duldung oder die betriebliche Übung für alle Zukunft? – Die Erlaubnis zu widerrufen oder die betriebliche Übung aufzuheben, ist möglich und primär davon abhängig, ob der Arbeitgeber sich einen Widerruf vorbehalten hat. Er kann die Zusage aber auch dann widerrufen, wenn sie, für den Arbeitnehmer erkennbar, von vornherein unter dem Vorbehalt gestanden hat, dass der Inhalt der Zusage oder die geduldete Übung nur so lange gilt, wie von dem Hund keine Gefahr ausgeht, der Hund von den Mitarbeitern nicht als Gefahr angesehen wird oder der Hund die Arbeitsabläufe nicht durch Herumtollen, Knurren, Bellen oder Jaulen stört.

– Gleichbehandlungsgrundsatz

Duldet der Arbeitgeber das Mitbringen von Hunden bei einem oder einigen Arbeitnehmern und gibt es keine sachlichen Kriterien für eine solche Differenzierung, kann sich der abschlägig beschiedene Arbeitnehmer auf den arbeitsrechtlichen Gleichbehandlungsgrundsatz (Art. 3 GG) berufen. So, wenn es Mitarbeitern einer Abteilung gestattet ist und denen einer anderen Abteilung nicht, ohne dass sachliche Gründe die Ungleichbehandlung rechtfertigten. Solche sachlichen Gründe können z. B. im Kundenkontakt bei der einen im Gegensatz zu der anderen Abteilung liegen oder in einer Hundehaarallergie eines mit dem Hund in Berührung kommenden oder im gleichen Raum arbeitenden Arbeitskollegen.

Mit dem gesamten Komplex hat sich das Landesarbeitsgericht Düsseldorf eingehend befassen müssen. Hier ging es um den Hund „Kaya“, dem der Arbeitgeber Hausverbot erteilt hatte, weil Mitarbeiter Probleme und Ängste geäußert hatten wegen dessen Knurrerei. Die gegen diese Maßnahme erhobene Klage seines Herrchens wies das Arbeitsgericht ab (Az.: 8 Ca 7888/12). Auch die Berufung blieb erfolglos. Hier ging es nicht nur um die Frage, ob der Arbeitgeber einem Arbeitnehmer untersagen kann, den eigenen Hund zum Arbeitsplatz mitzubringen, sondern auch um ein Verbot, nachdem das Mitbringen lange Zeit gestattet war und obwohl es anderen Kollegen weiterhin erlaubt war.

Hierzu hat das Landesarbeitsgericht zunächst ausgeführt, dass ein Verbot in Betracht komme, wenn der konkrete Hund die betrieblichen Abläufe störe, z. B. dadurch, dass Mitarbeiter Angst vor ihm hätten. Auf die objektive Gefährlichkeit komme es nicht an. Bereits die arbeitgeberseitige Fürsorgepflicht gebiete, den Mitarbeitern, die sich vor dem Hund fürchteten, einen angstfreien Arbeitsplatz zur Verfügung zu stellen. Das Hausverbot für den Hund sei sachgerecht, angemessen und insbesondere auch verhältnismäßig. Denn mildere Mittel hätten nicht zur Verfügung gestanden. Jedenfalls seien sie dem Arbeitgeber nicht zumutbar gewesen. Insbesondere die Errichtung eines Zwingers in seinen Büroräumlichkeiten brauche kein Arbeitgeber zu dulden, nur um einem Mitarbeiter die Mitnahme seines Hundes zu ermöglichen.

Zur Verletzung des arbeitsrechtlichen Gleichbehandlungsgrundsatzes hat das Gericht ausgeführt, dass der Arbeitgeber einen Arbeitnehmer von einer generell gewährten freiwilligen Leistung nur ausnehmen könne, wenn dies sachlichen Kriterien entspreche. Eine sachliche Differenzierung ergebe sich hier aber gerade daraus, dass dieser Hund von Mitarbeitern als Bedrohung empfunden werde, die übrigen Hunde aber nicht. Es gehe also um unterschiedliche Sachverhalte!
Das Weisungsrecht war nach Auffassung des Gerichts auch nicht wegen einer etwa dauerhaften Zusage verwirkt: Es sei nämlich gerade Inhalt der Zusage, dass von dem Hund keine Gefahr ausgehe bzw. dieser von den Mitarbeitern nicht als Gefahr empfunden werde. Insoweit stehe die Zusage unter dem Vorbehalt des Widerrufs, wenn sich die Zusagevoraussetzungen grundsätzlich geändert hätten. Das Gleiche gelte für eine zu Gunsten des Arbeitnehmers entstandene betriebliche Übung, die ebenfalls unter einem Widerrufsvorbehalt stehe (LAG Düsseldorf, Az.: 19 Sa 1207/13).

Erkrankung des Hundes und Arbeitspflicht

Man stelle sich folgendes Szenario vor: Herrchen findet seine kleine „Minnie" am frühen Morgen plötzlich nicht voller Begrüßungsfreude schwanzwedelnd vor, sondern matt und apathisch. In einer Stunde ist Arbeitsbeginn in seiner Firma. Was tun?

Die Frage ist, welche Möglichkeiten man als Arbeitnehmer hat, wenn sein Hund akut erkrankt oder sich verletzt, unbedingt vom Tierarzt untersucht und behandelt werden muss und eine sofortige Betreuungskraft nicht gefunden werden kann. Darf er der Arbeit fernbleiben, um die Dinge zu regeln, also den Hund entsprechend seinem Zustand anderweitig unterzubringen, zu pflegen oder vom Tierarzt behandeln zu lassen? Oder muss er hierfür Urlaub nehmen bzw. kann er sich bei Ablehnung entscheiden, der Arbeit fernzubleiben und dem Arbeitgeber dies unter Angabe des Grundes mitteilen? Alles Fragen, die einen Hundehalter bedrängen in einer so prekären Lage.

In einer solchen Situation wäre es zunächst ratsam, unter Hinweis auf die akute Ausnahmesituation telefonisch Urlaub zu beantragen, bezahlten Urlaub, ggf. auch unbezahlten. Wird dies aus betrieblichen Gründen abgelehnt, dann bleibt nur die Möglichkeit, eigenmächtig der Arbeit kurzfristig fernzubleiben und dem Arbeitgeber dies unter Schilderung der Notlage mitzuteilen. Kann man das oder drohen in einem solchen Fall juristische Konsequenzen?

Für die akute Pflegebedürftigkeit von *nahen Angehörigen*, wie Großmüttern, Enkeln, Ehegatten, Kindern ist dieses Problem gesetzlich geregelt. Der Arbeitnehmer hat nach § 2 des Pflegezeitgesetzes einen Anspruch auf Arbeitsbefreiung. Eine entsprechende Anwendung dieser gesetzlichen Regelung auf die Pflege und Sorge für den akut erkrankten Hund scheidet aber bereits deshalb aus, weil das Gesetz *nur* von im Einzelnen aufgelisteten nahen Angehörigen spricht und diese zudem als „Personen" bezeichnet. Und Ausnahmegesetze sind grundsätzlich nicht analog anwendbar! Mag der Hund auch ein Familienhund sein und die Bindung zu ihm so eng wie zu einem nahestehenden Angehörigen, so wäre eine Analogie doch hier gegen das Gesetz. Abgesehen davon scheint es gewagt, die Pflege des kranken Tieres mit der Pflege z. B. eines Kindes zu vergleichen.

Fazit: Zwar gibt es heutzutage einen grundgesetzlichen Schutz für Tiere gem. Art. 20 a GG, aber es gibt eben kein Tierpflegezeitgesetz! Aber vielleicht einen anderen Ausweg?

Die Arbeitsverweigerung kann in einem solchen Fall nämlich ausnahmsweise doch zulässig sein, weil dem Arbeitnehmer die Arbeitsleistung unzumutbar ist i. S. d. § 275 Abs. 3 BGB:

> § 275 BGB Ausschluss der Leistungspflicht
> Der Schuldner kann die Leistung ferner verweigern, wenn er die Leistung persönlich zu erbringen hat und sie ihm unter Abwägung des seiner Leistung entgegenstehenden Hindernisses mit dem Leistungsinteresse des Gläubigers nicht zugemutet werden kann.
> …

Den Arbeitnehmer müssten danach konkurrierende Pflichten treffen, die gegenüber der vertraglich übernommenen Arbeitspflicht vorrangig sind. Erforderlich ist, dass

- die Arbeitsverhinderung unvermeidbar ist, d. h., der Arbeitnehmer muss sich nach Kräften um die Vermeidung oder Verhinderung eines Arbeitsausfalls bemüht haben und
- das Hindernis in den persönlichen Verhältnissen des Arbeitnehmers begründet liegt (subjektives Leistungshindernis).

Anerkannt sind hierzu neben familiären Ereignissen wie Hochzeit, Geburt, Pflege, Tod naher Angehöriger u. a. auch *Gewissenskonflikte*.

Bei akuter Erkrankung des Hundes, für den ad hoc niemand zu finden ist, um den Tierarzt zu konsultieren, ihn zu versorgen und ihn zu pflegen, kollidiert beim Arbeitnehmer als Hundehalter die Arbeitspflicht mit tierschutzgesetzlichen Verpflichtungen, abgesehen von fürsorgerischen Elementen, moralischen Pflichten und emotionalen Bedrängnissen. Erkrankt das Tier schwer und wird dennoch dem Tierarzt nicht zur Untersuchung vorgestellt, kann sogar eine Strafbarkeit wegen Tierquälerei nach §§ 1, 3 TierSchG drohen (so AG Bensheim, Az.: 4 Js 19588/00, 5 Cs VIII). In solcher Notlage sollte der Arbeitnehmer sich zugunsten seines kranken oder verletzten Hundes entscheiden und sich vom Arbeitsplatz fernhalten dürfen.

Zu diesem Konflikt gibt es aus jüngster Zeit eine Entscheidung des Landesarbeitsgerichts Nürnberg.

Dort ging es um einen Angestellten, dem in der Probezeit gekündigt worden war, nachdem er trotz Ablehnung seines Urlaubsantrages wegen Versorgung seines erkrankten Hundes nicht zur Arbeit erschienen war. Hier war die Frage, ob diese Kündigung gegen das in § 612 a BGB festgelegte *Maßregelungsverbot* verstößt, wonach der Arbeitgeber einen Arbeitnehmer nicht allein deshalb mit einer Maßnahme – hier einer Kündigung – benachteiligen darf, weil der Arbeitnehmer zulässigerweise seine Rechte ausübt. Hierzu heißt es im Leitsatz des Gerichts zu seiner Entscheidung:

„Selbst unterstellt, ein Arbeitnehmer habe bei schwerer Erkrankung seines Haustiers und fehlender anderen Versorgungsmöglichkeiten sowie zwingender Versorgungsnotwendigkeit während der Arbeitszeit ein Leistungsverweigerungsrecht gem. § 275 Abs. 3 BGB, wäre eine Kündigung wegen der Leistungsverweigerung nicht gem. § 612 a BGB nichtig, wenn der Arbeitnehmer die das Leistungsverweigerungsrecht begründenden Umstände nicht zuvor ausdrücklich mitgeteilt hat" (LAG Nürnberg, Az.: 5 Sa 59/16).

Das bedeutet: Grundsätzlich hält das Gericht ein Leistungsverweigerungsrecht in einem solchen Konfliktfall nicht für ausgeschlossen. Nur wird vom Arbeitnehmer verlangt, dass er seinem Arbeitgeber nicht lediglich mitteilt, sein Hund sei erkrankt und bedürfe ärztlicher Behandlung, sondern darüber hinaus, dass eine anderweitige Versorgung des Tieres, wie z. B. durch seine Lebensgefährtin, nicht möglich sei. Außerdem muss er seinen Arbeitgeber darüber informieren, dass und warum die medizinische Versorgung des Tieres zwingend innerhalb der Arbeitszeit erfolgen muss. Nur die Mitteilung, sein Hund sei erkrankt und benötige daher eine tierärztlichen Behandlung, reicht nicht aus, um zulässigerweise das Recht auf Arbeitsverweigerung ausüben zu können.

Man muss nun weiter abwarten, wie sich die Arbeitsgerichte zu diesem Problem des Leistungsverweigerungsrechts bei akuter Erkrankung des eigenen Hundes zukünftig stellen werden. Aber um § 275 Abs. 3 BGB kommt kein Gericht herum!

Arbeitsunfähigkeit durch Hundebiss

Greift ein Hundebesitzer in eine Hunderauferei ein, um seinen eigenen Hund aus einer Notlage zu befreien, und erleidet er hierbei Bissverletzungen, so ist problematisch, ob er gegen seinen Arbeitgeber einen Anspruch auf Entgeltfortzahlung im Krankheitsfall hat.

§ 3 EFZG Anspruch auf Entgeltfortzahlung im Krankheitsfall
Wird ein Arbeitnehmer durch Arbeitsunfähigkeit infolge Krankheit an seiner Arbeitsleistung verhindert, ohne dass ihn ein Verschulden trifft, so hat er Anspruch auf Entgeltfortzahlung im Krankheitsfall durch den Arbeitgeber für die Zeit der Arbeitsunfähigkeit bis zur Dauer von sechs Wochen.
(2) …

Hier ist nun die Frage, ob der Hundebesitzer bei einer Verletzung durch ein Eingreifen in eine Hunderauferei seine Arbeitsunfähigkeit *schuldhaft* i. S. von § 3 EFZG herbeigeführt hat.

Dazu hat das Arbeitsgericht Freiburg entschieden, dass ein Arbeitnehmer eine Arbeitsunfähigkeit nicht schuldhaft i. S. v. § 3 EFZG herbeiführe, wenn er als Hundebesitzer in eine Hunderauferei eingreife, um seinen Hund aus einer Notlage zu befreien, und hierbei Bisswunden erleide, die zur Arbeitsunfähigkeit führten.
Hier war der Berner Sennenhund-Mischling eines Arbeitnehmers von einer freilaufenden Dogge angegriffen worden. Diese verbiss sich in den Mischling und hielt ihn dann hängend im Maul. In dieser Situation griff das Mischlings-Herrchen ein und befreite ihn. Da biss die Dogge Herrchen in die Hand und verletzte ihn so, dass er einen Monat arbeitsunfähig war. Sein Arbeitgeber wollte keine Entgeltfortzahlung leisten, da die Arbeitsunfähigkeit von ihm selbst verschuldet worden sei. Anders das Gericht: Der klagende Arbeitnehmer habe sich in einer unverschuldeten Notlage befunden. Greife er in die Rauferei ein, riskiere er, selbst gebissen zu werden. Greife er nicht ein, müsste er weitere Verletzungen seines Hundes und damit seines Sacheigentums (§ 90 a BGB) sehenden Auges hinnehmen (ArbG Freiburg, Az.: 2 Ca 215/09).

Arbeitsunfall durch einen Hund

Ja, auch so etwas passiert:
Rennt der eigene Hund den Arbeitnehmer auf dem Weg zur Arbeit um, so gilt dies nach einer Entscheidung des Landessozialgerichts Sachsen-Anhalt als Arbeitsunfall gem. § 8 Abs. 1, 2 Ziff. 1 SGB VII.
Es ging hier um einen Versicherungsvertreter, der am Unfalltag morgens das Haus verlassen hatte, um in sein Büro zu fahren. Auf dem Weg zu seinem Pkw auf der Straße kam sein eigener Hund schwanzwedelnd angerannt, stieß in vollem Lauf an sein Knie und brachte ihn zu Fall mit der Folge einer Quetschung des oberen Sprunggelenks. Die Krankenkasse lehnte Entschädigungsleistungen ab, da er den Hund zum Abschied herbei gepfiffen habe und für dieses seinem persönlichen Bereich zuzurechnende Verhalten ein Versicherungsschutz nicht gegeben sei. Entgegen der Vorinstanz war das Landessozialgericht überzeugt, dass der Mann auf dem Weg zur Arbeit war

und er diesen Weg auch nicht mit den Rufen und dem Verabschieden des Hundes beendet, sondern nur unerheblich und nur geringfügig unterbrochen habe. Wenn der Versicherte seinen Weg zur Arbeit ganz nebenher oder im Vorübergehen mit einer privaten Verrichtung nur wenige Sekunden unterbreche, stehe nach wie vor das aktuelle Zurücklegen des versicherten Weges zum Arbeitsort im Vordergrund und der Versicherungsschutz bleibe aufrechterhalten (LSG Sachsen-Anhalt, Az.: L 6 U 12/12).

Der Hund auf Reisen

Wenn der Hundebesitzer verreisen will, muss er eine weitreichende Entscheidung treffen, nämlich die, ob er die Reise mit dem Hund oder ohne ihn stattfinden lassen soll.

Die Hundepension

Soll der Vierbeiner nicht mit auf die Reise, dann muss er eine eigene Reise antreten, nämlich zu einer Pflegestelle oder einer Hundepension, wo er für die Zeit des Urlaubes aufgenommen wird, falls er nicht zuhause weiter versorgt werden kann.

Auch hier ist in einem Betreuungsvertrag (Dienstvertrag) vertraglich zu regeln,
- wie lange der Hund Gast sein wird,
- ob und welche Kosten hierfür verlangt werden,
- ob Futter gestellt wird oder mitgebracht werden muss und
- was im Krankheitsfall oder bei einem Unfall geschehen soll.

Läuft alles normal ab, kann man davon ausgehen, dass man seinen Hund nach der Urlaubszeit wieder gesund und munter abholen und nach Hause mitnehmen kann. Aber nicht immer ist das so komplikationslos, wie folgendes Beispiel zeigt:

Die Halterin eines Rüden hatte diesen zur vorübergehenden Pflege abgegeben. Als sie den Hund zurücknehmen wollte, wurde ihr das verweigert. Erst müssten die entstandenen Kosten für Futter, Tierarzt und Medikamente erstattet werden! Da sie der Meinung war, ein Zurückbehaltungsrecht gebe es bei Tieren nicht, weigerte sie sich mit dem Argument, dass der Hund, werde er nicht sofort wieder an sie zurückgegeben, traumatisiert und bleibende Schäden zurückbehalten werde.
Es kam zum Rechtsstreit. Das Amtsgericht München entschied: Rückgabe des Hundes erst gegen Zahlung der Aufwendungskosten ist rechtens! Die Berufung blieb erfolglos. Das Landgericht München hielt ein Zurückbehaltungsrecht auch an einem Tier grundsätzlich für möglich. Da keine Beeinträchtigung des Hundes offensichtlich gewesen sei und die Hundeeigentümerin ihren Hund zur fürsorglichen Betreuung überlassen habe, habe das Gericht eine Beeinträchtigung des Hundes allein aus dem

Grund „Heimweh“ nicht erkennen können. Das Zurückbehaltungsrecht der Betreuerin kollidiere auch nicht mit dem Tierschutzgesetz (LG München I, Az.: 31 S 1391/07).

Durch den Betreuungsvertrag mit einer Tierpension übernimmt deren Inhaberin nicht etwa das Risiko einer Verletzung durch den Hund.

Wie der Bundesgerichtshof entschieden hat, haftet der Hundehalter für den Schaden, der dadurch entsteht, dass die Inhaberin einer Hundepension von einem betreuten Hund gebissen wird. Die gesetzliche Tierhalterhaftung gilt also auch dann, wenn jemand gegen Bezahlung die mehrtägige Betreuung des Tieres übernimmt!
Im dortigen Fall hatte ein Hundehalter seine Boarder-Collie-Mischlingshündin für zehn Tage in einer Tierpension abgegeben. Beim Ableinen nach dem Gassi-Gehen biss die Hündin die Betreiberin der Pension in Ober- und Unterlippe, worauf sie den Hundehalter auf Schadensersatz verklagte. Mit Erfolg! Das Gericht hielt die Argumente der Gegenseite, sie habe gewerblich und in eigenem Interesse die Obhut übernommen und der Eigentümer habe keine Einwirkungsmöglichkeit auf das Tier gehabt, nicht für tragend. Die gesetzliche Tierhalterhaftung setze nicht voraus, dass der Tierhalter eine Einwirkungsmöglichkeit habe, sondern sie sei als eine Gefährdungshaftung vom Verschulden unabhängig. Sie gelte auch dann, wenn jemand gegen Bezahlung die Aufsicht über ein fremdes Tier übernehme (BGH, Az.: VI ZR 372/13).

Reise in Deutschland

Will man seinen Hund mit auf die Reise nehmen, dann sollte man sich vor dem Antritt einer Reise innerhalb Deutschlands über die jeweils eigenen Regelungen im avisierten Bundesland zur Maulkorb- und/oder Leinenpflicht, Haftpflichtversicherung oder Kennzeichnung des Tieres durch einen Mikrochip oder eine Tätowierung erkundigen.

Generell ist die Registrierung eines Hundes in der seit Oktober 2004 geltenden EU-Heimtierverordnung nicht als Pflicht vorgesehen. Aber jedes Bundesland in der BRD hat eigene Richtlinien zur Kennzeichnung von Hunden, wobei sich die Art der Kennzeichnung von Bundesland zu Bundesland unterscheidet. In einigen Bundesländern, wie Niedersachsen, gilt eine generelle Chippflicht. In anderen Bundesländern werden Mikrochips für die von den Behörden als gefährlich eingestuften Rassen zur Identifikation gefordert, wie in Nordrhein-Westfalen oder Mecklenburg-Vorpommern, oder dann, wenn ein Hund ein gewisses Alter oder eine gewisse Größe überschritten hat. In wieder anderen Bundesländern, wie in Bayern, ist die unveränderliche Kennzeichnung des Hundes durch eine deutlich lesbare Tätowierung Pflicht.

Reise ins Ausland

Vor Antritt einer Reise mit dem Hund ins Ausland müssen unbedingt die Einfuhrbestimmungen für Tiere des jeweiligen Ziellandes beachtet werden. Man sollte sich genau informieren, ob für das Reiseziel im Ausland besondere Bestimmungen gelten, wie ein generelles Hundeverbot oder ein Einreiseverbot für bestimmte Rassen, z. B. für sog. Kampfhunde. Wissen sollte man auch, ob eine Maulkorb- oder Anleinpflicht im Urlaubsland besteht, ob Hunde an den Strand mitgenommen werden können, ob sie kostenlos oder gegen Gebühr oder gar nicht in öffentlichen Verkehrsmitteln mitfahren dürfen und ob eine Haftpflichtversicherung Pflicht ist. All dies ist nicht selbstverständlich und oftmals sogar anders geregelt als im Heimatland!

Weiter sind Informationen zu gesundheitlichen Auflagen wichtig. So über das Erfordernis bestimmter Schutzimpfungen, eines aktuellen Gesundheitszeugnisses, eines internationalen Impfausweises (aktuelle Tollwutimpfung!) oder, gem. der Heimtier-Verordnung der EU, eines „EU-Heimtierausweises" mit registriertem Mikrochip bei Reisen in einen EU-Mitgliedsstaat. Diese Verordnung bezweckt, die Einreisebestimmungen zwischen den EU-Mitgliedsstaaten zu vereinfachen und zudem mehr Schutz zu gewährleisten vor Einschleppung und Verbreitung der für Mensch und Tier lebensgefährlichen Tollwutkrankheit.
Anders als früher reicht nach der EU-Verordnung eine Tätowierung zur Kennzeichnung nicht mehr aus, sondern der Hund muss mit einem sog. Mikrochip unveränderlich gekennzeichnet sein. Dieser Mikrochip ist eine winzige Glaskapsel, die der Tierarzt dem Hund unter die Haut injiziert, meist auf der linken Seite des Halses unter das Fell. Auf dem Chip ist ein einmaliger Zahlencode registriert, der mit Hilfe eines speziellen Gerätes ablesbar ist. Solche Lesegeräte haben Tierheime, Tierkliniken und Tierärzte, aber ebenso der Zoll und größere Polizeistellen. Bei der Registrierung müssen Name, Geschlecht, Rasse, Geburtsdatum, Fellfarbe und Herkunftsland des Hundes eingegeben werden sowie Name und Adresse des Tierhalters, des Tierarztes und des Züchters. Zur Bestätigung wird dem Halter eine Mikrochipnummer zugeteilt, die in den für Reisen in der EU zwingenden und mitzuführenden „EU-Heimtierausweis" eingeklebt werden muss. Der Chip ist bei Reisen ins EU-Ausland also immer Pflicht!
Reisen in Nicht-EU-Länder, sog. Drittländer, sind nicht durch die EU-Bestimmungen geregelt. Maßgeblich sind hier die Vorschriften des jeweiligen Landes, die man über die Botschaften der Länder erfahren kann.

Übrigens: Ist der Mikrochip registriert, so kann er auch – egal wo – dazu dienen, den Hundehalter aufzufinden, falls der Hund verlorengegangen oder entlaufen sein sollte. Der Chip stellt daher auch eine ganz wichtige Vorsichtsmaßnahme dar, um seinen Hund wiederzubekommen!

Der Transport des Hundes

Bei Reisen mit Hunden ist es unerlässlich, sich darüber zu informieren, wie der Hund transportiert werden muss.

Auto

Im Auto sind ein Hunde-Sicherheitsgurt, ein Trenngitter oder eine Hunde-Transportbox erforderlich, wie im Verwaltungsrechtsteil bereits ausgeführt.

Eisenbahn

In der Bahn können kleine Hunde in einer Transportbox mitgenommen werden. Große Hunde unterliegen am Bahnhof und in der Bahn einer Leinen- und Maulkorbpflicht und müssen „bezahlen".

Flugzeug

Im Flugzeug können, je nach Fluggesellschaft und Fluglinie unterschiedlich, meist kleine Hunde bis zu 5 kg in die Kabine mitkommen, während Hunde von 5–8 kg nur in einer Transportbox im Passagierraum und Hunde über 8 kg in einer Box im Gepäckraum mitreisen dürfen. Die Kosten belaufen sich auf etwa 50,- € bis 100,- €.

Taxi

Beim Transport im Taxi kann es ebenfalls Probleme geben.
Ein Taxifahrer hat eine Beförderungspflicht. Dies gilt nicht nur für den Fahrgast, sondern auch für dessen Sachen. Wie sieht es dann mit Tieren, insbesondere Hunden, aus? Hat der Taxifahrer auch hier eine Beförderungspflicht? Und kann er einen höheren Fahrpreis verlangen?
Da Hunde, wie wir bereits wissen, rechtlich wie Sachen behandelt werden, muss ein Taxifahrer auch sie befördern.

Lehnt der Taxifahrer einen Transport ab, kann er zu einem Bußgeld von bis zu 300,- € herangezogen werden (AG Hamburg, Az.: 234 OWi 162/13).

Hunde und Kleintiere müssen unentgeltlich befördert werden, soweit die örtlichen Taxitarifverordnungen keine gesonderten Zuschlagsregelungen für Gepäckstücke und Tiere enthalten. Deutschlandweit gibt es verschiedene Taxitarife, die in den jeweiligen Städten und Gemeinden in der Taxitarifordnung geregelt sind. Einige dieser Tarife sehen einen Zuschlag für Gepäckstücke vor, so dass dieser Zuschlag auch für Hunde gilt.
Tiere dürfen nicht auf den Sitzplätzen des Taxis untergebracht werden. Aber kleine Hunde können es sich im Fußraum bequem machen. Größere Hunde dürfen, sofern es sich bei dem Wagen um einen Kombi oder ein Großraumtaxi handelt, im Kofferraum liegen. Ein

Hund auf der Ladefläche eines Kombis kann jedoch ein hohes Risiko darstellen, wenn die Ladefläche zum Fahrgastraum hin nicht mit einem Netz gesichert ist. Bei einem Unfall könnte sich der Hund geschossartig durch den Fahrgastraum bewegen und Personen erheblich verletzen.

Kfz-Versicherer stellen in solchen Fällen regelmäßig auf eine Mitschuld des Taxifahrers ab, da er das Tier nicht ordnungsgemäß gesichert hat (AG Hamburg, Az.: 234 OWi 163/13).

Hat das Taxi ein Stufenheck, bei dem der Innenraum vom Kofferraum getrennt ist, darf der Hund aus Gründen des Tierschutzes dort nicht transportiert werden (OLG Düsseldorf, Az.: IV 5 Ss (OWi) 221/03 – (OWi) 6/04 I).

Also: Hunde-Sicherheitsgurt, Trenngitter oder Hundetransportbox!

Darf der Taxifahrer den Hundetransport verweigern?

Die Mitnahme ablehnen darf ein Taxifahrer, weil er z. B. gegen das Tier allergisch ist oder ganz einfach Angst vor ihm hat. Denn dies könnte sich schnell negativ auf seine Konzentration und damit auf die Sicherheit aller Beteiligten auswirken.

Auch hierzu gab es Rechtsstreitigkeiten. In den konkreten Fällen handelte es sich um einen Schäferhund (OLG Hamm, Az.: 3 Ss (OWi) 61/92) und einen Dobermann (OLG Düsseldorf, Az. IV – 5 Ss (OWi) 221/03 – (OWi) 6/04 I), vor denen sich die Taxifahrer fürchteten und die sie daher nicht transportieren wollten und auch nicht müssten.

In Fällen, in denen sich ein Fahrer rechtmäßig weigert, ein Tier zu befördern, muss er allerdings in der Zentrale einen anderen, passenden Wagen anfordern mit einem „angstfreien“ Fahrer.

Bei einem kleinen Hund muss der Besitzer streng darauf achten, dass er sich nicht selbstständig durch das Taxi bewegen kann. In diesem Fall würde er eine Betriebsgefahr darstellen.
Auch muss der Hundehalter sicherstellen, dass sein Hund nicht mit schmutzigen Pfoten einsteigt. Anderenfalls muss er damit rechnen, wegen Schadensersatz zur Kasse gebeten zu werden, wenn sein Hund das Taxi übermäßig verdreckt.

Wer meint, wegen seines Hundes zu Unrecht nicht im Taxi befördert worden zu sein, sollte sich Datum, Uhrzeit sowie Nummernschild oder Konzessionsnummer des Taxis notieren und eine Beschwerde beim örtlichen Straßenverkehrsamt einreichen. Entscheidet dies, dass der Fahrer gegen seine Beförderungspflicht verstoßen hat, muss dieser mit einer Geldbuße rechnen!

Zum Schluss ein Tipp:
Bei den Tierheimen oder beim Deutschen Tierschutzbund kann man eine ausführliche Broschüre „Tier und Urlaub" mit vielen nützlichen Tipps zum Verreisen mit Tieren erhalten. Darüber hinaus wendet man sich wegen aktueller Regelungen am besten an einen Tierarzt, an das Veterinäramt, den ADAC oder an das Konsulat des Ziellandes. Weitere Informationen erhält man auch von der Tierorganisation „Tasso" unter www.tasso.net/sommer-mit-tieren sowie vom Bundesministerium für Ernährung, Landwirtschaft und Forsten (BMELF) unter www.bmelv.de bei „Reisen mit Heimtieren".

Ja, und so etwas gibt es auch:

Die Halterin eines Zwergpudels hatte gegen Aufpreis den Hund mit in das Urlaubshotel nehmen dürfen. Nun wollte sie den Reisepreis mindern, weil der Hund während der Mahlzeiten nicht mit in den Speisesaal durfte und das Hotel kein Hundefutter stellte. Das Landgericht Frankfurt hat die Klage abgewiesen, da das Tierfutter nicht mit im Aufpreis enthalten gewesen sei. Dieser Aufpreis stelle lediglich einen Ausgleich für erhöhte Dienstleistungen des Hotelpersonals dar. Auch das Verbot, den Pudel während der Mahlzeiten in den Speisesaal mitzunehmen und sich etwa am Buffet zu laben, stelle keinen Grund zur Minderung des Reisepreises dar. Es sei nicht zugesichert worden, dass der Hund dorthin mitgenommen werden dürfe, aber selbst wenn, liege lediglich eine Unannehmlichkeit vor, die nicht zur Minderung führen könne (LG Frankfurt/Main, Az.: 2/24 S 59/99).

Der Hund als „Mitbringsel"

Wer auf die Idee kommen sollte, einen Hund aus dem Urlaubsland nach Deutschland mitzubringen, weil er klein und einsam neben einer Mülltonne ausgesetzt war, kann nicht so ohne weiteres mit ihm nach Hause reisen. Um sich über die Einfuhr zu informieren, sollte man sich an einen Tierarzt im Urlaubsort wenden, der über die Regeln zur Einfuhr nach Deutschland beraten und die notwendigen Impfungen vornehmen kann. In der Regel sind eine Kennzeichnung des Hundes, eine gültige Tollwutimpfung und meist auch ein Bluttest nötig.

Die Haftung für Hunde

Verursacht ein Hund einen Personen- oder Sachschaden, so stellt sich die bange Frage: Wer haftet für diesen Schaden und in welchem Umfang?
Zunächst gilt, dass jeder die notwendigen Vorkehrungen zum Schutz anderer vor einer möglichen Gefährdung treffen muss. Ganz gleich, ob man Hundehalter, Hundeführer oder Hundehüter ist, besteht eine Aufsichtspflicht. Da Tiere aber unberechenbar sind, bleibt immer ein gewisses Gefahrenrisiko. Deshalb ist es für jeden, der einen Hund hält, extrem wichtig, darauf zu achten, dass durch ihn kein anderer zu Schaden kommt und alles getan wird, um das Gefährdungspotenzial für andere zu minimieren oder ganz auszuschließen. Dieser Verantwortung muss man sich immer bewusst sein und in jeder Situation unter allen Umständen größtmögliche Aufmerksamkeit und Achtsamkeit walten lassen!

Die Verschuldenshaftung

Zum Schutz des einzelnen Menschen gegen widerrechtliche Eingriffe in seinen Rechtskreis, d. h. zum Schutz seiner Interessen und Rechtsgüter, gibt es gesetzliche Haftungsregelungen zur unerlaubten Handlung in § 823 ff. BGB. Diese Vorschriften greifen aber nur ein, wenn derjenige, der den Schaden herbeiführt, erwiesenermaßen *schuldhaft*, also vorsätzlich, d. h. bewusst und gewollt, gehandelt hat oder wenn er die von ihm zu beachtende Sorgfalt und Aufmerksamkeit eines Hundehalters missachtet hat und ihm deshalb fahrlässiges Handeln vorzuwerfen ist.

Die Gefährdungshaftung des Hundehalters

Unsere Rechtsordnung kennt neben der erwähnten Verschuldenshaftung in bestimmten Fällen eine Verantwortung allein für die Gefährdung anderer auch ohne eigenes Verschulden, nämlich in den gesetzlich ausdrücklich bestimmten Fällen der sog. Gefährdungshaftung.

Diese für Hundehalter immens wichtige Haftung mit Ausnahmecharakter beruht auf der Überlegung, dass derjenige, der in seinem Interesse an sich zulässigerweise eine Gefahrenquelle setzt und unterhält, auch die Schäden tragen soll, die in Verwirklichung des besonderen Risikos dieser Gefahrenquelle typischerweise bei anderen eintreten und von diesen nicht verhindert werden können. Solche Gefahrenquelle sind, wie wohl jeder weiß, das Auto, die Eisenbahn, ein Atomkraftwerk, das Flugzeug, aber eben auch ein Tier. Deshalb hat der Gesetzgeber eine besondere Vorschrift geschaffen, die der vom Tier ausgehenden Gefahr Rechnung trägt, nämlich die Haftung des Tierhalters nach § 833 BGB für Personen- und Sachschäden, die sein Tier verschuldet oder unverschuldet herbeiführt.

§ 833 BGB Haftung des Tierhalters
1 Wird durch ein Tier ein Mensch getötet oder der Körper oder die Gesundheit eines Menschen verletzt, oder eine Sache beschädigt, so ist derjenige, welcher das Tier hält, verpflichtet, dem Verletzten den daraus entstehenden Schaden zu ersetzen.
2 Die Ersatzpflicht tritt nicht ein, wenn der Schaden durch ein Haustier verursacht wird, das dem Beruf, der Erwerbstätigkeit oder dem Unterhalt des Tierhalters zu dienen bestimmt ist, und entweder der Tierhalter bei der Beaufsichtigung des Tieres die im Verkehr erforderliche Sorgfalt beobachtet oder der Schaden auch bei Anwendung dieser Sorgfalt entstanden sein würde.

– Luxustiere und Nutztiere

Bei der Tierhalterhaftung wird vom Gesetzgeber zwischen der Haftung für ein Nutztier, § 833 Abs. 2 BGB, und der für ein Luxustier, § 833 Abs. 1 BGB, unterschieden.

Ein Nutztier ist jedes Haustier, auf das der Tierhalter angewiesen ist, weil es seinem Beruf, seiner Erwerbstätigkeit oder seinem Unterhalt dient. Hierunter fallen z. B.

- Jagdhunde des Försters,
- Rettungshunde,
- Polizeihunde,
- Hütehunde eines Schäfers,
- Blindenhunde,
- Diensthunde des Zolls und Bundesgrenzschutzes.

Ein Luxustier ist in negativer Abgrenzung jedes Haustier, das kein Nutztier ist, also ohne Notwendigkeit gehalten wird. Darunter fallen wohl die meisten der privat gehaltenen Hunde.

– Die Haftung des Luxushundehalters

Da es gerade die Unberechenbarkeit tierischen Verhaltens ist, der Hund also eine Gefahrenquelle darstellt, haftet der Hundehalter ohne Rücksicht auf sein Verschulden und ohne die Möglichkeit, sich zu entlasten, für alle Schäden, die durch seinen Hund zumindest mitverursacht wurden.

– Die Haftung des Nutzhundehalters

Im Vergleich zur Haftung des Luxushundehalters ist die Haftung des Nutzhundehalters nach § 833 S. 2 BGB „günstiger“. Zwar muss er, wie der Luxustierhalter, für die von seinem Hund verursachten Schäden einstehen, hat aber die Möglichkeit, sich von dieser Haftung zu entlasten. Kann er nämlich zu Recht einwenden und beweisen, dass er bei der Beaufsichtigung des Hundes die „im Verkehr erforderliche Sorgfalt“ beachtet hat oder der Schaden auch bei Beachtung dieser Sorgfalt entstanden wäre, dann entfällt seine Schadensersatzpflicht. Denn hier geht es, anders als beim Luxustierhalter, um eine Verschuldenshaftung, wobei das Gesetz zunächst ein Verschulden vermutet, die Schadensersatzpflicht aber entfallen lässt, wenn der Halter den Entlastungsbeweis führen kann.

– Die Haftung bei „Mischformen“

Es gibt nun aber auch Tiere, die zugleich Nutztiere und Luxustiere sein können, also eine Doppelfunktion haben, wie es etwa bei einem Wachhund sein kann. Was gilt denn dann? Hier ist auf seine hauptsächliche Zweckbestimmung abzustellen.

In einem vom Bundesgerichtshof zu entscheidenden Fall ging es um Hunde, die zu Wachzwecken auf einem Reiterhof gehalten wurden. Laut BGH kann die Bewachungsfunktion auch lediglich der Befriedigung eines allgemeinen, jedermann zukommenden Sicherheitsbedürfnisses dienen. Das im Allgemeinen auf dem Reiterhof übliche Wegsperren der Hunde tagsüber in den Zwinger besage für die Widmung der Hunde zu Nutztieren nichts. Auch der Umstand, dass sie auf Kontrollgänge über Pferdekoppeln mitgenommen würden, gebe keinen Hinweis auf die vorwiegende Nutzung der Hunde zu Erwerbszwecken. Der Gang über die Koppel in Begleitung der Hunde könne sowohl der Freizeitgestaltung zuzurechnen sein als auch betrieblich bedingt sein. Um die hauptsächliche Zweckbestimmung der Hunde zu ermitteln, seien Anlass und die Häufigkeit der jeweiligen Verwendung maßgeblich (BGH, Az.: VI ZR 238/04, so auch jüngst das Oberlandesgericht Köln zu einem Reit- oder Kutschpferd, OLG Köln, Az.: 5 U 128/16).

– Wer ist Hundehalter für die Haftung nach § 833 BGB?

Wer diese Person ist, ist gesetzlich leider nicht definiert. Juristen sind sich aber darüber einig, dass diejenige Person als Hundehalter zu bezeichnen ist, die an der Haltung des Hundes ein eigenes Interesse hat, über eine auch mittelbare und grundsätzlich nicht nur vorübergehende Besitzstellung und die Befugnis verfügt, über Betreuung und Existenz des Hundes zu entscheiden.

In der Regel wird man davon ausgehen können, dass der aktuelle Besitzer, also derjenige, der die tatsächliche Gewalt über das Tier hat, der Eigentümer des Hundes ist und damit auch dessen Halter. Eine Ausnahme wären z. B. die Diensthunde der Polizei, deren Halter die Polizeibehörde und nicht etwa der jeweilige Hundeführer des Diensthundes ist.

Der Hundehalter muss also nicht zwingend zugleich der Eigentümer des Hundes sein, wobei der Eigentümerposition aber eine Indizwirkung zukommt (OLG Brandenburg, Az.: 11 U 120/12, OLG München, Az.: 20 U 1121/12, zuletzt OLG Köln, Az.: 5 U 128/16).

Letztlich entscheidend sind die tatsächlichen Verhältnisse. Insofern kann selbst ein Kind oder ein Jugendlicher unter 18 Jahren durchaus Hundehalter sein, auch wenn seine Eltern den Vierbeiner gekauft und zu Eigentum erworben haben. Wie es in diesem Fall mit der Haftung bei „tierischen Scherereien" aussieht, wird unter dem Thema „Haftung des Luxushundehalters" ausgeführt werden.

Denkbar ist auch, dass mehrere Personen gleichzeitig Tierhalter sind (OLG Köln, Az.: 19 U 171/12).

So ist es z. B. bei Lebenspartnern, die in ihrem gemeinsamen Zuhause im beiderseitigen Interesse einen Hund halten, ihn betreuen und versorgen. Anders ist es, wenn die Partner eine Fernbeziehung oder eine Wochenend-Beziehung führen. Denn da ist es nur einer der beiden Partner, der den Hund regelmäßig ausführt und sich um ihn kümmert. Dieser ist dann allein der Halter.

Mit der Frage, wer Tierhalter ist, hat sich bereits im Jahre 1970 das Oberlandesgericht Düsseldorf befasst. Hier ging es um das Problem, wer bei Eheleuten für das schädigende Verhalten des Hundes in Anspruch genommen werden kann. Der Hund hatte die Straße überquert und dabei einen Pkw übersehen, der deshalb von der Straße abkam. Der Ehemann meinte, für den hierdurch verursachten Schaden nicht haftbar zu sein, da der Hund im Eigentum seiner Frau stehe. Das Gericht entschied jedoch, dass die tatsächlichen Eigentumsverhältnisse für die Tierhalter-Eigenschaft nicht maßgeblich seien. Es komme allein darauf an, ob das Tier in eigenem Hausstand in eigenem Interesse auf Dauer „verwendet" werde. Das bejahte das Gericht hier, und Herrchen musste haften (OLG Düsseldorf, Az.: 12 U 189/70).

– Was bedeutet in § 833 BGB die Verletzung oder Beschädigung „durch ein Tier"?

Die Unberechenbarkeit tierischen Verhaltens ist es, die entscheidend ist für die Haftung wegen einer Verletzung durch ein Tier. Hat sich keine spezifische oder typische Tiergefahr realisiert, wird die Gefährdungshaftung nicht ausgelöst.

Dazu der Bundesgerichtshof:

Der Grund für die strenge Tierhalterhaftung liegt in dem unberechenbaren oder aber auch instinktgemäßen selbsttätigen tierischen Verhalten und der dadurch hervorgerufenen Gefährdung von Leben, Gesundheit und Eigentum Dritter (BGH, Az.: VI ZR 372/13, BGH, Az.: VI ZR 225/04 und bereits BGH, Az.: VI ZR 177/75).

Beispiele sind Kollisionen mit einem Radfahrer auf dem Radweg, ein Losreißen, Beißen, Umrennen, eine Verwüstung der Wohnung oder die Verschmutzung einer Person oder der Kleidung eines anderen.

- Eine typische Tiergefahr zeigt sich nach Meinung des Oberlandesgerichts Oldenburg, wenn der Hund einen Menschen „anspringt“ (OLG Oldenburg, Az.: 11 U 79/01).

- Schon das Umherlaufen eines Hunderudels wird auch ohne aggressives Verhalten von Gerichten als typische Tiergefahr angesehen (so u. a. OLG Saarbrücken, Az.: 8 U 283/04 und Az.: 4 U 615/04).

- Ebenso stellt der vom Hundehalter nicht erwünschte *Deckakt* eine Tiergefahr i. S. v. § 833 BGB dar und kann zum Schadensersatz verpflichten, wenn die Hündin trächtig wird. Dies ist seit langem höchstrichterlich anerkannt (BGH, Az.: VI ZR 177/75).

- Auch das Oberlandesgericht Schleswig hat entsprechend entschieden (OLG Schleswig, Az.: 7 U 9/92) und ebenso das Landgericht Kassel (LG Kassel, Az.: 1 Ss 39/81), das aber eine Abtreibungspflicht im Rahmen der Schadensminderungspflicht bestimmt hat. Näheres hierzu beim Thema „Schadensersatz“!

Anders ist es zu beurteilen, wenn das Verhalten des Hundes durch einen Menschen gesteuert wird. Denn § 833 BGB ist nicht anwendbar, wenn sich das Tier entsprechend dem Willen seines Herrchens verhält und sein Verhalten nicht der typischen Tiergefahr zuzuordnen ist.

- Die Verwirklichung einer typischen Tiergefahr verneint hat das Landgericht Ansbach in einem Fall, in dem eine Fußgängerin auf der Straße über einen im umzäunten Garten herumlaufenden und laut bellenden Hund trotz Kenntnis von seiner Existenz so erschrocken war, dass sie deswegen stürzte und sich dabei verletzte. Nach Auffassung des Gerichts würde hier die Schadensersatzpflicht des Hundehalters die Grenzen der Tierhalterhaftung sprengen, da der Hund in einem Hausgarten eingesperrt gewesen sei, und zwar so, dass ihn der Gartenzaun mit Sicherheit an einem Verlassen des Grundstücks und auch sonstigem schadenstiftenden Verhalten gehindert habe (LG Ansbach, Az.: 1 S 98/92).

- Ausnahmsweise hat auch das Landgericht Bückeburg in dem Verhalten eines Hundes keine typische Tiergefahr gesehen. Hier hatte ein Hund beim Spaziergang an einer Straßenlaterne geschnüffelt, die allerdings im Bereich der Stromführung leider nicht ausreichend isoliert war. Infolge dieser ungenügenden Stromisolierung erlitt der Hund einen Stromschlag und biss unter dem Eindruck seiner eigenen Verletzung sein Frauchen in beide Hände. Die Halterin meinte nun, hierfür hafte der Eigentümer der Straßenbeleuchtung, und verlangte Schmerzensgeld von der Kommune. Zu Recht, befand das Gericht und sprach ihr ein Schmerzensgeld von 1000,- DM zu, weil der Hundebiss hier ausnahmsweise gerade nicht auf die Tiergefahr zurückzuführen sei, sondern auf die Verkettung unglücklicher Umstände, letztlich auf eine Sorgfaltspflichtverletzung der Gemeinde (LG Bückeburg, Az.: 2 O 277/96).

Ein besonders gravierendes Problem zeigt sich, wie jeder Hundehalter aus Erfahrung weiß, in der Silvesternacht für Hunde.

Wird ein Hund durch den Lärm des Feuerwerks dermaßen verschreckt, dass er auf Nimmerwiedersehen entschwindet, kann der Hundehalter keinen Schadensersatzanspruch gegen die „Feuerwerker" geltend machen. Laut Landgericht Erfurt hat jeder Hundehalter grundsätzlich dafür zu sorgen, dass sein Hund nicht davonlaufen kann (LG Erfurt, Az.: 10 O 219/09).

Die Mitverursachung „durch ein Tier" reicht aus, so, wenn das tierische Verhalten psychische Wirkungen oder Schreckreaktionen auslöst, die ihrerseits zum Schaden führen.

So hat das Amtsgericht Frankfurt entschieden, dass ein Hundehalter bereits für solche Schäden seines Hundes haftet, die dadurch verursacht werden, dass sich jemand von einem freilaufenden Hund bedroht fühlt, wegläuft und hierbei zu Schaden kommt (AG Frankfurt, Az.: 32 C 2314/99-48).

Eine Grenze ist aber erreicht, wenn der Geschädigte nicht aufgrund einer vom Hund verursachten gewöhnlichen Schrecksituation stürzt, sondern aus eigener Überreaktion heraus. Solche liegt nach Ansicht des Amtsgerichts Coburg etwa vor, wenn ein angeleinter Hund beim Herannahen eines Radfahrers einmal bellt und die Vorderbeine aufrichtet, zugleich aber vom Hundehalter am Halsband festgehalten wird (AG Coburg, Az.: 32 S 47/13).

– Die Haftung Minderjähriger

Bei der Frage einer Gefährdungshaftung von Kindern und Jugendlichen als Tierhalter muss berücksichtigt werden, dass diese nach § 828 BGB vor einer Haftung wegen einer verschuldeten unerlaubten Handlung i. S. v. § 823 BGB durch das Gesetz grundsätzlich besonders geschützt sind:

> § 828 BGB Minderjährige
> *(1) Wer nicht das siebente Lebensjahr vollendet hat, ist für einen Schaden, den er einem anderen zufügt, nicht verantwortlich.*

(2) ...
(3) Wer das 18. Lebensjahr noch nicht vollendet hat, ist, sofern seine Verantwortlichkeit nicht nach Abs. 1 oder 2 ausgeschlossen ist, für den Schaden, den er einem anderen zufügt, nicht verantwortlich, wenn er bei der Begehung der schädigenden Handlung nicht die zur Erkenntnis der Verantwortlichkeit erforderliche Einsicht hat.

Würde diese die *Verschuldenshaftung* einschränkende gesetzliche Norm – bis sieben Jahre keine Haftung, von sieben bis 18 Jahre eingeschränkte Haftung – bei der Gefährdungshaftung nicht berücksichtigt werden können, müssten Minderjährige, die doch selbstständig die Voraussetzungen für die Eigenschaft als Tierhalter durch Fakten schaffen können, Schadensersatz auf Grund der Gefährdungshaftung leisten müssen. Bei einer Verschuldenshaftung ist die Haftung aber nur gegeben, wenn die Voraussetzungen des § 828 Abs. 3 BGB vorliegen. Das ist dann der Fall, wenn der noch nicht 18-jährige Jugendliche die zur Erkenntnis der Verantwortlichkeit notwendige Einsicht hat. Erfordert nun die viel weitergehende Gefährdungshaftung solche subjektiven Voraussetzungen zwar nicht ausdrücklich, so kann die Haftung des Minderjährigen wegen seiner besonderen Schutzbedürftigkeit in entsprechender Anwendung des § 828 Abs. 3 BGB doch erst recht nur dann ausgelöst werden, wenn die notwendige Einsichtsfähigkeit bei ihm vorliegt. Also: § 828 BGB auch auf § 833 BGB entsprechend anwendbar!

Kann dem Minderjährigen aber auf Grund seines geringen Reifegrades und seiner fehlenden Einsichtsfähigkeit die Verantwortung für das Verhalten des Hundes nicht angelastet werden, dann wäre an eine Haftung der Eltern zu denken, soweit sie ihrem Kind die Tierhaltung erlaubt und es nicht ordnungsgemäß in die Gefährdungslage eingewiesen haben.

Die Haftung des Tieraufsehers

Muss der Hundehalter sein Tier für einen kurzen oder längeren Zeitraum in die Obhut anderer Personen geben, dann stellt sich die Frage, wer hier für einen vom Hund angerichteten Schaden einstehen muss.

Wer die Aufsicht über den Hund vertraglich durch Dienstvertrag, § 611 BGB, Auftrag, § 662 ff. BGB, oder entgeltliche Verwahrung, §§ 688, 689 BGB, übernommen hat, haftet nach § 834 BGB als sog. Tieraufseher. Er trägt dann die Verantwortung, denn er hat die Aufsicht für den Hund einverständlich übertragen bekommen und hat daher die Gewalt über den Hund. Hierzu heißt es in § 834 BGB:

§ 834 BGB Haftung des Tieraufsehers
1 Wer für denjenigen, welcher ein Tier hält, die Führung der Aufsicht über das Tier durch Vertrag übernimmt, ist für den Schaden verantwortlich, den das Tier einem Dritten in der in § 833 BGB bezeichneten Weise zufügt. 2 Die Verantwortlichkeit tritt nicht ein, wenn er bei der Führung der Aufsicht die im Verkehr erforderliche Sorgfalt beobachtet oder wenn der Schaden auch bei Anwendung dieser Sorgfalt entstanden sein würde.

Zwar muss der Hundehalter in diesen Fällen nach § 833 BGB für die Schäden, die sein Hund anrichtet, auch weiter nach § 833 BGB auf Grund der Gefährdungshaftung einstehen. Jedoch ist daneben auch der Tieraufseher für die von dem Hund verursachten Schäden verantwortlich. Tieraufseher und Hundehalter haften dann nebeneinander für den Schaden als sog. *Gesamtschuldner* (§ 421 BGB). Das bedeutet, dass der Geschädigte Schadensersatz dann entweder vom Tierhalter oder vom Tierhüter verlangen kann, aber nur einmal. Er kann sich also alternativ in voller Höhe an jeden der beiden wenden. Wen er in Anspruch nehmen möchte, ist seine Sache, meist wohl den finanziell Stärkeren. Hat einer von beiden den Schaden erstattet, muss ein interner, meist hälftiger Ausgleich zwischen Tierhüter und Hundehalter erfolgen.

Auch bei der Tieraufseherhaftung handelt es sich, ähnlich der Nutztierhalterhaftung, um eine *Verschuldenshaftung*. Das Verschulden des Tieraufsehers wird auch hier zunächst vom Gesetz vermutet, und der Tieraufseher muss den Beweis führen, dass ihn an dem Schadensfall kein Verschulden trifft. Kann er sich entlasten, dann haftet allein der Hundehalter für den Schaden aus dem Gesichtspunkt seiner Gefährdungshaftung gem. § 833 BGB.

Die Gefälligkeitshaftung

Wenn Freunde, Bekannte oder Verwandte sich bereit erklären, den Hund für eine bestimmte Zeit zu betreuen und zu beaufsichtigen, dann handelt es sich meist um eine reine Gefälligkeit. Im Schadensfall haftet dann grds. der Hundehalter nach § 833 BGB, ohne dass er bei der betreuenden Person Regress nehmen könnte, es sei denn, dies wurde zuvor vereinbart. Eine Tieraufseherhaftung nach § 834 BGB scheidet aus, weil kein „Vertrag“ vorliegt, sondern ein rechtsbindungsloses Gefälligkeitsverhältnis.
Betreut jemand den Hund aus Gefälligkeit, dann ist er aber nicht immer von jeglicher Haftung befreit, sondern nur, wenn er die Sorgfalt angewendet hat, die er in eigenen Angelegenheiten anzuwenden pflegt. Wer nämlich einen Hund ohne vertragliche Verpflichtung freiwillig zur Betreuung aufnimmt, erweist eine Gefälligkeit, für die eine Haftung unter dem Gesichtspunkt der *unentgeltlichen Verwahrung* gesetzlich geregelt ist:

> § 690 BGB Haftung bei unentgeltlicher Verwahrung
> Wird die Aufbewahrung unentgeltlich übernommen, so hat der Verwahrer nur für diejenige Sorgfalt einzustehen, welche er in eigenen Angelegenheiten anzuwenden pflegt.

Die hierin zum Ausdruck gekommene, sich am gewohnheitsmäßigen Verhalten der betreuenden Person orientierende Haftungsmilderung entspricht dem Grundgedanken der Gefälligkeit: Nur von der Haftung für grobe Fahrlässigkeit ist der aus Gefälligkeit Handelnde nicht befreit. Er haftet, soweit er mit dem Schaden rechnen musste oder konnte und seine Sorgfaltspflichten grob fahrlässig verletzt hat, d. h., das außer Acht gelassen hat, was jedem

in solcher Situation eingeleuchtet hätte. So ist es z. B., wenn er den Hund trotz Warnung des Hundehalters vor dessen Jagdtrieb im Wald frei laufen lässt, wo er dann einem Reh nachstellt und es zu Fall bringt oder es schlägt.
Wer nur aus Gefälligkeit Hunde ausführt, muss sie also so halten, dass von ihnen keine Gefahr für Leben oder Gesundheit von Menschen oder Tieren ausgeht und auch Sachen keine Beschädigung droht.

Hier ein Beispiel aus der Rechtsprechung:

In einer Schadensersatzklage beim Oberlandesgericht Hamm ging es um eine junge Frau, die beim Spaziergang einer Hundeführerin mit drei angeleinten Hunden begegnete, nämlich mit ihrem eigenen Schäferhund und darüber hinaus, aus Gefälligkeit, mit einem Boxermischling und dem angeleinten Cane Corso eines Bekannten. Der sprang die junge Frau überraschend an, als sie die Hundeführerin passieren wollte. Folge waren Schürfwunden und unter ihrem Auge eine kleine blutende Gesichtsverletzung mit späterer Narbenbildung. Sie klagte auf Schadensersatz und Schmerzensgeld und be kam Recht. Wer aus Gefälligkeit mehrere Hunde gleichzeitig ausführe („Rudelführer"), der habe alle Hunde so zu beaufsichtigen, dass sie fremde Menschen nicht gefährdeten, so das Gericht. Verletze der Hundeführer diese Verkehrssicherungspflicht mit der Folge, dass einer der Hunde an einer fremden Person hochspringe und diese verletze, dann hafte er. Der große Cane Corso sei zwar, dem Landeshundegesetz NRW folgend, angeleint gewesen. Jedoch sei er grob fahrlässig nicht so geführt worden, dass er nicht von sich aus die junge Frau – auch nicht zum Schmusen – habe anspringen und dabei verletzen können. Die Hundeführerin habe den Hund nicht nur eng bei sich halten, sondern ein Hochspringen des Hundes durch einen hinreichend sicheren Griff von vornherein vermeiden müssen. Dass sie zugleich zwei weitere Hunde mit sich geführt habe, habe das Gefährdungspotenzial für andere Personen noch gesteigert, was die an einen Hundeführer ohnehin zu stellenden Sorgfaltsanforderungen erhöhe (OLG Hamm, Az.: 9 U 91/14).

Haftungsumfang

Jeder, der zum Schadensersatz verpflichtet ist, ist für den gesamten Schaden haftbar, so § 249 BGB:

> § 249 BGB Art und Umfang des Schadensersatzes
> Wer zum Schadensersatz verpflichtet ist, hat den Umstand herzustellen, der bestehen würde, wenn der zum Ersatz verpflichtende Umstand nicht eingetreten wäre.
> Ist wegen Verletzung einer Person oder Beschädigung einer Sache Schadensersatz zu leisten, so kann der Gläubiger statt der Herstellung den dazu erforderlichen Geldbetrag verlangen.

Hierzu einige Beispiele aus Hundekreisen:

– Verletzung oder Tötung eines Menschen

Der schlimmste Haftungsfall ist der, dass ein Mensch von einem Hund verletzt oder gar getötet wird. Abgesehen vom Schock und von Selbstvorwürfen des Tierhalters können je nach Schwere und Umfang der Verletzungen Unsummen an Schadensersatz auf ihn zukommen. So sind Arztkosten und evtl. Krankenhauskosten zu ersetzen, bei Arbeitsunfähigkeit ein Verdienstausfall zu erstatten, und bei einer Berufsunfähigkeit ist ein Rentenanspruch möglich. Kommt ein Mensch infolge eines Hundeangriffs sogar zu Tode, stehen neben Beerdigungskosten auch Unterhaltszahlungen an die Kinder oder den zurückgebliebenen Ehepartner des Opfers im Raum. Darüber hinaus kann es in sämtlichen Fällen noch um Schmerzensgeldansprüche gehen.

– Beschädigung von Sachen

Hat der Hund Sachen wie Möbel, Tapeten, Kleidung anderer Personen beschädigt, dann geht es beim Schadensersatz meist um Reparaturkosten oder Wertersatz.

– Verletzung eines Tieres

Verletzt ein Hund einen anderen Hund, so hat der Halter die gesamten tierärztlichen Behandlungskosten zu tragen, selbst dann, wenn die Kosten den aktuellen Wert des verletzten Tieres übersteigen.
Auch wenn im Bereich der Reparaturkosten für Kraftfahrzeuge allgemein anerkannt ist, dass der Geschädigte Ersatz der Reparaturkosten nur innerhalb der Grenze des wirtschaftlich Vernünftigen verlangen kann (Stichwort: Totalschaden), so verbietet sich diese Begrenzung doch beim Tier. Denn für Tiere ist ausnahmsweise (§ 90 a BGB!) „*etwas anderes bestimmt*".

Hier kommt nämlich § 251 Abs. 2 S. 2 BGB zum Tragen:

> § 251 BGB Schadensersatz in Geld
> 1 … 2 Die aus der Heilbehandlung eines verletzten Tieres entstandenen Aufwendungen sind nicht bereits dann unverhältnismäßig, wenn sie dessen Wert erheblich übersteigen.

Damit bringt der Gesetzgeber den Rechtsgedanken zum Ausdruck, dass die Angemessenheit einer Tierbehandlung nicht durch den wirtschaftlichen Wert des Tieres begrenzt wird. Dieser Grundsatz wird durch den grundgesetzlichen Schutz der Tiere in Art. 20 a GG noch verstärkt und ist bei der Anwendung der Schadensregelungen bindend. Insbesondere die Antwort auf die Frage, was an Heilbehandlungskosten angemessen ist, ist durch das auf das Zivilrecht ausstrahlende Grundgesetz wegen der Drittwirkung der Grundrechte beeinflusst.

Für eine Beurteilung der Grenze der Erstattungspflicht sind Kriterien wie Alter, Gesundheitszustand des Hundes, Heilungschancen und die zu erwartende Lebensdauer ebenso von Bedeutung wie die gefühlsmäßigen Bindungen des Halters an seinen Hund. Oftmals haben die Gerichte mehr als das Zehnfache des Anschaffungspreises noch als verhältnismäßig angesehen!

So hat das Landgericht Mannheim einem Pudelhalter sogar Schadensersatz in Höhe von 10.000,- DM zugesprochen. Dieser hatte einen anderen Hundehalter verklagt, weil dessen Hund seinen Hund gebissen und ganz erheblich verletzt hatte. Die Klage belief sich auf etwa 15.000,- DM für die tierärztliche Behandlung. Das Gericht erkannte dem Kläger 10000,- DM zu und wies die darüber hinausgehende Klage ab. Die Heilbehandlungskosten für ein verletztes Tier seien zwar nicht bereits dann unverhältnismäßig, wenn sie den Wert des Tieres erheblich übersteigen würden. Das bedeute aber nicht, dass es bei der Erstattung von Tierheilungskosten überhaupt nicht auf deren Höhe ankomme. Auch hier gebe es eine *Obergrenze*, bei deren Bestimmung die besonders gelagerten emotionalen Bindungen des Hundehalters zu seinem Tier nicht allein ausschlaggebend seien. Bei einem geschätzten Wert des Pudels von 500,- DM bis 1.000,- DM sah das Gericht die Obergrenze mit 10.000,- DM als erreicht an (LG Mannheim, Az.: 10 S 127/94).

Ein Mischlingshund wurde von einem Schäferhund angegriffen und in den Hinterlauf gebissen. Die dadurch herbeigeführte Fraktur des Beines musste in einer Tierklinik zweimal operiert werden. Der Hundebesitzer verlangte von dem Halter des Schäferhundes einen Betrag von 5.000,- DM für die tierärztliche Behandlung und den Transport, was der angesichts eines so wertlosen Mischlings ablehnte. Anders das Amtsgericht Idar-Oberstein, das ihn zur Zahlung in voller Höhe verurteilte: Der Besitzer des Schäferhundes sei hier verantwortlich und müsse im Übrigen zur Kenntnis nehmen, dass bei Tieren eine Ausnahme von der Regel gelte, nach der bei der Beschädigung einer Sache die Reparaturkosten lediglich bis zur Höhe des Wiederbeschaffungswertes ersetzt würden. Hier sei der Gesetzgeber ganz bewusst von einem rein wirtschaftlichen Kriterium abgewichen. Bei Tieren komme es auch auf den ideellen Wert an. Außerdem sähen in der heutigen Zeit weite Teile der Gesellschaft es nicht mehr als übertrieben an, erhebliche Beträge für eine tierärztliche Behandlung auszugeben. Daher sei der Eigentümer des Mischlings nicht verpflichtet gewesen, sich kostengünstiger zu verhalten und den Hund einschläfern zu lassen (AG Idar-Oberstein, Az.: 3 C 618/98).

Wird ein Hund – hier ein Yorkshire-Terrier – von einem anderen Hund, einem Pitbull, so schwer gebissen, dass das Tier trotz einer aufwändigen Arztbehandlung eingeschläfert werden muss, so hat der Halter des Pitbulls laut Entscheidung des Amtsgerichts Frankfurt vollen Schadensersatz i. H. von 3.800,- DM wegen Tierarztkosten zu leisten, auch wenn dies den Kaufpreis für den Terrier von 850,- DM weit übersteige. Schmerzensgeld stehe dem Halter allerdings nur beim Nachweis psychischer Beeinträchtigungen zu (AG Frankfurt/Main, Az.: 29 C 2234/99-69).

Der für 175,- € aus dem Tierheim geholte Hundemischling „Pauli“ war in einen Verkehrsunfall verwickelt und so schwer verletzt worden, dass er operiert werden musste, was 2200,- € kostete. Das Amtsgericht München befand, dass Behandlungskosten bei einem Tier gem. § 251 Abs. 2 BGB auch dann ersatzfähig sein könnten, wenn diese den materiellen Wert des Tieres erheblich übersteigen würden. Das Gesetz berücksichtige nämlich auch den ideellen Wert. Folglich könnten hier Tiere nicht wie Sachen behandelt werden, deren Wert ausschließlich materieller Art sei. Aber anders als beim Menschen, bei dem Heilbehandlungskosten im Rahmen des medizinisch Gebotenen grundsätzlich unbeschränkt erstattungsfähig seien, gebe es bei Tieren eine *Obergrenze*, jenseits derer die Heilungskosten unverhältnismäßig seien und damit nicht ersetzt werden müssten. Kriterien, wann die Kosten unverhältnismäßig seien, enthalte das Gesetz nicht. Grundsätzlich spielten der Wert des Tieres und sein Alter lediglich eine untergeordnete Rolle. Die Höhe der Erfolgsaussicht der Behandlung sei insofern von Bedeutung, als umso höhere Kosten aufgewendet werden dürften, je höher die Erfolgschancen der Heilbehandlung seien. Im Fall „Pauli“ sei die Behandlung der Verletzungen ohne großes Risiko möglich und bei normalem Verlauf eine vollständige Wiedergenesung zu erwarten gewesen. Daher seien hier mit Blick auf den gesetzlich niedergelegten Gedanken des Schutzes der lebenden Natur die angefallenen Heilbehandlungskosten als verhältnismäßig anzusehen (AG München, Az.: 344 C 1200/13).

Schließlich hat der Bundesgerichtshof sich in einer tierärztlichen Schadenssache zu Wort gemeldet. Hintergrund war eine Beißerei, bei der zwei Hunde beteiligt waren. Die Ehefrau des einen Hundehalters passierte auf einem Spaziergang mit dessen für 250,- € im Tierheim gekauften Jack-Russell-Mischling „Ronja“ ein Grundstück, auf dem sich ein Wolfshund befand. Als die beiden nicht angeleinten Hunde sich am Gartenzaun begegneten, sprang der Wolfshund plötzlich über den Zaun und fügte der deutlich kleineren „Ronja“ erhebliche Verletzungen zu. Ob die Beißerei zwischen den Hunden hätte verhindert werden können, wenn „Ronja“ angeleint gewesen wäre, konnte nicht festgestellt werden. Die Kosten für die tierärztliche Behandlung von Ronja in Höhe von 4000,- € verlangte ihr Halter nun vom Besitzer des Wolfshundes. Das Gericht erkannte zwar, dass bei einem Anschaffungspreis von 250,- € die Tierarztkosten den Wert des Hundes um ein Vielfaches überstiegen, so dass die Verhältnismäßigkeit der Kosten äußerst fraglich sei. Aber im Fall der Verletzung eines Tieres bestimme § 251 Abs. 2 S. 2 BGB angesichts der herausgehobenen Anerkennung des Tierschutzes durch die Rechtsordnung (Art. 20a GG, § 1 TierSchG), dass die aus der

Heilbehandlung des Tieres entstandenen Aufwendungen nicht bereits dann unverhältnismäßig seien, wenn sie dessen Wert erheblich überstiegen. Ausgehend von der Verantwortung des Menschen für das Tier als Mitgeschöpf und schmerzempfindliches Lebewesen verbiete diese Vorschrift bei der Schadensbemessung eine streng wirtschaftliche Betrachtungsweise. Nicht nur der Wert des Tieres spiele daher bei der Verhältnismäßigkeitsprüfung eine Rolle, sondern auch das aus der Verantwortung für das Tier folgende Interesse an der Wiederherstellung seiner Gesundheit. Die Zumutbarkeitsgrenze bestimme sich nach

- dem Maß des Verschuldens des Schädigers,
- dem individuellen Verhältnis zwischen dem Geschädigten und dem Tier,
- der Vertretbarkeit der Heilbehandlungskosten aus tiermedizinischer Sicht
- und den sonstigen Umständen des konkreten Falles.

Hier erkannte das Gericht die jährlichen Unterhaltskosten von 1000,- € für „Ronja" als zu berücksichtigendes Kriterium an und setzte den dreifachen Betrag als zumutbare Haftungsgrenze an, also 3000,- € (BGH, Az.: VI ZR 23/15).

Neben den angefallenen Behandlungskosten sind über die Tierhalterhaftung auch Fahrtkosten von und zum Tierarzt zu ersetzen (LG Erfurt, Az.: 10 O 582/14).

Mitverschulden

Gegenüber dem schadensersatzpflichtigen Tierhalter muss sich der Geschädigte unter Umständen eine Reduzierung seines Anspruchs gefallen lassen, wenn er für den Schaden mitverantwortlich ist.

Hat er nämlich selbst zu dem ihm entstandenen Schaden beigetragen, wird ihm dieses Verhalten als Mitverschulden angekreidet nach dem Motto: „Selbst schuld". Je nach Art und Umfang seiner Mitwirkung kann es ihm nun passieren, dass er den Schaden vom Hundehalter nur zum Teil oder – bei ganz erheblichem Mitverschulden – überhaupt nicht ersetzt verlangen kann, so § 254 Abs. 1 BGB.

> § 254 BGB Mitverschulden
> Hat bei der Entstehung des Schadens ein Verschulden des Geschädigten mitgewirkt, so hängt die Verpflichtung zum Ersatz sowie der Umfang des zu leistenden Ersatzes von den Umständen ab, inwieweit der Schaden vorwiegend von dem einen oder dem anderen Teil verursacht worden ist.

Diese Konsequenz leuchtet ein. Der Geschädigte ist hier nämlich nicht bloßes „Opfer" einer Tiergefahr, nein, er hat sich freiwillig in die Gefahr begeben, sei es bewusst (*Vorsatz*) oder ohne die für die Situation erforderliche Sorge und Umsicht (*Fahrlässigkeit*), und ist damit ein Stück weit „Täter" geworden.

Typische Schadensfälle aus der gerichtlichen Praxis:

- Eingreifen in eine Hundebeißerei
  Bei einem Hunde-Zweikampf versuchte einer der Besitzer, seinen Rauhaardackel – der die Auseinandersetzung letztlich nicht überlebte – zu retten, indem er in das Kampfgeschehen eingriff. Dabei wurde er gebissen und forderte vom Besitzer des angreifenden Riesenschnauzers Schmerzensgeld in Höhe von 800,- DM sowie Schadensersatz für seinen getöteten Hund in Höhe von 1.120,- DM.Ein Mitverschulden aufgrund der Tatsache, dass er dazwischengegangen war, wurde ihm vom Landgericht Nürnberg nicht angerechnet. Denn einen allgemeinen Rechtsgrundsatz, dass man kämpfende Hunde keinesfalls mit der ungeschützten Hand trennen dürfe, gebe es nicht, stellte das Gericht fest.Der Geschädigte habe sich hier eindeutig im Verteidigungsnotstand befunden. Wäge man die von beiden Hunden ausgehenden Tiergefahren gegeneinander ab, überwiege die Gefahr des nicht angeleinten, körperlich überlegenen und noch dazu angreifenden Riesenschnauzers gegenüber der des acht Monate alten Rauhaardackels so eindeutig, dass es nicht gerechtfertigt wäre, den geschädigten Hundebesitzer auch nur mit einem Teil seines Schadens zu belasten (LG Nürnberg-Fürth, Az.: 13 S 6213/91, ähnlich auch in einem vergleichbaren Fall AG Frankfurt, Az.: 32 C 4500/94-39).

- Wenn ein Hundehalter zum Schutz seines von einem größeren Hund angegriffenen Hundes in eine Beißerei der Hunde eingreift und dabei Bissverletzungen erleidet, dann hafte der Halter des angreifenden Hundes auch dann, wenn sich nicht ermitteln lasse, welcher Hund den Verletzten gebissen habe, so das Landgericht Flensburg. Für den Schadensersatzanspruch reiche es aus, dass das Verhalten des Hundes des in Anspruch genommenen Hundehalters mitursächlich für den eingetretenen Schaden gewesen sei. Der Verletzte müsse sich nicht die Tiergefahr seines eigenen Hundes anrechnen lassen, der zu dem ungleichen Kampf nur durch ein leichtes Knurren beigetragen habe. Diese Gefahr trete vollständig zurück hinter der Tiergefahr des wesentlich größeren und kräftigeren fremden Hundes, von dem der Angriff ausgegangen sei. Den Verletzten treffe auch kein Mitverschulden, obwohl er mit ungeschützten Händen in die Beißerei der Tiere eingegriffen habe. Zwar schließe eine grob vermeidbare Selbstgefährdung eine Haftung des Tierhalters aus. Wenn der Verletzte aber zum Schutz seines Eigentums eingreife, um größere Schäden zu verhüten, so handele er nicht leichtsinnig, sondern in berechtigter Sorge um sein Eigentum. Der Verletzte habe hier allein in der Absicht gehandelt, größere Verletzungen seines unterlegenen Hundes zu verhindern.
  Vermeidbar sei die Selbstgefährdung nicht gewesen, da dem Opfer ein anderes Mittel, als die Hunde mit bloßen Händen zu trennen, zur Rettung seines Tieres nicht zur Verfügung gestanden habe. Dies gelte insbesondere deshalb, weil er mit einem Angriff

des bis dahin gutmütigen fremden Hundes nicht habe rechnen müssen und dementsprechend keine Vorsichtsmaßnahmen habe treffen können (LG Flensburg, Az.: 1 S 119/95, ebenso bereits in einem vergleichbaren Fall AG Alzey, Az.: 22 C 903/95).

Ein Hund war von einem anderen Hund, der sich von der Leine losgerissen hatte, angegriffen und verletzt worden. Bei dem Versuch, ihren eigenen Hund zu schützen, wurde auch die Hundehalterin gebissen. Das Endglied ihres Fingers musste amputiert werden. Die Verletzte hatte ein angemessenen Schmerzensgeld und Ersatz materieller Schäden bei Gericht eingefordert.
Während das Landgericht Hamm die Klage wegen eines stark überwiegenden Verursachungsbeitrages der Verletzten abwies – Auslöser war das Knurren ihres Hundes und der ungeschützte Eingriff in die Hundebeißerei –, hatte die Berufung beim Oberlandesgericht zumindest teilweise Erfolg. Das Gericht sah ihr Mitverschulden als nicht so gravierend an, als dass dadurch die sehr hohe Tiergefahr durch den anderen Hund zurücktreten könne. Dieser habe sich von der Leine losgerissen, sei auf den angeleinten Hund zugestürmt und habe ihn gebissen. Auch wenn der durch sein Knurren das Verhalten ausgelöst habe, sei der andere Hund eindeutig der Angreifer in der Beißerei gewesen. Die Verletzte habe ihren Hund in berechtigter Sorge um ihn gegen den Angriff schützen wollen. Bei Abwägung der beiderseitigen Verursachungsbeiträge hielt das Gericht es für angemessen, die Mitverschuldensquote des Opfers mit 50 % zu berechnen (OLG Hamm, Az.: I – 6 U 72/11, ähnlich auch das Landgericht Flensburg in einem Urteil zur Tierhalterhaftung bei Bissverletzungen nach dem Versuch der Trennung streitender Hunde, LG Flensburg, Az.: 1 S 169/12).

In einem anderen Verfahren hatte das spätere Opfer in eine Auseinandersetzung zwischen ihrem und einem anderen Hund ungeschützt eingegriffen und dabei erhebliche Verletzungen an der Hand erlitten. Zur Haftung entschied das Oberlandesgericht Celle: Jeder vernünftige Hundehalter werde wegen des Risikos für die eigene Gesundheit davon absehen, in eine brenzlige Auseinandersetzung aggressiver und angriffslustiger Hunde ohne Schutzvorkehrungen einzugreifen und insbesondere mit der bloßen Hand in den Bissbereich eines Hundes zu fassen. Denn kämpfende Hunde könnten zum einen auch den eingreifenden Menschen als Gegner ansehen und seine Hand attackieren. Zum anderen sei der Einsatz der Hand nicht geeignet, die Instinkte der Tiere zu überwinden und die beteiligten Tiere zu beruhigen. Drittens sei der Einsatz der Hand als eines feingliedrigen und empfindlichen Körperteils in Abwägung der beteiligten Rechtsgüter unverhältnismäßig riskant. Vor diesem Hintergrund sah das Gericht eine Anspruchskürzung um 60 % als sachgerecht an, wobei in anderer Konstellation durchaus ein vollständiger Ausschluss der Haftung angezeigt sein könne (OLG Celle, Az.: 20 U 60/13).

– *Hunderauferei*

Eine Frau ging mit ihren beiden angeleinten Hunden spazieren. Plötzlich kam ein freilaufender Rüde, und die Hunde verbissen sich. Die Frau hielt die Leinen fest, durch das Gezerre fiel sie aber und verletzte sich. Schmerzensgeld bekam sie vom Landgericht Coburg zwar zugesprochen, aber nur zum Teil. Denn sie müsse sich eine Mitschuld vorwerfen lassen. Letztlich sei sie gefallen, weil ihre Hunde an der Leine gezogen hätten (LG Coburg, Az.: 12 O 741/06).

Eine Hundehalterin wurde verletzt, weil sie eine Rauferei zwischen ihrem und einem fremden Hund unterbinden wollte. Das Amtsgericht München entschied, sie habe keinen Anspruch auf eine vollständige Zahlung von Schmerzensgeld und Schadensersatz, auch wenn sie selbst kein Verschulden an dem Vorfall treffe. Die Tiergefahr, die von ihrem eigenen Hund ausgegangen sei, müsse bei der Festsetzung des Schmerzensgeldes berücksichtigt werden (AG München, Az.: 261 C 32374/10, ähnlich bereits LG Bamberg, Az.: 3 S 197/01 und AG Schwetzingen, Az.: 5 C 179/95).

Zwei Frauen gingen mit ihren Hunden in einem Park spazieren. Zwischen den Tieren, einem Labradormischling und einem Ridgeback, kam es zu einer Rauferei. Als beide kurzzeitig voneinander losließen, hielt die Besitzerin des Labradormischlings ihren Hund fest. Der Ridgeback lief auf sie zu und biss sie in die Hand. Die Hundebesitzerin erlitt dadurch eine Blutvergiftung, hatte Fieber und erhebliche Schmerzen. Zurück blieben Narben, eine Sensibilitätsstörung auf dem Rücken der Hand und Spannungsschmerzen. Sie verklagte die Halterin des Ridgeback auf Schmerzensgeld, bekam aber nur zum Teil Recht. Denn die Tiergefahr ihres eigenen Hundes sei haftungsmildernd zu berücksichtigen, so das Amtsgericht München. Die Aggression sei letztlich von dem Labradormischling ausgegangen. Auch nach der Unterbrechung der Rauferei seien die Hunde weiter so aufgewühlt gewesen, dass der Biss des Ridgeback noch das Resultat des Kampfes gewesen sei, wenn auch nur mittelbar. Unter Berücksichtigung der Umstände sei daher ein Abzug von einem Fünftel zu machen. Ein eigenes Mitverschulden der Verletzten liege indes nicht vor. Sie habe nicht mit bloßer Hand in das Gerangel gegriffen, sondern erst in einer Kampfpause ihren eigenen Hund festhalten wollen. Dies sei zulässig und nachvollziehbar (anders als der Versuch, mit bloßer Hand sich verbeißende Hunde zu trennen!) und führe daher nicht zu einer weiteren Kürzung des Schmerzensgeldes auf unter 2.000,- € (AG München, Az.: 261 C 32374/10).

Schließlich hat der Bundesgerichtshof sich zu diesem Thema in einem aktuellen Urteil vom 31. 05. 2016 abschließend geäußert. Auch hier ging es um ein Gerangel zwischen zwei Hunden. Während eines Spaziergangs war der Halter eines Labrador-Mischlings von einem durch eine Lücke in der ein Grundstück umzäunenden Hecke entwichenen Golden Retriever gebissen worden. Das Gericht befand, dass hier die typische Tiergefahr des eigenen Hundes bei der Schadensentstehung durch den Retriever mitursächlich geworden sei. Das müsse sich der Verletzte mindernd auf seinen Schadensersatzanspruch anrechnen lassen. Eine Mithaftung treffe das Opfer nur dann nicht, wenn der andere Hundehalter vorsätzlich oder fahrlässig den Schaden verursacht habe (BGH, Az.: VI ZR 465/15).

- Für den Schaden, der bei einer *Massenbalgerei* von Hunden entsteht, haften alle Hundehalter zu gleichen Teilen, ohne dass es darauf ankäme, welcher Hund den Schaden verursacht hat (so LG Mainz, Az.: 3 S 8/04; OLG Frankfurt, Az.: 19 U 217/06).

- Gegenüber Dritten haften Tierhalter gemeinsam, wenn ihre Tiere als eine Art Herde oder Rudel ein einheitliches Hindernis (OLG Saarbrücken, Az.: 4 U 615/04) oder eine sich gegenseitig aufschaukelnde Gefahr bilden (OLG Oldenburg, Az.: 11 U 79/01).

- Stimmt der später Geschädigte dem Ableinen des fremden Hundes zu, so vermag dies laut Landgericht Köln ein Mitverschulden nicht zu begründen, wird der Zustimmende vom fremden Hund dann verletzt (LG Köln, Az.: 15 S 79/15).

– Streicheln eines fremden Hundes

Fremde Tiere sollte man nicht streicheln, es sei denn, der Hundehalter hat dies ausdrücklich erlaubt. Die Erfahrung, bei einem Hundebiss in die „streichelnden Hände" auf dem Schaden sitzen zu bleiben, müssen Tierfreunde häufig machen!

- In einer Gaststätte hatte ein Gast einen am Nebentisch liegenden Hund gestreichelt und war als „Belohnung" hierfür gebissen worden. Das Amtsgericht Frankfurt a. Main sah in dem Streicheln eines fremden Hundes ein Mitverschulden und sprach dem verletzten Hundefreund zwar Schadensersatz zu, aber nur zur Hälfte (AG Frankfurt/Main, Az.: 30 C 2326/95-47).

- Ebenso hat das Oberlandesgericht Frankfurt entschieden, dass derjenige, der sich einem fremden Hund zu vertrauensselig nähere und dann gebissen würde, zumindest teilweise selber schuld sei. Nach Auffassung der Richter muss das „Opfer" in diesem Fall mindestens 50 % seines Schadens selbst tragen. Hier hatte ein Mann beim Besuch im Haus eines Bekannten versucht, dessen Rottweiler zu streicheln. Das Tier war ihm bis dahin völlig fremd gewesen und biss ihn in den Arm (OLG Frankfurt, Az.: 7 U 91/99).

- Nähert sich jemand in einem der Öffentlichkeit zugänglichen Raum einem schlafenden oder dösenden Hund und hält diesem die Hand zum „Beschnüffeln" hin, ist die

Haftung des Tierhalters nicht ausgeschlossen, wenn der Hund den Geschädigten daraufhin in die Hand beißt. Dies soll auch dann gelten, wenn der Verletzte zuvor darauf hingewiesen worden ist, dass der Hund es nicht möge, angefasst zu werden. Der Geschädigte muss sich aber ein Mitverschulden von 50 % entgegenhalten lassen, wenn er sich einem ihm unbekannten Tier nähert, so das Amtsgericht Bad Segeberg: Hälftig hafte allerdings der Tieraufseher, weil er sorgfaltswidrig handele, wenn er in einem öffentlich zugänglichen, räumlich eng begrenzten Raum (hier: ca. 6 qm große Wechselstube einer Autowaschanlage) einen schlafenden oder dösenden Hund mitführe, ohne Maßnahmen zu ergreifen, die eine gewollte oder ungewollte Annäherung an den Hund verhinderten (AG Bad Segeberg, Az.: 17a C 94/10).

– Betreten eines fremden Grundstücks

Jeden Grundstückseigentümer trifft die Verpflichtung, im Rahmen des Zumutbaren für einen verkehrssicheren Zustand seines Grundstückes zu sorgen, um Gefahren von anderen abzuwenden. Eine solche Verpflichtung gilt insbesondere für den Grundstückseigentümer, von dessen Grundstück aufgrund besonderer Umstände erhebliche Gefahren ausgehen. Hierzu gehört auch das uneingeschränkte Herumlaufen eines bissigen Hundes auf einem in einem Wohngebiet gelegenen Hausgrundstück.
Wird ein Besucher von einem auf dem Grundstück gehaltenen Hund gebissen, so haftet der Grundstückseigentümer nicht nur als Hundehalter, sondern auch deshalb, weil er seine Sorgfaltspflicht als Grundstückseigentümer gegenüber dem Opfer verletzt hat.

Der Halter eines als Wachhund eingesetzten Hofhundes muss damit rechnen, dass dieser Besucher angreift, wenn sie das frei zugängliche Hofgelände betreten. Er muss deshalb geeignete Vorkehrungen treffen, um die Besucher vor Angriffen des Tieres dadurch zu schützen, dass er den nicht ganz ungefährlichen Wachhund ankettet oder anleint.
Ergreift der Hundehalter solche Sicherungsmaßnahmen nicht, dann haftet er einem gebissenen und verletzten Besucher auf Schadensersatz und auch auf Schmerzensgeld, das das Oberlandesgericht Köln i. H. v. 5000,- DM für einen Hundebiss mit der Folge einer schmerzhaften blutenden, klaffenden Wunde im Genitalbereich für angemessen hielt (OLG Köln, Az.: 19 U 32/95).

Wegen der besonderen Wichtigkeit sei nochmal darauf hingewiesen:

Selbst das am Tor angebrachte Schild „*Warnung vor dem Hund*“ stellt keine ausreichende Sicherung dar, zumal es ein Betretungsverbot nicht ausspricht und auch nicht aussprechen soll, nicht auf die besondere Bissigkeit des Hundes hinweist und allgemein bekannt ist, dass derartige Hinweisschilder häufig vom Verkehr unbeachtet bleiben. Wer eine solche Warnung aber in den Wind schlägt, muss sich im Falle einer Hundebissverletzung ein Mitverschulden anrechnen lassen und bekommt nicht den vollen Schaden ersetzt (LG Memmingen, Az.: 1 S 2081/93).

- Auch in einem bis zum Bundesgerichtshof gelangten Fall ging es um ein Schild mit dem Bild eines Rottweilers und der Aufschrift „*Warnung vor dem Hund*“ auf einem Reiterhof. Hier hatte ein mit den Verhältnissen vertrauter Mann, der in dem Haus seine Verlobte, wie verabredet, besuchen wollte, das Haus betreten. Was er nicht wusste, war, dass die sonst im Zwinger draußen gehaltenen Rottweiler sich zu diesem Zeitpunkt freilaufend im Haus befanden. Als er eintrat, attackierten sie ihn und fügten ihm Bisswunden zu. Im Schadensersatzprozess sah das Vordergericht bei ihm ein Mitverschulden von 75 %. Anders der BGH: Der Hundehalter habe mit der bloßen Anbringung eines Warnschildes seine Sorgfaltspflicht nicht erfüllt; ein Mitverschulden des Verletzten gehe nicht über 25 % hinaus, so dass der Hundehalter zu 75 % hafte (BGH, Az.: VI ZR 238/04).

- Auch das Hinweisschild am Gartentor: „*Hier wache ich! Betreten auf eigene Gefahr*!“ führt, so das Oberlandesgericht Stuttgart, nicht zu einem Haftungsausschluss des Hundehalters, wenn eine fremde Person das Grundstück betritt und dann gebissen wird. Ein solches Schild weise lediglich auf die Anwesenheit eines Wachhundes hin, nicht aber auf eine besondere Aggressivität des Tieres. Dies gelte vor allem dann, wenn sich die Klingel zum Haus erst an der Haustür befinde. Anders bei einem Schild „*Vorsicht, bissiger Hund*“ am Gartentor! Hier müsse von einem Mitverschulden des Besuchers beim Betreten des Grundstückes ausgegangen werden (OLG Stuttgart, Az.: 1 U 38/10).

- In einem Rechtsstreit vor dem Oberlandesgericht Hamm hatte ein Mann von einem Hundehalter Schadensersatz verlangt wegen erlittener Hundebissverletzungen beim Betreten einer Wohnung ohne Klingel. Hier gab es zwar ein Schild mit der Aufschrift „*Warnung vor dem Hund*“. Dennoch sah das Gericht kein Mitverschulden des Verletzten, insbesondere weil dieser noch kurz vor seinem Erscheinen sein Eintreten in die Wohnung angekündigt hatte (OLG Hamm, Az.: 5 U 163/12).

– Verletzung bei spielenden Hunden

Bei spielenden Hunden kann man nie sicher sein, dass alles gut geht! Auch hier können Risiken und Gefahren lauern, wie folgende Beispiele aus der Gerichtspraxis zeigen:

- Zwei Hundehalter gingen spazieren und ließen ihre Hunde miteinander spielen. Hierbei wurde ein Hundehalter von dem Hund des anderen umgerannt und dabei nicht unerheblich verletzt. Die Schadensersatz- und Schmerzensgeldklage hatte nur zum Teil Erfolg. Denn wenn man zwei Hunde miteinander spielen lasse, setze man sich einer doppelten Tiergefahr bewusst aus, so das Oberlandesgericht Hamm. Im Rahmen eines Mitverschuldens müsse sich daher der verletzte Hundehalter die Tiergefahr seines eigenen Hundes anspruchsmindernd zurechnen lassen (OLG Hamm, Az.: 6 U 236/93).

Eine harmlose Begegnung endete mit einem bösen Sturz! Erst balgten sich zwei Hunde im Wald, dann stürzte eine Frau und zog sich einen schmerzhaften Bruch zu. Der vom Oberlandesgericht Oldenburg zu entscheidende Fall hatte harmlos angefangen: Die beiden Hundebesitzer waren sich beim Spaziergang mit ihren Tieren in einem Wald begegnet. Sie ließen ihre Hunde von der Leine, die sich balgten, spielten und herumtollten. Plötzlich kamen jedoch beide Tiere auf die Hundehalterin zugejagt, die zu Fall kam und sich einen Lendenwirbel brach. Die Frau verklagte den anderen Hundebesitzer auf Schmerzensgeld und Schadensersatz, weil sein Tier sie aus vollem Lauf umgeworfen habe. Das Gericht verurteilte den Hundebesitzer dazu, die Hälfte des Schadens zu übernehmen: Im Ergebnis spiele es keine Rolle, welches Tier die Frau um- oder angestoßen habe. Ein Tierhalter müsse für alle „typischen Tiergefahren einstehen, die ihre Ursache in der Unberechenbarkeit tierischen Verhaltens hätten". Wenn zwei Hunde miteinander spielten oder balgten, bestehe immer die Gefahr, dass sie sich gegenseitig anstachelten und es dadurch zu riskanten Situationen kommen könne. Da im Übrigen die Laufrichtung tobender Hunde nicht immer richtig vorhergesagt werden könne, hafte ein Hundebesitzer auch dann, wenn ein Fußgänger sich angesichts heranstürzender Tiere verschätze und beim Versuch, ihnen auszuweichen, zu Fall komme, ohne dass ihn ein Hund berührt habe. Auch dieses Risiko sei durch die Tierhalterhaftung abgedeckt (OLG Oldenburg, Az.: 11 U 79/01).

Anlässlich eines gemeinsamen Jagdspiels zweier Hunde wurde einer der Hundehalter umgerannt und dabei verletzt. Da die beiderseitigen Tiergefahren sich gleichermaßen unfallursächlich ausgewirkt hatten, hielt das Oberlandesgericht Hamm im Schadensersatzprozess des Verletzten beide Hundehalter in gleichem Maße für mitschuldig (OLG Hamm, Az.: 9 U 13/13).

Hält man sich mit seinem Hund in der Mitte eines Hundespielplatzes auf, auf dem sich bis zu dreißig Hunde unterschiedlicher Rassen während einer „Spielstunde" frei bewegen können, dann liegt es auf der Hand, dass es beim Herumtollen einer großen Anzahl von Hunden zu einem ungestümen, unkontrollierten und wilden Verhalten und so auch zu einem Anrempeln und Umrennen von Personen mit Verletzungsfolgen kommen kann. In einem solchen Fall hat das Oberlandesgericht Celle daher einen Schadensersatzanspruch vor dem Hintergrund einer ausschließlich eigenverantwortlichen Selbstgefährdung des Geschädigten in vollem Umfang abgelehnt (OLG Celle, Az.: 20 U 49/13).

Wer etwas aufhebt, um es vor einen Hund zu werfen, der danach schnappen soll, muss damit rechnen, dass der Hund hiernach springt!
Wendet man sich also mit einem Lockmittel, wie einem Tannenzapfen, in der Hand ab und wird von einem nach dem Zapfen springenden Hund deshalb angesprungen und stürzt dadurch, dann hat man durch sein eigenes Verhalten zu dem Hundesprung und der Verletzung derart beigetragen, dass diese Hundelockung in Verbindung mit der Abwendung vom Hund ein Verschulden darstellt, das bei der Entstehung des Schadens zu 50 % mitgewirkt hat (LG München I, Az.: 20 O 10380/13).

– Stolpern über Hunde

Selbst wenn der Hund gar nichts macht, sondern still hockt, döst oder schläft, sind Sachverhalte denkbar, die zur Haftung des Tierhalters führen können!

Zwei Bekannte machten einen gemeinsamen Spaziergang. Eine hielt ihren Hund angeleint bei sich. Beide blieben stehen, und der Hund saß laut Kommando „bei Fuß". Als die eine Frau sich anschickte weiterzugehen, blieb der Hund der anderen sitzen, da ihm noch kein Kommando zum Weiterlaufen gegeben worden war. Das führte nun zu einem Dilemma: Denn die aufbrechende Frau konnte nicht mehr bremsen, stolperte über den Hund und verletzte sich. Ihre Schadensersatz- und Schmerzensgeldklage wies das Landgericht Köln ab: Eine Tierhalterhaftung scheide aus, da es sich nicht um eine typische Tiergefahr gehandelt habe, die den Sturz herbeigeführt habe. Denn der Hund habe sich kommandogerecht („bei Fuß") verhalten. Im Übrigen müsse sich die Verletzte ein hundertprozentiges Mitverschulden entgegenhalten lassen (LG Köln, Az.: 27 O 14/10).

Die alte Schäferhündin einer Verkäuferin hatte es sich gemütlich gemacht im Eingangsbereich des Reitsportgeschäftes und war dort eingeschlafen. Eine Kundin zahlte an der Kasse und ging Richtung Ausgang. Sie übersah den dort schlafend liegenden Hund, stürzte über ihn und verletzte sich dabei. Das Landgericht Hagen bejahte eine Haftung auf Schadensersatz und Schmerzensgeld wegen Verletzung der Verkehrssicherungspflicht, da der Boden eines Geschäfts frei von Hindernissen sein müsse. Die Kundin müsse sich aber zu einem Drittel ein Mitverschulden anrechnen lassen, weil eine absolute Gefahrenfreiheit auch in Geschäftsräumen nicht erwartet werden könne. Eine Besonderheit gab es hier insofern, als das Gericht von einer Verschuldenshaftung und nicht von einer Tierhalterhaftung ausging: Nicht eine Tiergefahr sei Schadensursache gewesen, sondern ein körperliches Hindernis wie jedes andere Hindernis auch

(LG Hagen, Az.: 9 O 286/11); so hatte in einem ähnlichen Fall auch das Oberlandesgericht Köln entschieden (OLG Köln, Az.: 19 O 114/10).

Anders das Oberlandesgericht Hamm: Dieses bejahte eine Gefährdungshaftung des Tierhalters in vollem Umfang für einen reglos und schlafend im Verkaufsraum liegenden Hund, über den eine Kundin beim Verlassen des Ladenlokals gestürzt war. Dies sei auf die tierimmanente Gefahr des Hundes zurückzuführen. Er habe diese Stelle selbst aufgesucht und sich da unbekümmert schlafen gelegt, was einer typischen Tiergefahr entspreche (OLG Hamm, Az.: 1 – 19 U 96/12).

Und noch ein Sturz über einen Hund:

Eine Hundehalterin hatte ihren Hund in Absprache mit einer befreundeten Mieterin mit in deren Wohnung genommen. Als diese in ihren schlecht beleuchteten Flur kam, übersah sie den dort liegenden Hund und stürzte. Ihre Schadensersatzklage wies das Oberlandesgericht Celle ab: Wenn die Mieterin, ohne sich bei der Hundehalterin über den Aufenthaltsort ihres Tieres zu erkundigen oder diese zu veranlassen, das Tier zu sich zu rufen, und des Weiteren, ohne selbst ausreichend Ausschau nach dem Hund zu halten, den schlecht beleuchteten Flur betrete und dort über den am Boden liegenden Hund stolpere, habe sie ihren Sturz selbst verschuldet. Sie habe beim Gehen nicht aufgepasst, wohin sie trete. Letztlich habe sich auch nicht entscheidend das Verhalten des Hundes ausgewirkt, sondern allein die Entscheidung der Mieterin, kein Licht anzuschalten, anstatt den zu begehenden Raum gut auszuleuchten. Dieses Versäumnis könne sie nicht auf die Hundehalterin abwälzen. Die Tiergefahr trete insofern ganz hinter dem Mitverschulden der Geschädigten zurück (OLG Celle, Az.: 20 U Tier/14).

– Fußgänger und Hund

Mit Schäden durch einen freilaufenden Hund hatte sich das Amtsgericht Frankfurt zu befassen. Hier ging es um einen Passanten, der zur U-Bahn gerannt war. Aus Angst vor zwei freilaufenden Hunden, die „Jagd“ auf ihn machten, war er auf das Dach eines parkenden Autos gesprungen, das hierdurch beschädigt wurde. Nach Entscheidung des Gerichts hat ein Tierhalter, der seinen Hund frei laufen lässt, auch für solche Schäden einzustehen, die dadurch verursacht werden, dass sich ein Fußgänger von diesem Tier bedroht fühlt, wegläuft und hierdurch einen Schaden verursacht. Dieser Schaden sei dem Hund zuzuordnen, da die Ursache des Weglaufens allein von dem Hund ausgegangen sei (AG Frankfurt, Az.: 32 C 2314/99-48).

Betritt ein Fremder ein Haus durch die unversperrte Haustür, weil – was er wusste – die Klingel nicht funktioniert und erhält er auf sein Klopfen vor der Wohnzimmertür keine Antwort, da dort der Staubsauger läuft, dann liegt eine grob fahrlässige Selbstgefährdung vor, wenn er die Wohnzimmertür öffnet, obwohl die dort frei herumlaufenden Hunde laut bellen und er dann von einem der im Wohnzimmer befindlichen Hunde im Bereich des Knies gebissen wird. In einem solchen Fall hat der Geschädigte, so das Oberlandesgericht München, keinen Anspruch auf Schmerzensgeld gegen den Hundehalter: Der Verletzte habe selbst schuldhaft gehandelt, weil er die notwendige Sorgfalt beim Betreten eines fremden Hauses außer Acht gelassen habe (OLG München, Az.: 14 U 1010/99; ebenso das Landgericht München in einem ähnlichen Fall, LG München, Az.: 20 O 10380/13).

- Rennt ein nicht angeleinter Schäferhund, der sich in erheblicher Entfernung von der ihn ausführenden Person befindet, auf einen angeleinten Pudel zu und verletzt sich der Führer des Pudels durch einen Sturz, weil der Schäferhund ihn berührt, so haftet der Halter des Schäferhundes zu 100 %. Eine Mithaftung des Pudelhalters wegen des bloßen „Daseins“ seines angeleinten Hundes scheidet nach Meinung des Oberlandesgerichts Stuttgart aus: Die Tiergefahr eines freilaufenden Schäferhundes in einer solchen Situation sei erheblich höher als diejenige des angeleinten Pudels (OLG Stuttgart, Az.: 10 U 205/01).

- Mit dem Angriff eines Hofhundes hatte das Landgericht Coburg zu tun: Ein achtjähriger Junge nahm mit seinen Eltern an der Geburtstagsfeier eines Onkels in einem von einer Hundehalterin vermieteten Raum teil. Im Hof des Anwesens befand sich, angebunden an eine Kette, ihr Hund, auf dessen Gefährlichkeit sie hingewiesen hatte. Während der Feier ging der Junge jedoch unbemerkt in den Hof zu dem Hund. Der sprang auf ihn zu und biss ihn ins Gesicht. Dafür verlangte das Kind, vertreten durch seine Eltern, 12.500,- € Schmerzensgeld. Das Gericht entschied, durch den Biss habe sich die „typische Tiergefahr“ verwirklicht, für die die Halterin einstehen müsse. Den Jungen treffe zwar ein Mitverschulden, weil er sich trotz der Warnung dem Hund genähert habe und außerdem bei einem normal entwickelten Kind seines Alters davon auszugehen sei, dass es um die Gefahr fremder Hunde weiß. Das überwiegende Mitverschulden, nämlich 75 %, treffe jedoch die Hundehalterin, weil sie trotz Kenntnis, dass zu der Feierlichkeit auch Kinder erscheinen würden, den Hund nicht weggesperrt habe, obwohl dieser bereits zweimal vorher Personen angegriffen und gebissen habe. Nachdem die Verletzungen des Jungen nicht zu gravierend gewesen und praktisch folgenlos verheilt seien, sah das Gericht allerdings einen Betrag von 1.500,- € Schmerzensgeld als völlig ausreichend an (LG Coburg, Az.: 11 O 660/07).

– Jogger und Hund

Jogger leben gefährlich, da in Stadt, Wald und Flur jederzeit ein Hund auftauchen und einen Sturz verursachen kann. Nicht nur, dass sie sich dabei verletzen können, nein, hinzu kommt, dass sie eine Mitschuld an dem Unfall treffen kann!
Ein Jogger, der über einen nicht angeleinten Hund fällt und sich dabei verletzt, ist an dem Unfall ebenfalls schuld, wenn er den Hund bereits aus weiter Entfernung sehen kann, weil es ihm dann zumutbar ist, einen Bogen um das Tier zu laufen oder langsamer zu werden. So geschehen in einem Fall beim Amtsgericht München. Hier war ein Jogger über einen Hund gestürzt, der ihm unangeleint zwischen die Füße gelaufen war. Mit solch einem unberechenbaren Verhalten des Hundes müsse aber in solcher Situation gerechnet werden, so das Gericht (AG München, Az.: 345 C 6820/01).

Jogger müssen für Hunde „bremsen“, befand auch das Oberlandesgericht Koblenz in einer Schadensersatz- und Schmerzensgeldklage eines Joggers wegen des Bruches seiner linken Hand durch einen Sturz über einen unangeleint herumlaufenden Hund. Anderenfalls riskiere er bei einem Sturz eine Mithaftung. Das Gericht gab der Klage eines schnellen Joggers daher nur zum Teil statt: Er habe den frei laufenden Dackel schon von weitem gesehen, sei aber leichtsinnigerweise trotzdem mit unverminderter Geschwindigkeit weitergelaufen, statt sich, als angemessene Reaktion, auf das unberechenbare Verhalten des Hundes einzustellen. Deshalb sei ihm ein Mitverschulden von 30 % anzulasten (OLG Koblenz, Az.: 5 U 27/03).

– Power-Walker und Hund

„Power-Walking“ rechtfertigt keinen Hundebiss, so das Verwaltungsgericht Berlin. Ein Hund, der ohne jeden Anlass eine im „Power-Walking-Schritt“ daherkommende Person anfalle und durch einen Biss in das Bein verletze, sei als gefährlich einzustufen. Berechtigte Folge sei die Anordnung eines Leinen- und Maulkorbzwangs, anders nur, wenn ein Hund durch einen Angriff, Schläge oder in ähnlicher Weise provoziert werde oder ein artgerechtes Verteidigungsverhalten zeige. Keinesfalls dürfe ein Hund, der in der Öffentlichkeit ausgeführt werde, Sportler einfach so angreifen (VG Berlin, Az.: 11 A 724.05).

– Fahrradfahrer und Hund

Auch Fahrradfahrer sind gefährdet, wenn ein Hund im Spiel ist, wie folgende Beispiele zeigen:

Durch ein heftiges Bremsmanöver wegen eines freilaufenden Hundes verlor ein Radfahrer die Kontrolle über sein Fahrrad. Weil der Hund von der Wiese an den Straßenrand gelaufen war, hatte der Radler damit gerechnet, dass er in die Fahrbahn rennen würde. Tatsächlich blieb er aber am Straßenrand stehen. Durch die Vollbremsung mit blockierendem Hinterrad stürzte der Radfahrer und verletzte sich. Seine Klage auf Schadensersatz gegen den Hundehalter hatte keinen Erfolg, weil, so das Oberlandesgericht Koblenz, ein Hundehalter nicht gegen die Straßenverkehrsordnung verstoße, wenn er seinen Hund außerhalb verkehrsreicher Straßen nicht anleine, sondern durch Befehle oder Zeichen führe. Nähere sich ein Fahrradfahrer dem Hundeführer auf einer Feldstraße mit mäßigem Verkehr, so sei dieser nicht verpflichtet, seinen unangeleinten Hund zu sich zu rufen und festzuhalten, jedenfalls dann nicht, wenn der Hund eine Hundeschule absolviert habe und an den Straßenverkehr gewöhnt sei. Der Radfahrer habe den Unfall vielmehr durch eigene Überreaktion selbst verursacht (OLG Koblenz, Az.: 12 U 1312/96).

Ein Radfahrer war, erschreckt durch einen auf der Straße freilaufenden Hund, mit diesem zusammengestoßen und gestürzt. Der Mann verletzte sich dabei und zog vor Gericht, aber ohne Erfolg. Der Hundebesitzer und sein Bruder hatten ausgesagt, die Hündin sei brav die Straße entlanggelaufen. Das Oberlandesgericht München entschied, eine Haftung des Hundehalters i. V. m. der Straßenverkehrsordnung käme nur dann in Betracht, wenn der Hund nicht verkehrssicher sei, also nicht aufs Wort gehorche, oder aber schwerhörig sei. Das sei aber nicht der Fall. Zum anderen setze die Haftung des Tierhalters voraus, dass der Schaden gerade durch typisches tierisches Verhalten verursacht oder zumindest mitverursacht werde, was der Radler aber nicht habe beweisen können (OLG München, Az.: 21 U 185/98).

Wenn ein Fahrradfahrer bei einem Verkehrsunfall keinen Schutzhelm getragen hat, mindert dies seinen Schadensersatzanspruch grundsätzlich nicht. Das Oberlandesgericht Hamm hatte über eine solche Forderung eines Radfahrers zu entscheiden, der auf dem Weg zur Arbeit auf einem Fahrradweg mit einem Hund zusammengestoßen war und sich bei dem Sturz schwerste Kopfverletzungen zugezogen hatte. Der Arbeitgeber hatte für ihn über 90.000,- DM an Entgeltfortzahlungskosten aufgewendet. Die Haftpflichtversicherung des Hundebesitzers zahlte nur einen Teil der Kosten. Im Prozess berief sich der Hundebesitzer u. a. darauf, dass der Radler ein Viertel seiner Kosten selbst tragen müsse, weil er keinen Schutzhelm benutzt habe. Diese Auffassung teilte das Gericht nicht, weil es keine allgemeine Überzeugung gebe, dass das Tragen von Fahrradhelmen zum notwendigen Eigenschutz des Radfahrers erforderlich sei. Infolgedessen hafte der Hundehalter auf vollen Schadensersatz. Den Radfahrer treffe kein anspruchsminderndes Mitverschulden (OLG Hamm, Az.: 27 U 93/00).

Wer mit Fahrrad und Hund unterwegs ist und die Leine um den Lenker gewickelt hat, ist zu ganz besonderer Aufmerksamkeit und Vorsicht verpflichtet. Das Oberlandesgericht Köln hat in diesem Zusammenhang die Klage eines Radfahrers auf Schadensersatz und Schmerzensgeld abgewiesen. Dieser war über einen Deichweg geradelt, mit seinem Hund an der Leine, die um den Lenker gewickelt war. Das Tier hatte dann plötzlich an der Leine gezogen und sein Herrchen umgerissen, als ihnen zwei Kinder mit einem anderen Hund entgegengekommen waren. Dieser war nicht angeleint und auf den Hund des Radlers zugelaufen. Seinen Hund an den Fahrradlenker anzubinden, so das Gericht, berge eine besondere Gefahr, weil der Radfahrer dann keine Möglichkeit habe, die Leine notfalls schnell zu lösen. Gegenüber einem so stark überwiegenden Verursachungs- und Verschuldensbeitrag des Radfahrers und der zum Unfallgeschehen beitragenden Tiergefahr seines eigenen Hundes müsse die Tiergefahr des Hundes der Kinder zurücktreten. Der Mann habe die Unfallfolgen deshalb ganz alleine zu tragen (OLG Köln, Az.: 9 U 185/00).

Die Größe des Hundes spielt nach Meinung des Oberlandesgerichts Köln für die Schadensersatzhaftung keine Rolle, auch ein kleiner Hund könne einen Sturz des Radfahrers verursachen, indem er z. B. in das sich drehende Vorderrad des Rades laufe und den Fahrer zu Fall bringe (OLG Köln, Az.: 13 U 78/12).

Der Sturz eines Schülers vom Fahrrad wegen eines bellenden Hundes führte nicht zu einem Schmerzensgeldanspruch beim Landgericht Coburg, da der junge Mann nicht beweisen konnte, dass der Hund für seinen Sturz ursächlich war (LG Coburg, Az.: 32 S 47/13).

Eine Radfahrerin war auf einem Feldweg einem Spaziergänger mit Hund begegnet. Der recht große „germanische Bärenhund“ ging nicht an der Leine und lief auf der linken Wegseite zehn Meter vor seinem Halter. Als die Radlerin klingelte, pfiff dieser nach seinem Hund, der aber nicht reagierte. Erst als die Frau vorsichtig vorbeifahren wollte, lief der Hund nach rechts. Die Radfahrerin bremste stark und stürzte. Sie erlitt erhebliche Knieverletzungen, saß vier Wochen im Rollstuhl und musste sich mehreren Operationen unterziehen. Sie verklagte den Hundehalter auf Schmerzensgeld und Ersatz möglicher zukünftiger Schäden. Der Hundehalter argumentierte dagegen, dass sein Hund den Sturz nicht direkt verursacht habe.
Das Landgericht Tübingen entschied, dass der Hundehalter allein für alle Schäden

aufkommen müsse. Denn zwischen dem Sturz und der Begegnung mit dem Hund habe ein unmittelbarer zeitlicher und örtlicher Zusammenhang bestanden. Nach der örtlichen Gemeindeverordnung habe der Hund außerorts angeleint sein müssen, wenn er nicht auf Zuruf gehorche. Unter diesen Umständen könne man davon ausgehen, dass der Hund durch sein Verhalten den Sturz allein verursacht habe (LG Tübingen, Az.: 5 O 218/14).

- Eine Frau war mit dem Fahrrad auf einem Feldweg unterwegs und führte einen Labrador mit sich. Angesichts dessen ging eine ihr entgegenkommende Spaziergängerin mit ihrer Dogge wenige Schritte ins Feld, um sie dort mit beiden Händen am Halsband festzuhalten. Das misslang. Die Dogge riss sich los und brachte die Radlerin zu Fall. Diese verletzte sich an beiden Knien und forderte Schadensersatz, letztlich mit Erfolg. Das Oberlandesgericht Oldenburg hielt die Tierhalterhaftung der Doggenbesitzerin nämlich eindeutig für gegeben: Allein die Anwesenheit des Labradors der Radlerin stehe dem nicht entgegen. Denn die Verantwortlichkeit der Frau auf dem Rad trete in einer solchen Konstellation komplett zurück (OLG Oldenburg, Az.: 4 O 2838/14).

- Ein Fahrradfahrer fuhr mit seinem Fahrrad am rechten Rand eines Weges. Er steuerte das Rad nur mit der linken Hand. In der rechten Hand hielt er eine Leine mit seinen zwei Schäferhunden. Er näherte sich von hinten einer Frau, die auf dem Grünstreifen am linken Fahrbahnrand lief. Sie führte ebenfalls einen Hund aus, der allerdings nicht angeleint war und einige Meter hinter ihr hertrottete. Als dieser dann plötzlich auf den Radfahrer zulief, bremste er ab, stürzte bei der Aktion und erlitt Verletzungen an der rechten Hand. Er verlangte nun Schadensersatz für das beschädigte Handy und für Attestkosten sowie ein Schmerzensgeld. Nachdem ihm erstinstanzlich eine Mithaftung von 75 % auferlegt worden war, versuchte er sein Glück nun beim Landgericht. Vergeblich! Denn das Landgericht Münster befand, immerhin habe er nur eine Hand am Lenker gehabt und in der anderen Hand zwei Schäferhunde an der Leine gehalten. Zwar sei das einhändige Fahren mit dem Fahrrad nach der Straßenverkehrsordnung grundsätzlich erlaubt, ebenso wie das Führen von Hunden vom Fahrrad aus. Das Zusammenspiel beider Faktoren stelle sich allerdings als risikoerhöhend dar. Der Radfahrer müsse sicherstellen, dass er sein Fahrrad ohne Beeinträchtigung durch das Tier beherrsche (LG Münster, Az.: 1 S 56/15).

Dieser Fall zeigt, wie gefährlich es sein kann, nur mit einer Hand am Lenker ein Fahrrad zu führen und mit der anderen Hand auch noch zwei Hunde an der Leine vom Fahrrad aus mitzunehmen.

- Zwei Hunde tollen herum, jagen sich, wirbeln durcheinander, und dabei kommt eine Radfahrerin zu Fall. Folge: Schädelfraktur!

So war es in einem Fall, den das Oberlandesgericht München zu entscheiden hatte. Zwei Frauen waren mit ihren beiden Hunden auf einem Spaziergang, die eine mit einem Pudelmix, die andere mit einem jungen Retriever „Fynn". Beide Hunde befanden sich nicht angeleint auf einer an einen ausgeschilderten Fuß- und Radweg angrenzenden Wiese. Eine Fahrradfahrerin näherte sich auf dem Geh- und Radweg, als der Retriever einen Haken schlug und von der Wiese auf den Radweg zulief. Die Radfahrerin bremste, stürzte, schlug mit dem Hinterkopf auf den Asphalt und erlitt u. a. einen Schädelbruch. Die Haftpflichtversicherung für „Fynn" bezahlte Heilbehandlungskosten und Verdienstausfall an die Geschädigte unter Anrechnung von 30 % Mitverschulden, insgesamt einen Betrag von etwa 40000,- €. Hiervon verlangte sie nun 50 % von der Halterin des Pudelmix. Ohne Erfolg! Das Gericht war der Überzeugung, dass es zum Unfall gekommen war aufgrund eines abtrennbaren singulären Verursachungsbeitrages allein des Retrievers und eben nicht als Folge eines gemeinsamen, zu unkontrolliertem Verhalten führenden Jagdspiels oder Gerangels beider Hunde. Nur dann hätte sich die Tiergefahr beider Hunde unfallursächlich ausgewirkt mit der Folge einer Haftung beider Hundehalterinnen als sog. Gesamtschuldner. Bleibe unklar, wo sich in dem Zeitpunkt, in dem der die Radfahrerin zur Ausweichreaktion veranlassende Retriever auf den Geh- und Radweg gelaufen sei, der Pudelmix befunden habe sowie ob und wie sich dieser in diesem Zeitpunkt bewegt habe, scheide eine Haftung der Pudelmix-Halterin aus (OLG München, Az.: 10 U 4540/16).

– Autofahrer und Hund

Es ist eine der Horrorvorstellungen eines jeden Autofahrers: Ein Hund rennt in sein fahrendes Auto!

Genau dies ist passiert: ein Verkehrsunfall zwischen einem Pkw und einem auf der Straße freilaufenden Hund! Der Hundehalter hafte, so das Landgericht Aurich, auf Grund der *Tierhaltergefährdungshaftung* zwar grundsätzlich für den Schaden. Allerdings müsse sich der Autofahrer die Gefährdungshaftung für sein eigenes Fahrzeug – § 7 Abs. 1 StVG, sog. *Kraftfahrzeughalterhaftung* – anrechnen lassen, wenn er nicht detailliert nachweisen könne, dass der Unfall für ihn „unabwendbar" gewesen sei. Damit blieb der Fahrzeughalter auf 25 % seines eigenen Fahrzeugschadens sitzen! (LG Aurich, Az.: 1 S 476/92).

Ähnlich und doch anders war der Sachverhalt in einem Schadensersatzprozess beim Amtsgericht Landstuhl. Dort ging es um einen Hund, der plötzlich und unvorhersehbar auf die Straße gelaufen war, wodurch es zu einem Zusammenprall mit einem Auto gekommen war. Das Gericht hielt hier den Hundebesitzer aber in voller Höhe für den Schaden haftbar, der beim Unfall entstanden war, da hier der Unfall für den Fahrer „unabwendbar“ gewesen sei. (AG Landstuhl, Az.: 2 C 293/95, anders im Fall AG Gütersloh, Az.: 4 C 108/97).

In einem Rechtsstreit vor dem Oberlandesgericht Nürnberg war ein Hund unversehens auf die Straße gesprungen und gegen ein vorbeifahrendes Auto geprallt. Dabei entstand am Fahrzeug ein Blechschaden von über 7000,- DM. Bei der Bewertung der beiderseitigen Verursachungsanteile fiel zu Lasten des Hundehalters ins Gewicht, dass er nichts unternommen hatte, um seinen Hund von der innerörtlichen Durchgangsstraße fernzuhalten. Dieses Versäumnis kreidete das Gericht ihm als fahrlässiges Verhalten an. Demgegenüber war der Autofahrerin kein Verschulden nachzuweisen. Sie hafte, so das Gericht, ausschließlich unter dem Gesichtspunkt der „Gefährdungshaftung“, d. h. wegen der verschuldensunabhängigen Betriebsgefahr, die von jedem Fahrzeug ausgehe. Ihr Haftungsanteil falle daher deutlich geringer aus als der des Tierhalters.
Einen Anspruch auf vollen Schadensersatz hätte die Frau nur dann gehabt, wenn selbst ein noch so guter Fahrer den Unfall nicht hätte vermeiden können („unabwendbar“), oder wenn ihr eigener Verursachungsbeitrag nicht nennenswert ins Gewicht gefallen wäre. Bei Abwägung der verschuldensunabhängigen *Betriebsgefahr* auf Seiten der Kfz-Halterin und der verschuldensunabhängigen *Tiergefahr* sowie zusätzlich des schuldhaften, weil fahrlässigen Verhaltens des Tierhalters bewertete das Gericht den Haftungsanteil des Hundebesitzers zwar deutlich höher als den der Autofahrerin, aber doch nicht so hoch, als dass ihr Verursachungsbeitrag ganz unter den Tisch hätte fallen können (OLG Nürnberg, Az.: 8 U 2819/96).

Hund „auf Freiersfüßen“ kann teuer werden!
Das Amtsgericht München verurteilte einen Mann, dessen Golden Retriever auf der Spur einer heißen Hündin durch ein Loch im Zaun entwischt war und auf einer Straße einen Auffahrunfall verursacht hatte. Das Herrchen habe nicht die erforderliche und zumutbare Sorgfalt walten lassen, befand das Gericht. Der Hundebesitzer müsse deshalb dem Fahrer des aufgefahrenen Wagens die Hälfte von dessen Schaden erstatten. Dieser Autofahrer bekomme den Schaden nur zur Hälfte ersetzt, weil der Unfall auch für ihn kein unabwendbares Ereignis gewesen sei (AG München, Az.: 345 C 6820/01).

Eine Hundezüchterin ging mit ihren sechs nicht angeleinten West-Highland-Terriern auf einem Feldweg spazieren, als der Jagdpächter mit seinem Fahrzeug kam. Er forderte die Frau auf, ihre Hunde anzuleinen, damit sie nicht weiter frei stöbern könnten. Es kam zum Streit zwischen beiden. Der Jagdpächter entschloss sich dann, mit seinem Auto langsam weiterzufahren. Die Hunde waren von der Streiterei aufgewühlt, umkreisten das Fahrzeug und bellten. In dieser Situation wurde einer der sechs

Hunde, nämlich unglücklicherweise gerade der Zuchtrüde, verletzt. Die Hundezüchterin forderte nun vor Gericht einen Zuchtausfallschaden, da der Hund nicht mehr zu Zuchtzwecken eingesetzt werden könne. Das Oberlandesgericht Koblenz war der Meinung, der Jagdpächter habe sich korrekt verhalten, und wies die Klage ab: Gerade auf verkehrsarmen Feldwegen dürfe ein Kraftfahrer regelmäßig auch dann langsam weiterfahren, wenn sich Hunde in der Nähe seines Fahrzeuges befänden und dieses anbellten (OLG Koblenz, Az.: 12 U 1156/03).

Übel erging es einem Autofahrer, der einen nicht ordnungsgemäß angeleinten Hund an einer Tankstelle angefahren und verletzt hatte. Um im dortigen Tankstellenshop einkaufen zu können, hatte eine Hundehalterin ihren Mischling „Pauli" im Eingangsbereich zum Tankstellengebäude angeleint, indem sie die Leine um den dort aufgestellten Abfalleimer gewickelt und das Ende der Flexi-Leine in die Öffnung des Mülleimers gelegt hatte. Nun geschah das Unglück: Der Fahrer eines Pkw lenkte seinen Wagen zwischen den Tanksäulen und dem Eingangsbereich zum Gebäude an dem Hund vorbei und fuhr ihn dabei an. Infolge der Verletzungen des Tieres war eine Operation erforderlich. Die hohen Behandlungskosten verlangte die Hundehalterin von dem Autofahrer nun mit ihrer Klage beim Amtsgericht München, hatte damit aber nur zum Teil, nämlich zu 75 %, Erfolg: Auf dem Tankstellengelände gelte – vergleichbar wie auf Parkplätzen – für Fahrzeugführer in erhöhtem Maße das gegenseitige Rücksichtnahmegebot, da stets mit ein- und ausfahrenden Fahrzeugen, aber auch mit Personenverkehr vor allem im Bereich des Tankstellengebäudes zu rechnen sei. Bei dem Autofahrer sei eine erhöhte Aufmerksamkeit zu erwarten gewesen. Angesichts des angeleinten Hundes habe er sogar von einer Vorbeifahrt vollständig Abstand nehmen und warten müssen, bis die Frau ihren Hund aus dem Gefahrenbereich entfernt haben würde. Da er dies nicht getan habe, sei er verantwortlich und müsse sich die von seinem Pkw ausgehende *Betriebsgefahr* zurechnen lassen.
Die Hundehalterin treffe aber ein Mitverschulden i. H. v. 25 %. Denn sie hätte den Hund so festleinen müssen, dass er keinesfalls über den Vorplatz der Eingangstüre hinaus in die Fahrstraße des Fahrzeuges hätte hineinlaufen können. Das überwiegende Verschulden des Fahrers liege insbesondere darin, dass er hätte erkennen können, dass der Warteplatz des Hundes nicht ganz ungefährlich gewesen sei, der Hund sich jedenfalls teilweise auf der Fahrbahn befunden habe und die Platzverhältnisse beengt gewesen seien. Dies hätte der Fahrer als tatsächliche Gefährdungssituation werten müssen (AG München, Az.: 344 C 1200/13).

– Der Hund schädigt ein Tier

- Ungewollter Deckakt

Man stelle sich vor, ein Hund fühlt sich durch den Duft einer paarungsbereiten Hündin unwiderstehlich angezogen! Was passiert nun, wenn ein freilaufender Rüde eine angeleinte und läufige Hündin deckt? Wie steht es mit Schadensersatzansprüchen?

Der vom Hundehalter nicht gewünschte Deckakt stellt eine Tiergefahr i. S. v. § 833 BGB dar und kann zur Tierhalterhaftung führen, wenn die Hündin trächtig wird. Dies ist seit langem höchstrichterlich anerkannt (BGH, Az.: VI ZR 177/75). Einigkeit besteht im Wesentlichen auch darüber, dass der Halter der Hündin im Rahmen der Schadensminderungspflicht für eine Abtreibung sorgen muss (LG Kassel, Az.: 1 S 39/81, ebenso OLG Schleswig, Az.: 7 U 9/92).

Anders hatte es das Lüneburger Landgericht gesehen, das die Klage einer Hundezüchterin abwies, die vom Besitzer des Dorfhundes „Josef" Schadensersatz kassieren wollte. „Josef" hatte ihre prämierte Hirtenhündin geschwängert. Im letzten Frühjahr war die Züchterin von heftigem Hecheln auf der Terrasse aufgeschreckt worden. Im animalischen Liebesspiel ertappte sie ihre blaublütige „Alom" mit dem ganz gewöhnlichen Hovawart „Josef". Das ging fünfzehn Minuten, und Josef war „hundherum" glücklich. An Trennung war nicht zu denken. Das Gericht fand an „Josefs" Treiben nichts Ehrenrühriges. Auch dem Besitzer sei kein Vorwurf zu machen, da die Züchterin den Seitensprung ihrer läufigen Hündin selbst verschuldet habe. Sie habe nicht genügend aufgepasst, und „Alom" habe nicht mal ein Schutzhöschen getragen (LG Lüneburg, Az.: 3 O 340/91).

Auch das Amtsgericht Daun zeigte Nachsicht mit einem Mischlings-Rüden, der einer Alaska-Malamute-Hündin einen ungebetenen Besuch in einem Park abgestattet hatte, wo sie seine Begierde geweckt hatte. Etwa zwei Monate nach der zufälligen Begegnung brachte die Hündin Welpen zur Welt, denen es unübersehbar am rechten Stammbaum fehlte. Grund genug für den Besitzer, den anderen Hundehalter auf Schadensersatz zu verklagen. Dafür hatte das Gericht kein Verständnis: Man könne den Mischlingsrüden nicht dafür verantwortlich machen, dass er seinen Instinkten gefolgt sei (AG Daun, Az.: 3 C 436/95).

Quasi gewaltsam verschaffte sich ein Mischlingsrüde Zugang zu seiner angehimmelten Rottweiler-Hündin. Ihm gelang es nämlich, sich unter dem Zaun zu einem Grundstück durchzugraben, wo ihr Zuhause war. Es kam zum Deckakt, der nicht ohne Folgen blieb. Der Besitzer ließ die ungewollte Trächtigkeit entfernen und die Hündin sterilisieren. Vergeblich verlangte er die Kosten hierfür vom Herrchen des verliebten Ausreißers. Er zog vor Gericht und erzielte einen Teilerfolg. Das Amtsgericht Lampertheim meinte, er habe nicht damit rechnen müssen, dass der Rüde in das Grundstück eindringen und seine Hündin decken werde. Da die Kosten für eine Aufzucht der Welpen höher als die Kosten der Schwangerschaftsunterbrechung gewesen wären, müsse er zwar die Arztkosten für die Abtreibung erstattet bekommen, nicht aber die vollen Kosten der Sterilisation. Bei einer frühzeitigen Kontrolle der Hündin hätte die Trächtigkeit nämlich bereits mit einer kostengünstigeren Hormonspritze beseitigt werden können (AG Lampertheim, Az.: 3 C 306/98).

Über 15.000,- € verlangte eine Hundebesitzerin, nachdem es zwischen ihrer Rassehündin und einem Mischlingsrüden zu einem ungewollten Deckakt gekommen war. Bei der trächtig gewordenen Hündin war ein Abtreibungseingriff vorgenommen worden, in dessen Verlauf die Gebärmutter entfernt werden musste. Damit platzte der Traum von der Hobbyzucht. Das Landgericht Coburg stellte zwar grundsätzlich einen Schadensersatzanspruch fest, konnte die Frau aber schließlich doch dazu bewegen, sich mit einer Ausgleichszahlung von 500,- € zufriedenzugeben (LG Coburg, Az.: 11 O 185/13).

- Schafsherde

Eine Schafsherde weidete unter Beaufsichtigung des Schäfers auf einer durch einen mobilen Netzzaun eingegrenzten Grasfläche am Rheinufer. In unmittelbarer Nähe ging eine Frau mit ihrem Hund spazieren. Das nicht angeleinte Tier sprang in das Weidegebiet und lief auf die Schafsherde zu. Die Schafe gerieten darauf in Panik und flüchteten in unterschiedliche Richtungen, zum großen Teil auch in Bereiche außerhalb der Umzäunung, die sie in ihrer Not eingerissen hatten. Die dadurch entstandenen Schäden, ferner die Kosten der tierärztlichen Behandlung zahlreicher, von dem Hund gebissener Schafe sowie den transportbedingten zeitlichen Mehraufwand wollte der Schafhalter von der Hundehalterin ersetzt bekommen. Zu Recht, befand das Landgericht Duisburg. Der Anspruch ergebe sich aus dem Gesichtspunkt der Tierhalterhaftung (LG Duisburg, Az.: 8 O 185/09).

- Sonstige „Hundeopfer“

Zunächst eine zum Schmunzeln anregende gerichtliche Begründung zu einem Fall der „Selbstjustiz“ eines Hundes, der durch Hochspringen diverse Lackkratzer an einem falsch geparkten Pkw verursachte. Die Halterin des beschädigten Fahrzeugs forderte von der Hundebesitzerin Schadensersatz, der ihr auch vom Amtsgericht Königs-Wusterhausen zugesprochen wurde. Der Einwand der Hundehalterin, die Vierbeiner im Inneren des Autos hätten ihren eigenen Hund durch Bellen provoziert, ließ das

Gericht nicht gelten. Auch die Tatsache, dass das Auto verbotswidrig geparkt war, half ihr nicht weiter. In der Urteilsbegründung wies das Gericht nämlich ausdrücklich darauf hin, dass das Verhalten des Hundes selbst dann nicht gerechtfertigt gewesen wäre, wenn er sich durch den Parkverstoß in „seinem Rechtsgefühl" verletzt gesehen hätte und für Ordnung hätte sorgen wollen. Stattdessen hätte er so lange bellen müssen, bis eine Politesse auf den Falschparker aufmerksam geworden wäre und ihm so zu seinem „Recht" verholfen hätte. Keinesfalls hätte er das Recht in die eigenen „Pfoten" nehmen dürfen! (AG Königs-Wusterhausen, Az.: 20 C 55/01).

In einem Schadensersatzprozess beim Amtsgericht Wiesbaden ging es um einen Neufundländer, der fünf der in einem Hundesalon zum Verkauf angebotenen Decken „markiert" hatte. Der Urin wäre zwar durch Waschen entfernbar und für menschliche Nasen nicht mehr wahrnehmbar gewesen, anders aber bei Hundenasen! Auf eine Decke, die ein anderer Hund bereits markiert hat, würde sich kein Hund mehr legen. Folge: Der Einkaufspreis für die markierten Decken sowie der entgangene Gewinn, insgesamt der Verkaufspreis also, waren nach Meinung des Gerichts zu erstatten, ja, wäre da nicht ein Mitverschulden der Ladeninhaberin! Da die Decken auf dem Boden des Ladenlokals in einem Hundekorb platziert gewesen seien und gerade in einem Hundesalon zahlreiche zu pflegende Hunde durch das Geschäft geführt würden, fand das Gericht es nicht ungewöhnlich, dass einzelne Hunde die Verkaufsware auf dem Boden markierten. Dies habe die Inhaberin bedenken müssen, so dass ihr Mitverschulden mit 25 % zu bewerten sei (AG Wiesbaden, Az.: 93 C 2691/11).

Anspruch auf Schmerzensgeld

Wie in den letzten Passagen beispielhaft gezeigt wurde, werden immer wieder Menschen von Hunden gebissen oder sonst geschädigt. Für solche materiellen Schäden, die also durch Geld ausgeglichen werden können, hat grundsätzlich der Halter des Tieres mit Schadensersatzleistungen dem Grunde und der Höhe nach einzustehen.

Wie geht unser Recht aber damit um, dass es bei Verletzungen ja nicht nur um zu ersetzende materielle Schäden geht, sondern darüber hinaus um immaterielle Schäden, also um erlittene Schmerzen, um seelisches Leid oder bleibende Ängste?

Dies regelt § 253 BGB:

> § 253 BGB Immaterieller Schaden
> Wegen eines Schadens, der nicht Vermögensschaden ist, kann Entschädigung in Geld nur in den durch das Gesetz bestimmten Fällen gefordert werden.
> Ist wegen einer Verletzung des Körpers, der Gesundheit ... Schadensersatz zu leisten, kann auch wegen des Schadens, der nicht Vermögensschaden ist, eine billige Entschädigung in Geld gefordert werden.

Die Höhe des immateriellen Schadens, genannt „Schmerzensgeld“, richtet sich nach den Umständen des Einzelfalles. Maßgeblich für den Betrag sind die Art, Intensität und Dauer der Verletzungen und deren Folgen. Da das Schmerzensgeld als Ausgleich für die erlittenen körperlichen und seelischen Schmerzen dienen soll, sind starre Beträge ungeeignet. So wird ein Schmerzensgeld von 100,- € bis 400,- € als ausreichend angesehen werden, wenn es sich lediglich um einen harmlosen Hundebiss handelt, bei dem es zu keiner Infektion gekommen ist und die geringfügigen Verletzungen ohne Folgeschäden verheilt sind. Dagegen kann ein Schmerzensgeld von über 10.000,- € bei schweren Hundebissvorfällen mit folgenreichen Verletzungen gerechtfertigt sein.

– Schmerzensgeld wegen Verletzungen eines Menschen

Einen Schmerzensgeldanspruch i. H. von 20.000,- DM hat das Oberlandesgericht Celle einem 8-jährigen Mädchen zugesprochen nach Hundebissverletzungen im Gesichtsbereich mit bleibenden, mehrere Zentimeter langen Narben. Solche Bissverletzungen seien nicht nur äußerst schmerzhaft, sondern würden oftmals auch unschöne Narben hinterlassen, weil es sich nicht um glatte Schnittverletzungen handele, sondern um ausgerissene und ausgefranste Fleischwunden (OLG Celle, Az.: 20 U 17/96).

Auch für Hundegebell gibt's Schmerzensgeld! So hat das Oberlandesgericht Celle entschieden zugunsten einer Person, die durch das Gebell eines Hundes so schwer erschrocken war, dass sie deswegen stürzte mit schweren Verletzungsfolgen (OLG Celle, Az.: 20 U 49/96).

Ein Hund schnüffelte beim Spaziergang mit Frauchen an einer Straßenlaterne. Infolge einer im Bereich der Stromführung nicht ausreichenden Isolierung der Lampe erlitt der Hund einen Stromschlag und biss unter dem Eindruck seiner eigenen Verletzung sein Frauchen in beide Hände. Da sie meinte, der Eigentümer dieser Straßenbeleuchtung müsse hierfür haften, forderte sie von der zuständigen Gemeinde Schmerzensgeld. Zu Recht, befand das Landgericht Bückeburg und sprach ihr 1.000,- DM zu (LG Bückeburg, Az.: 2 O 277/96).

Das Landgericht Essen verurteilte eine Hundehalterin zu Schmerzensgeld i. H. von 18.000,- €. Deren Hund hatte ein eineinhalbjähriges Kind in ihrer Wohnung gebissen, während sie das Tier mit drei Kindern allein im Wohnzimmer zurückgelassen hatte, obwohl es schon einmal ein Tier gebissen hatte (LG Essen, Az.: 12 O 370/03).

Ein interessanter Fall, in dem Schmerzensgeld, Haltereigenschaft und Mitverschulden zusammenkommen: Der Sohn einer Wohnungsmieterin erhielt Besuch. Als die Besucherin nach einem Toilettengang auf dem Flur einen von den zwei in der Wohnung

gehaltenen Hunde streicheln wollte und sich dazu über ihn beugte, biss dieser vor Schreck zu und verletzte sie am Unterarm und im Gesicht. Die Verletzungen mussten in einem Krankenhaus genäht werden. Zudem verblieben nach dem Ziehen der Fäden im Gesicht und am Arm Narben. Die Besucherin klagte aufgrund dessen beim Amtsgericht Tiergarten gegen die Wohnungsmieterin auf Zahlung von Schmerzensgeld i. H. von 2.000,- €. Die Mieterin wehrte sich dagegen mit der Begründung, dass nicht sie, sondern ihr Ehemann Halter des Hundes gewesen sei.
Das Gericht sprach der Frau einen Anspruch auf Zahlung eines Schmerzensgeldes i. H. von 2.000,- € zu, was angesichts der Schwere der Verletzungen angemessen sei. Die Wohnungsmieterin hafte für die Verletzungen. Sie sei nämlich als Halterin des Hundes anzusehen, da sich der Hund in ihrem Haushalt und damit in ihrem Machtbereich befunden habe. Auf die Eigentumsverhältnisse komme es nicht an. Der Verletzten sei auch kein Mitverschulden anzulasten. Denn sie sei nicht darauf hingewiesen worden, dass eine Annäherung an den Hund nicht ratsam sei und dieser besser nicht gestreichelt werden solle (AG Tiergarten, Az.: 606 C 67/12).

Eine Frau begab sich in Geschäftsräume, in denen der Dalmatiner der Inhaberin frei herumlief und sich der Frau näherte. Unglücklicherweise trat sie, verschreckt durch den Hund, auf den von ihr mitgeführten Kleidersack und stürzte so, dass sie sich im Oberarm vier Brüche zuzog und operiert werden musste. Von der Ladenbesitzerin verlangte sie nun 7.000,- € Schmerzensgeld, weil der Hund stark gegen ihren Körper gedrängt habe und sie aus Angst, er könne sie beißen, aus dem Gleichgewicht geraten und über ihren mitgeführten Kleidersack gestolpert sei.
Anders stellte die Hundehalterin das Geschehen dar. Ihr Hund habe die Frau nur kurz begrüßt und sich dann einen Meter von ihr entfernt wieder hingesetzt. Erst danach sei sie auf ihren Kleidersack getreten und gestürzt.
Das Landgericht Coburg kam aufgrund einer Zeugenaussage zu dem Ergebnis, dass der Sturz durch den Dalmatiner verursacht worden sei, und zwar sowohl durch Einsatz seines Körpers als auch durch das Hervorrufen von Angst bei der Verletzten.
Das Gericht sah bei ihr auch kein Mitverschulden. Sie sei nämlich von der Situation überrascht worden, so dass man ihr möglicherweise ungeschicktes Verhalten auf eine Überforderung zurückführen könne. Hundehalter müssten dagegen auch auf Personen Rücksicht nehmen, die im Umgang mit Hunden keine oder nur unzureichende Erfahrung hätten, um deren Ängsten vorzubeugen (LG Coburg, Az.: 13 O 341/12).

300,- € wurden dem Opfer eines Hundebisses zugesprochen wegen einer erlittenen 6 cm langen Fleischwunde, die ärztlich behandelt werden musste (OLG Frankfurt a. Main, Az.: 1 U 69/13).

Schmerzensgeld i. H. von 2.500,- € hielt das Oberlandesgericht Karlsruhe für angemessen aufgrund zahlreicher Bissverletzungen an Unterarmen, am rechten Oberarm, am Rücken und an den Beinen, wegen der Unbenutzbarkeit der Hände über mehrere Tage und einer Wundversorgung über mehrere Wochen (OLG Karlsruhe, Az.: 9 U 23/14).

- Schmerzensgeld für psychische Schäden wegen Verletzungen oder Tod des Hundes?

Lange ungeklärt war, ob der von der Verletzung oder sogar dem Tod seines Hundes betroffene *Hundehalter* zuzüglich zum Ersatz materieller Schäden ein angemessenes Schmerzensgeld fordern kann wegen eines Schocks, wegen Trauer, Leid, Depression oder anderer psychischer Probleme als Folge der Verletzungen oder des Todes seines Tieres.

Es gibt eine umfangreiche Rechtsprechung zu Schmerzensgeldansprüchen wegen psychischer Gesundheitsbeeinträchtigungen mit Krankheitswert bei der Verletzung oder Tötung von Angehörigen oder sonst nahestehenden Personen. Bei diesen sog. Schockschäden stellt sich die Frage, ob diese Grundsätze bei Verletzung oder Tod naher Angehöriger auf das Leid des Hundehalters bei Verletzung oder Tod seines geliebten Hundes übertragbar sind.

Nein, sagt der Bundesgerichtshof:
Es ging um eine Frau, die mit ihrer nicht angeleinten Labrador-Hündin auf einem Feldweg spazieren ging. Von einer angrenzenden Straße fuhr ein Traktor in den Feldweg ein und überrollte die Hündin, die dadurch solche Verletzungen erlitt, dass sie von einem Tierarzt eingeschläfert werden musste. Der BGH stellte klar, der Gesetzgeber habe keinen Anlass gesehen für einen besonderen Schmerzensgeldanspruch des Tierhalters, sondern habe die Verletzung oder Tötung von Tieren den anerkannten Fällen von Schockschäden mit Krankheitswert bei der Verletzung oder Tötung von „menschlichen" Angehörigen oder sonst dem Betroffenen nahestehenden Menschen gerade nicht gleichgestellt. Derartige Beeinträchtigungen bei der Verletzung oder Tötung von Tieren gehörten nämlich zum allgemeinen Lebensrisiko und könnten Schmerzensgeldansprüche nicht begründen, auch nicht, wenn sie als schwerwiegend empfunden würden und menschlich so verständlich erschienen (BGH, Az.: VI ZR 114/11).

Und hier noch ein spektakulärer Rechtsstreit wegen eines „Schockschadens":

Als Verwandtschaft zu Besuch kam, bestellte eine Hundebesitzerin einen Tisch in einem Speiselokal. Ihren Hund könne sie ohne weiteres mitbringen, hatte man ihr am Telefon versichert. Kaum hatte man es sich am Abend im Restaurant gemütlich gemacht, bemerkte die Frau, dass der Hund unter der Bank etwas knabberte. Er hatte sich über die Köderbox hergemacht, die unter der Eckbank Ungeziefer anlocken sollte.

Der vermeintliche „Leckerbissen“ landete unverzüglich im Bauch des Hundes. Da er akute Vergiftungserscheinungen zeigte, brachte Frauchen ihn zum Tierarzt, der ein Gegengift verschrieb. Aus Angst um sein Leben erlitt die Frau einen Schock. Dafür wollte sie von dem Restaurantbesitzer 500,- € Schmerzensgeld (immaterieller Schaden) und obendrein Ersatz der Tierarztkosten (materieller Schaden). Das sah das Amtsgericht München aber anders:
Köderboxen aufzustellen, sei nicht nur üblich, sondern der Restaurantbesitzer sei aus Gründen der Hygiene geradezu verpflichtet, dafür zu sorgen, dass sich im Lokal kein Ungeziefer ausbreite. Köderboxen seien daher keine unerwartete Gefahrenquelle, vor der Hundebesitzer gewarnt werden müssten. Diese müssten vielmehr bei einem Restaurantbesuch damit rechnen. Gastwirte dürften sich darauf verlassen, dass Gäste ihre Tiere so weit im Griff hätten, dass sie keine fremden Gegenstände anknabberten (AG München, Az.: 163 C 17144/ 05).

Fazit: Derzeit haben Klagen von Hundehaltern auf Zahlung von Schmerzensgeld aufgrund eigener seelischer Betroffenheit vom Leid oder Ableben ihres Tieres keine Chance! Aber warten wir ab! Die Zukunft wird zeigen, ob es Gerichte in Deutschland gibt, die auf die besondere Stellung des Hundes in der Familie abstellen und die bisherige Rechtsprechung ändern werden. Sie würden damit das durch die Verletzung oder den Tod des Hundes entstandene Leid der betroffenen Personen wenigstens etwas abmildern. Insofern wäre hier eine Änderung der Rechtsprechung, auch angesichts Art. 20 a GG, wünschenswert.

– Schmerzensgeld für den – leidenden – Hund?

Wer die Zahlung eines Betrages als Ausgleich für die bei einem Hund entstandenen Ängste, Schmerzen und Leiden fordert, beansprucht für den Hund Schmerzensgeld. Dieses können nach § 253 Abs. 2 BGB aber nur *Personen* fordern, nämlich bei Verletzung des Körpers, der Gesundheit, der Freiheit oder der sexuellen Selbstbestimmung. Ein Schmerzensgeld für Tiere ist im deutschen Zivilrecht nicht vorgesehen und ihm wesensfremd.

Genauso sah es das Amtsgericht Wiesbaden:
Zwar sei in § 91 a BGB anerkannt, dass Tiere als Lebewesen keine Sachen und durch die bestehende Gesetze geschützt seien. Das bedeute aber nicht, dass Tiere damit Menschen gleichgestellt wären! Soweit nichts anderes bestimmt sei, seien auf Tiere nun mal die für Sachen geltenden Vorschriften anzuwenden (AG Wiesbaden, Az.: 93 C 2691/11).

Hier sieht man die ganze Inkonsequenz des Gesetzgebers:
Natürlich können „Tiere“ als gefühlige Wesen Schmerzen empfinden, anders als „Sachen“, wie etwa Autos oder Möbelstücke. Fraglich ist lediglich, was ein Hund mit dem Schmerzensgeld als Ausgleich für erlittenen Schmerz anfangen soll!

Der Hund im Versicherungsrecht

Nun war so viel von Schadensersatz und Schmerzensgeld im Zusammenhang mit Hunden die Rede, dass sich folgende Frage aufdrängt:

Ergibt eine Versicherung zur Absicherung des Hundes sowie zur eigenen Absicherung Sinn? Oder ist dies Unsinn?

Das Versicherungsrecht ist ein Spezialgebiet des Privatrechts für bestimmte Personengruppen, nämlich Versicherungsgeber und Versicherungsnehmer.
Für den Versicherungsvertrag gelten die Vorschriften im allgemeinen Teil und im Schuldrecht des BGB, ergänzt durch die speziellen Regelungen im Versicherungsvertragsgesetz (VVG).

Versicherungsnehmer ist der Vertragspartner des Versicherers, der bei diesem einen Versicherungsvertrag zur Absicherung gegen ein bestimmtes Risiko abschließt und der als Gegenleistung für die von ihm zu zahlenden Versicherungsprämien im Schadensfall die Versicherungsleistung im vertraglich vereinbarten Umfang beanspruchen kann.

Man muss sich vor Augen halten, dass man mit der Anschaffung eines Hundes eine große Verantwortung übernimmt. Es geht hierbei über den täglichen Auslauf, um den Kauf von Futter und Schlafdecke hinaus um die Pflege des Tieres, um Kosten für Medikamente sowie notwendige tierärztliche Behandlungen und Operationen. Es geht aber auch darum, wer für die Schäden aufkommt, die das Tier herbeiführt. Ob hier entsprechende Vorkehrungen durch den Abschluss von Versicherungen getroffen werden sollten oder sogar müssen, muss gut überlegt werden.

Hier die wichtigsten „Vorstellungen“ möglicher Versicherungen:

Die Tierhalterhaftpflichtversicherung

Wegen des hohen Haftungsrisikos aus Gefährdungs- und Verschuldenshaftung ist es wohl für jeden Tierhalter mehr als ratsam, eine Hundehaftpflichtversicherung abzuschließen. Es ist geradezu leichtfertig, es nicht zu tun! Wie gesagt: In Deutschland haftet der Halter nämlich für einen Schaden durch seine Hunde, und zwar ohne Rücksicht auf Verschulden und ohne Begrenzung der Haftungshöhe.

- Vorrangig geht es hier um die bereits im Rahmen der Tierhalterhaftung im Einzelnen angesprochenen körperlichen Schäden, die der Hund einem Menschen zufügt.

- Noch schlimmer wird es, wenn die verletzte Person einen Dauerschaden zurückbehält, der zu einer Berufsunfähigkeit führt. Zu der Betroffenheit des Tierhalters kommen jetzt finanzielle Verpflichtungen in Form des Schadensersatzes hinzu, die ins Unermessliche steigen können. Wird z. B. ein Radfahrer unglücklicherweise berufsunfähig aufgrund einer Hundeattacke und eines dadurch verursachten Sturzes, so haftet der Halter sogar für eine Berufsunfähigkeitsrente! Es kann also um immense Schadenssummen in Millionenhöhe gehen!
- Ganz schlimm sind die tiefgreifenden finanziellen Probleme, die einen Hundehalter treffen können, wenn das Opfer an den Verletzungsfolgen stirbt. Der Haftungsumfang ist enorm, betrachtet man die Schadensersatz- und Schmerzensgeldansprüche allein zurückgebliebener Kinder oder des Ehepartners des Verstorbenen.
- Auch durch den Hund verursachte Sachschäden können weitreichende finanzielle Folgen für den Hundehalter haben. Hält man sich den Unfall eines durch einen Hund verursachten Ausweichmanövers eines Öl-Tankzuges vor Augen, dessen Tankinhalt sich in den Boden eines Wasserschutzgebietes ergießt, wird sofort klar, welche finanziellen Folgen drohen können.
- Zu denken ist weiter – weniger spektakulär – an nicht selten vorkommende, durch einen Hund verursachte Schäden in der Mietwohnung. Die Privathaftpflichtversicherung tritt nicht ein, da sie Leistungen aus Schäden durch die Haustierhaltung ausschließt.

Allein eine Hundehaftpflichtversicherung bietet – soweit dem Hundehalter kein vorsätzliches Verhalten vorgeworfen werden kann – Schutz bei Personen-, Sach- und Vermögensfolgeschäden, sogar bei den Kosten eines Prozesses wegen einer Schadensersatzklage gegen den Hundehalter. Wegen des hohen Haftungsrisikos ist also jedem Hundehalter dringendst zu raten, eine solche spezielle Haftpflichtversicherung abzuschließen. Ob es sich um einen kleinen oder um einen großen Hund handelt, ist bei den Überlegungen insofern irrelevant, als Hunde, unabhängig von Größe, Rasse oder Alter, alle erdenklichen Schäden anrichten können. Dackel wie Dogge können einen Öl-Tankzug zum Umkippen bringen!

Bei der Tierhalterhaftpflichtversicherung gibt es große Unterschiede zur allgemeinen Haftpflichtversicherung, die meist nur Kleintiere, wie etwa Vögel, nicht aber Hunde umfasst. Der Tierhalter muss daher für den Versicherungsschutz des Hundes selbst sorgen, indem er eine gesonderte Versicherung, nämlich eine Tierhalterhaftpflichtversicherung, abschließt.

In den meisten Bundesländern, außer in Bremen, Hessen und im Saarland, ist der Abschluss einer Hundehaftpflichtversicherung inzwischen sogar Pflicht. Wird dementgegen eine solche Pflicht-Haftpflichtversicherung nicht abgeschlossen, dann kann die zuständige Behörde die Haltung des Hundes untersagen.
In den Hundeverordnungen und -gesetzen der Länder sind regelmäßig auch bestimmte

Mindestversicherungssummen vorgeschrieben. In Nordrhein-Westfalen beläuft sich diese für sog. gefährliche Hunde auf 500.000,- € für Personenschäden und auf 250.000,- € für sonstige Schäden. Auch Zuschläge auf die Versicherungsprämie kann die Haftpflichtversicherung für sog. gefährliche Hunde i. S. einer Gefahrhundeverordnung oder eines Hundegesetzes fordern. Über all dies sollte man sich vor Abschluss der Versicherung bei einem Versicherungsvertreter genau informieren, ebenso darüber, ob eine günstigere Prämie winkt bei der Haltung mehrerer Hunde.

– Und was gilt für Eigenschäden? – Kommt die Versicherung dafür auf?

Geht man mal aus und lässt seinen Hund alleine in der Wohnung zurück, kann man manchmal sein blaues Wunder erleben: Man kommt nach Hause zurück, die Türen sind zerkratzt, die Vase liegt in Scherben, die Tür zum Wohnzimmer steht auf und die Kissen des Sofas sind zerfetzt – was dann? Egal, ob der Hund nur Langeweile gehabt hat oder in Panik geraten ist – wer haftet für die Schäden in der verwüsteten eigenen Wohnung? Zahlt das eigentlich die Versicherung? Schließt der Hundebesitzer eine Hundehaftpflichtversicherung ab, denkt er, dass diese solche Schäden reguliert. Das ist jedoch nicht der Fall! Jede Haftpflichtversicherung übernimmt im Regelfall nur Schäden, die einem Dritten zugefügt werden. Die Beseitigung eigener Schäden muss man selbst bezahlen. Auch im Leistungskatalog einer Hausratversicherung sind Schäden durch Haustiere nicht abgedeckt.

– Schäden in der Mietwohnung an den Sachen des Vermieters

Beschädigt der Hund also Gegenstände, die Herrchen oder Frauchen selbst gehören, wird keine Versicherung dafür eintreten. Anders ist es aber, wenn der Vierbeiner Einbauten in einer Mietwohnung beschädigt. Der Vermieter zählt dabei als dritte Person, für dessen Schäden der Tierhalter haften muss. Hier springt dann die Tierhalterhaftpflichtversicherung ein.
Nach der Rechtsprechung unserer Gerichte muss der Tierhalter allerdings „normale" Gebrauchsspuren in der Mietwohnung selbst bezahlen. Dazu zählen Kratzer im Parkett oder auch ein verunreinigter Teppichboden. Kommt es allerdings zu „unnormalen" Spontanschäden, dann muss die Haftpflichtversicherung zahlen.

Das bestätigte das Amtsgericht Köln in folgenden Fall:
Ein Hund hatte in der Mietwohnung Schäden an Tapeten und Türzargen verursacht, die Frauchen beseitigen lassen musste. Sie wollte deshalb rund 600,- € von ihrer Tierhalterhaftpflichtversicherung haben. In dem Vertrag waren aber – wie üblich – Ansprüche wegen „Abnutzung, Verschleiß und übermäßiger Beanspruchung" ausgeschlossen. Das Gericht entschied, die Fotos von den Kratzspuren würden darauf hinweisen, dass es sich nicht um einen einzelnen Unglücksfall handele, sondern um ein

intensives, wiederholtes Schadensverhalten des Hundes. Und das hätte die Halterin unterbinden müssen. Kein Ersatz! (AG Köln, Az.: 139 C 580/07).

Natürlich sind sog. Langzeitschäden nicht versichert, sonst könnte der Mieter ja auf Kosten der Versicherung die ganze Wohnung renovieren! Tierhalter können sich nicht gegen alles absichern – ebenso wenig wie andere Menschen. Bei der Hausratversicherung ist das ähnlich gelagert wie bei der Haftpflicht: Beschädigt der Hund Herrchens Sofa, muss dieser die Reparatur selbst bezahlen. Denn es ist ja sein Hund, der ihn schädigt. Beschädigt der Hund aber Gegenstände in einer anderen Wohnung, ist das ein Fall für die Versicherung. Hier muss man genau den Vertragsinhalt überprüfen. Viele der Haftpflichtpolicen schließen die Haftung aus, wenn die Hunde nicht beaufsichtigt werden. Bleibt der Hund in ungewohnter Umgebung also lange allein, kann die Versicherung unter Umständen die Schadensregulierung ablehnen.

Wie kompliziert es bei Schäden durch Hunde mit den Versicherungen sein kann, zeigen folgende Beispiele zu Sachschäden:

Zunächst ein Kuriosum, mit dem sich das Landgericht Frankfurt/Main zu befassen hatte:

- Ein Hundehalter glaubte, für seinen Versicherungsschutz wirklich alles getan zu haben. Denn er hatte eine Privathaftpflichtversicherung und für seinen Hund eine Tierhalterhaftpflichtversicherung abgeschlossen. Aber als der Hund in seiner Mietwohnung dann eine Tür und den PVC-Bodenbelag beschädigte, lehnten beide Versicherungen eine Schadensregulierung ab. Die Tierhalterhaftpflichtversicherung berief sich darauf, dass gemietete Gegenstände nach ihren Vertragsbedingungen nicht versichert seien. Die Privathaftpflichtversicherung lehnte ab unter Berufung auf die Versicherungsklausel, wonach Schäden durch einen Hund nicht mit abgedeckt seien.
  Das Landgericht hielt beide Versicherungsausschlüsse für wirksam: Es entstehe für den Versicherungsnehmer zwar eine Versicherungslücke, was aber nicht unbillig sei. Vollen Versicherungsschutz gebe es selten, vielmehr seien immer auch Einschränkungen vorgesehen. Fazit: Der Hundehalter musste den Schaden selbst bezahlen! (LG Frankfurt/Main, Az.: 2/16 F 184/96).

- Recht abstrus war auch ein Schadensfall, der einem Urteil des Oberlandesgerichts Düsseldorf zu Grunde lag:
  Ein Hundehalter hatte seinen Schäferhund in einer Erdgeschoßwohnung im Bad an einen Haken angekettet und dann das Haus verlassen. Während seiner Abwesenheit berührte das Tier – ungeklärt, ob durch Schwanzwedeln oder durch einen Schlag mit der Pfote – den Hebel zur Einmischbatterie des Handwaschbeckens. Das Wasser begann, in voller Stärke zu laufen, und es entstanden durch die Überschwemmung Mietsachschäden im Umfang von etwa 15.000,- DM. Die Gebäudeversicherung erstat-

tete dem Vermieter den Schaden und verlangte Regress vom Hundehalter, weil ein vom Versicherungsschutz nicht umfasster Fall der Tierhalterhaftung vorliege. Der Versicherungsvertrag sehe für Haftpflichtschäden aus einer Hundehaltung einen Risikoausschluss vor.

Für diesen Schaden müsse, so das Gericht, die Tierhalterhaftpflichtversicherung nicht aufkommen, weil Schäden an der eigenen Mietwohnung vom Versicherungsschutz ausgeschlossen seien. Aber auch die Privathaftpflichtversicherung sei nicht schadensersatzpflichtig, weil Schäden durch eigene Hunde nicht in dieser Police versichert seien (OLG Düsseldorf, Az.: 4 U 93/94).

Dumm gelaufen ist es für einen Hundehalter in Beweisnot:

Ein Mann hielt mehrere Hunde, von denen aber nur einer versichert war. Als einer von ihnen einen Schüler gebissen hatte und dieser Schmerzensgeld forderte, gab der Tierhalter an, dass der versicherte Hund der Übeltäter gewesen sei. Diese Version glaubte die Versicherung aber nicht und forderte den Besitzer auf, Beweise dafür zu erbringen. Weil er dies nicht konnte, wurde seine Klage gegen die Versicherungsgesellschaft abgewiesen (AG Hanau, Az.: 33 C 1440/94-13).

Und hier noch ein hunderechtliches bzw. haftpflichtversicherungsrechtliches Unikum:

Ein Besuch bei seinem Bruder war für den Träger eines Zahngebisses fatal. Als er dort übernachtete und sein Gebiss auf dem Nachttisch in einer speziellen Box verwahrt hatte, musste er, von einem nächtlichen Toilettengang an sein Bett zurückkehrend, voller Entsetzen mit ansehen, wie seines Bruders Hund „Apollo“ ihm das Gebiss in seinem Maul präsentierte. Seinen Befehl „Sofort fallenlassen!“ ignorierte das Tier und verschwand mit seiner Beute zwischen den Zähnen in den Garten, wo er das Gebiss verbuddelte. Der Zahnersatz war nicht aufzufinden, war aber gegen „Zerstörung“ versichert. Die Haftpflichtversicherung bestritt eine Haftung, da das Gebiss ja nur versteckt, also möglicherweise noch unbeschädigt und gebrauchsfähig sei.

Das Amtsgericht, und in zweiter Instanz das Landgericht Hannover, sahen das anders: Da der Zahnersatz auch eineinhalb Jahre nach dem Vorfall bisher nicht wieder aufgetaucht sei, sei von einer Zerstörung des Gebisses i. S. der Versicherungsbedingungen auszugehen. Zum einen spreche die allgemeine Lebenserfahrung dafür, dass ein Hund mit einem Zahngebiss im Maul nicht derart vorsichtig umgehe, dass dieses unbeschädigt nach einer entsprechenden Reinigung wieder verwendbar sei. Zum anderen bestehe auch dann Versicherungsschutz, wenn eine zerstörte Sache zuvor abhandengekommen sei, gleich, ob die Zerstörung oder Beschädigung die absehbare Folge des Abhandenkommens gewesen sei. Bei einem so lange unauffindbar im Garten versteckten Gebiss könne ernsthaft nicht mehr nur von einem bloßen Besitzverlust gesprochen werden. Vielmehr sei aufgrund der Witterungseinflüsse von einer dauerhaften Beschädigung, also von einer „Zerstörung", auszugehen (LG Hannover, Az.: 18 S 86/04; AG Hannover, Az.: 563 C 9961/04).

Und zum Schluss noch ein „Zahnproblem":

- Schäferhund „Camillo" war eigentlich prima gelaunt: Freudig begrüßte er einen Rentner. Doch weil das viel zu stürmisch ausfiel, ging bei dem Mann eine Zahnbrücke zu Bruch. Ein Rechtsstreit folgte, vor dem Oberlandesgericht München kam es zum Vergleich: 3.250,- € erhielt der geschädigte Rentner von der Versicherung der Hundehalterin (OLG München, Az.: 3 U 370/16).

Die Hundekrankenversicherung

Wieso sollte man seinen Hund gegen Krankheitskosten versichern?

Die Kostenrisiken einer Tierarztbehandlung bei Impfungen oder Wurmkuren mögen mit wenigen hundert Euro im Jahr durchaus noch erträglich sein. Wird aber eine Diagnose gestellt, die einen operativen Eingriff erfordert, können schnell 1000 und mehr Euro anstehen. Wer dies finanziell nicht leisten kann, steht vor der schwierigen Entscheidung, das Tier weiter leiden oder durch eine tierärztliche Behandlung von seinen Qualen erlösen zu lassen. Bei dieser Vorstellung erscheint es schon sinnvoll, an den Abschluss einer Tierkrankenversicherung zu denken. Zu berücksichtigen ist dabei aber, dass die Prämien sowohl nach Art, Alter und Gesundheit des Tieres als auch nach dem Umfang des Versicherungsschutzes jeweils hoch sein können und dass verschiedene Versicherungsgesellschaften nur Kosten für eine notwendige Operation versichern, während andere Anbieter alle Krankenfälle erfassen. Aber eins sollte man wissen: Schutzimpfungen des Hundes sind regelmäßig nicht mitversichert! Insofern ist also eine genaue Information über die Versicherungsfälle, die Leistungen und Kosten erforderlich, um endgültig zu entscheiden, ob eine Krankenversicherung abgeschlossen werden sollte.

- Zur Tierkrankenversicherung eine bemerkenswerte Entscheidung des tierlieben Amtsgerichts Hannover über die Fortdauer einer Krankenversicherung trotz sich extrem häufender Krankheitsfälle:
  Eine Hundehalterin hatte für ihre Schäferhündin eine Tierkrankenversicherung für die Dauer von drei Jahren abgeschlossen. Gut drei Monate nach Versicherungsbeginn musste der Hund insgesamt 26-mal (!) zum Tierarzt. Die Kosten hierfür übernahm jeweils die Versicherung, war es aber nun beim 27. Mal leid und kündigte den Versicherungsvertrag auf. Das hielt die Hundehalterin für unberechtigt und klagte gegen die Versicherungsgesellschaft. Das Gericht hielt die Kündigung für unwirksam, da sich weder aus den allgemeinen Versicherungsbedingungen noch aus dem Versicherungsvertragsgesetz eine vorzeitige Vertragsbeendigung herleiten lasse. Da Tiere keine

Sachen seien, sondern Lebewesen, ließen sich auf deren Krankenversicherung nicht die Grundsätze einer Sachversicherung (vorzeitig kündbar) anwenden, sondern eher die der allgemeinen Krankenversicherung für Menschen (nicht vorzeitig kündbar). Daher müsse die Versicherungsgesellschaft das Vertragsende abwarten und weiterzahlen (AG Hannover, Az.: 506 C 9694/97).

Die Reiserücktrittsversicherung

Beim Reise-Rücktritt wegen der Erkrankung eines Haustieres muss die Reiserücktrittskostenversicherung nicht für die Stornokosten einspringen.

Nach Entscheidung des Amtsgerichts Offenbach müsste das Tier in einem solchen Fall mitversichert sein (AG Offenbach, Az.: 33 C 213/05).

Die Hausratversicherung

Schäden am Hausrat können auf ganz unterschiedliche Art und Weise entstehen. Hausratversicherungen decken typische Schadensursachen wie Leitungsschäden, Wassereinbrüche oder Blitzschläge ab. Allerdings gibt es noch viele weitere Risiken, zu denen eben auch Hunde zählen.

Hunde können bei der Beschädigung von Hausrat äußerst kreativ sein. Im Wesentlichen gibt es drei Hauptursachen der Beschädigung.

- So kommt es vor, dass Vierbeiner ihr Geschäft auf dem Teppich verrichten und somit einen Schaden hervorrufen.
- Andere Hunde beißen wiederum in Möbel oder sie reißen Objekte von Tischen oder anderen Möbelstücken.
- Ganz verheerend kann sich schließlich das Problem des Alleinseins eines Hundes auswirken: Man kann nie wirklich sicher sein, dass der Hund entspannt ist und ein gemütliches Schläfchen hält, während man selbst unterwegs und er alleine ist. Die Last des Verlassenseins und der Langeweile führen nicht selten dazu, dass das Sofa beim Heimkommen verwüstet ist, der Müll zerfleddert ist und nicht mehr da steht, wo er hingehört, oder dass die Nachbarn von herzzerreißenden Jaulkonzerten berichten.

Immer wieder kommen Hundebesitzer deshalb auf die Idee, ihre Hausratversicherung zu erweitern, weil sie denken, dass, sollte der Hund einen Schaden anrichten, dieser dann vom Versicherer reguliert wird. Ein Traumgedanke! Schäden durch eigene Hunde werden nicht versichert. Teilweise gibt es zwar Erweiterungen für den Hausrattarif. Allerdings greift die Absicherung nur, wenn der Schaden von einem fremden Hund angerichtet wurde. Bei Schäden, die vom eigenen Hund stammen, zahlt der Versicherer nicht.

Es erscheint daher wenig sinnvoll, die Hausratversicherung um Hundeschäden zu erweitern. Weil Schäden, die vom eigenen Hund herrühren, ohnehin nicht abgesichert sind, ist dieser Schutz überflüssig. Rühren Schäden hingegen von fremden Hunden her, benötigt man die Hausratversicherung ebenfalls nicht. In solch einer Situation macht man einen Haftungsanspruch gegenüber dem Hundehalter geltend.

Die Gebäudeversicherung

Beim Abschluss einer Gebäudeversicherung ist ein Wasserschaden grundsätzlich im Versicherungsschutz enthalten. Dennoch kann es zu einem Konflikt wegen eines solchen Schadens kommen, wie ein Urteil des Landgerichts Hannover zu einem spektakulären Sachverhalt zeigt:

Wohl ahnend, dass sein Hund es nicht schätzen würde, ja, es extrem übel nehmen könnte, allein in der Wohnung zu bleiben, hatte ein Hundehalter seinen Liebling in die zuvor leergeräumte Toilette eingesperrt und Nachbarn gebeten, ihn bei Problemen anzurufen. Eigentlich an alles gedacht, könnte man meinen. Doch weit gefehlt! Denn dem Hund wurde es langweilig, und er vertrieb sich die Zeit mit einer Klopapierrolle, die vergessen wurde zu entfernen. Er zerkratzte die Toilettenrolle, zerfetzte das Papier und verstopfte damit den Abfluss des Waschbeckens. Wie ihm das zirkusreife Kunststück gelang, den Wasserhahn dann zu öffnen und Wasser über den Papierberg laufen zu lassen, bleibt ein Rätsel. Jedenfalls lief das verstopfte Becken über, und das Wasser überflutete den Boden. Bei seiner Rückkehr fand der Hundehalter drei unterhalb gelegene Nachbarwohnungen mit Wasserschaden vor.
Die Gebäudeversicherung regulierte den Schaden zwar, forderte aber Regress beim Hundehalter, weil er seine Sorgfaltspflichten verletzt habe. Dieser weigerte sich zu zahlen. Auch die folgende Klage der Gebäudeversicherung blieb erfolglos. Die Richter erwiesen sich als echte Tierfreunde: Es liege hier nur eine unglückliche Verkettung verschiedener Umstände vor. Angesichts der ganzen Vorsichtsmaßnahmen sei dem Halter weder ein vorsätzliches noch ein grob fahrlässiges Verhalten vorzuwerfen. Die Toilette sei sogar – bis auf die Toilettenrolle – leergeräumt gewesen. Damit habe der Halter alles Erforderliche getan, Schaden abzuwenden, als er seinen Hund eingesperrt habe. Dass dieser den Wasserhahn öffnen und damit eine Überschwemmung verursachen würde, habe keiner vorhersehen können (LG Hannover, Az.: 19 S 1968/99).

Die Kfz-Versicherungen

– Kaskoversicherung

Ein Kfz-Halter, der eine Vollkaskoversicherung für seinen Pkw abgeschlossen hat, ist gegen Schäden an seinem Auto grundsätzlich voll abgesichert, es sei denn, der Fahrzeugführer hat den Schaden vorsätzlich oder grob fahrlässig herbeigeführt. Auch hier kann es zu rechtlichen Problemen wegen eines Hundes kommen:

Das Oberlandesgericht Nürnberg sah die Pkw-Vollkaskoversicherung für einen Unfallschaden nicht als regulierungspflichtig an, da der versicherte Autofahrer sich durch seine vor dem Beifahrersitz sitzende ungesicherte Zwergpudelhündin so hatte ablenken lassen, dass er einen Unfall verursachte. Das Gericht wertete dieses Verhalten des Fahrers als grob fahrlässig und versagte ihm den Versicherungsschutz gegen seine Vollkaskoversicherung: Im Pkw-Innenraum gelte der Grundsatz, Personen anzuschnallen und mitgeführte Gegenstände so sicher zu verwahren, dass von ihnen keine Gefahr ausgehe. Was für Gegenstände und Sachen gelte, gelte auch für Hunde. Ein Autofahrer, der einen Hund im Fahrzeug mitnehme, müsse sicherstellen, dass ihn der Hund beim Fahren nicht behindere (OLG Nürnberg, Az.: 8 U 1482/93).

Weil ein verunglückter Geschäftsmann keinerlei Vorkehrungen getroffen hatte, um ein unkontrolliertes Einwirken seines Hundes auf den Fahrer zu verhindern, blieb er auf seinem hohen Unfallschaden sitzen. Er hatte seinen Jagdhund im Rückraum des Fahrzeugs transportiert, ohne das eingebaute Trenngitter aufzurichten oder den Hund wenigstens an die Leine zu legen. Während der Fahrt im Baustellenbereich einer Autobahn sprang der Hund plötzlich ins Lenkrad. Der Wagen kam von der Fahrbahn ab, durchbrach eine Behelfsleitplanke und überschlug sich. Dabei entstand am Fahrzeug ein immenser Sachschaden.

Das Oberlandesgericht Nürnberg wies die Klage des Unternehmers gegen seine Vollkaskoversicherung als unbegründet ab: Er habe sich den Unfall selbst zuzuschreiben, da er einfachste Vorsichtsmaßnahmen unterlassen und dadurch grob fahrlässig gehandelt habe (OLG Nürnberg, Az.: 8 U 2819/96).

Ebenfalls keinen Cent von der Kasko-Versicherung sah der Besitzer eines Autos, der seinen Wagen in ländlicher Gegend auf einem von einem freilaufenden Wachhund bewachten Hof geparkt und unverschlossen mit steckendem Schlüssel zurückgelassen hatte in der Annahme, der Hund sei Schutz genug gegen einen Diebstahl. Nachdem das Auto gestohlen worden war, lehnte die Kaskoversicherung eine Schadensregulierung ab. Zu Recht, befand das Landgericht Itzehoe, da das Verhalten des Autofahrers

– wenn auch auf dem Lande vielfach üblich – als grob fahrlässig zu bewerten sei (LG Itzehoe, Az.: 1 S 157/03).

– Kfz-Haftpflichtversicherung

Kommt durch einen Autounfall ein Dritter zu Schaden, muss die *Kfz-Haftpflichtversicherung* des Unfallverursachers für den von ihm verschuldeten Fremdschaden aufkommen. Das gilt unabhängig davon, ob der Fahrer nur fahrlässig oder sogar grob fahrlässig gehandelt hat.

Hierzu muss man wissen, dass ein Leistungsausschluss wegen grober Fahrlässigkeit nur im Bereich der *Sachversicherungen* gilt, zu der auch die Kaskoversicherung zählt. Im Bereich der *Haftpflichtversicherung* reicht dagegen grobe Fahrlässigkeit nicht aus. Hier kann sich die Versicherung nur dann auf ihre Leistungsfreiheit berufen, wenn der Versicherungsnehmer den Schaden vorsätzlich herbeigeführt hat.
Die unterschiedliche Behandlung beider Versicherungsarten hängt damit zusammen, dass es bei der Haftpflichtversicherung um den Ersatz eines fremden Schadens geht, bei der Kaskoversicherung dagegen um den Ersatz des eigenen Schadens.

Zum Ausmaß der Haftungsübernahme durch die Kfz-Haftpflichtversicherung hier ein Beispiel:

Nachdem bei einem Autounfall ein Hund angefahren worden war, biss dieser in Panik sein Frauchen, das sich um das Tier kümmern wollte. Die Hundebesitzerin hatte nach dem Autounfall, an dem sie nicht unmittelbar beteiligt war, auf Schadensersatz geklagt und bekam vor dem Landgericht Düsseldorf Recht: Die Haftung des Unfallverursachers müsse neben der Verletzung des Hundes auch die in unmittelbarem Zusammenhang stehende Panikreaktion des Tieres und deren Folgen (Hundebiss) umfassen. Dass es sich bei dem Opfer um die Hundebesitzerin handelte, war nach Auffassung des Gerichts unwesentlich, da mit dem Biss eines Hundes in einer normalen Situation nicht hätte gerechnet werden können. Frauchens Schaden sei also dem „Betrieb des Fahrzeuges“ zuzurechnen, so dass der Autofahrer bzw. dessen Kfz-Haftpflichtversicherung für den Schaden aufkommen müsse (LG Düsseldorf, Az.: 13 S 159/10).

3.4 Der Hund im Sachenrecht

Ein Hund wird gefunden

Was geschieht, wenn ein Hund einmal weggelaufen ist und von einer anderen Person gefunden wird oder wenn ein fremder Hund zugelaufen ist?
Nach § 90 a BGB ist der Hund zwar keine Sache, aber die rechtlichen Regelungen über Sachen sind dennoch auf Tiere entsprechend anzuwenden. Das bedeutet: Der Fund eines Tieres ist rechtlich genauso zu beurteilen wie z. B. der Fund einer Geldbörse oder einer Ausweismappe.
Hierzu heißt es in § 973 BGB:

> § 973 BGB Eigentumserwerb des Finders
> Mit dem Ablauf von sechs Monaten nach der Anzeige des Fundes bei der zuständigen Behörde erwirbt der Finder das Eigentum an der Sache, es sei denn, dass vorher ein Empfangsberechtigter dem Finder bekannt gemacht worden ist oder sein Recht bei der zuständigen Behörde angemeldet hat.

Der Finder eines Hundes wird also nicht etwa sofort Eigentümer, sondern der bisherige Eigentümer behält zunächst seine Position. Der Fund muss dem Eigentümer alsbald mitgeteilt werden. Wer Eigentümer ist, kann der Finder eines Hundes normalerweise über eine Plakette mit Name und Adresse am Halsband feststellen oder über einen dem Tier vom Tierarzt implantierten Mikrochip bei der Polizei oder jedem Tierarzt auslesen lassen. Fehlen solche Hinweise, muss der Finder den Fund dem zuständigen Ordnungsamt oder bei der Polizei melden. Mit Einverständnis der Behörde kann er den Hund selbst verwahren. Dazu muss er ihn artgerecht unterbringen, pflegen, ernähren und tierärztlich versorgen lassen (§ 966 i. V. m. § 688 BGB und § 2 TierSchG). Meldet sich der Eigentümer innerhalb von sechs Monaten seit der Fundanzeige, hat der Finder das Tier an ihn herauszugeben, kann aber von ihm Ersatz der notwendigen Aufwendungen (§ 970 BGB) sowie Finderlohn verlangen (§ 971 Abs. 1 S. 1 BGB). Dieser beträgt bei einem Wert des Tieres bis zu 500,- € 5 % und von dem Mehrwert 3 % (§ 971 Abs. 1 S. 2 2. Hs. BGB).

An dieser Stelle ist von einem bizarren Dackel-Streit zu berichten, den das Landgericht Potsdam entschieden hat:
„Lulu“ soll bzw. darf wieder in ihr altes Hundeleben als „Bonny“ zurück!
In Brandenburg war der Dackel „Bonny“ durch die offene Wagentür von Herrchens Auto geschlüpft und in der Menschenmenge verschwunden. Eine verzweifelte Suche begann. Ein Ehepaar aus Bayern, das in Brandenburg im Urlaub war, fand das Tier unter einer Autobahnzufahrt. Sie nahmen es mit nach Bayern und tauften es um in „Lulu“. Den unter dem Fell des Ausreißers getragenen Mikrochip ließen sie spä-

ter anlässlich des geplanten Kaufs eines weiteren Dackels auslesen und fanden so den brandenburgischen Züchter des von ihnen aufgelesenen Dackels, der mit komplettem Adelsnamen „Bonny von Beelitz“ geheißen hatte. Der Züchter rief die ursprünglichen Halter aus Brandenburg an und informierte sie über den Verbleib ihrer Bonny. Und nun entbrannte ein langwieriger Streit um die Rückgabe.
Das Gericht entschied letztlich, das Tier müsse den ursprünglichen Besitzern zurückgegeben werden. Im Gegenzug hätten diese Finderlohn und eine Entschädigung für Futter und Tierarztkosten an die Bayern zu zahlen (LG Potsdam, Az.: 6 S 18/16).

Wenn der Finder sich nicht um den Hund kümmern will oder kann, muss er das Tier bei der Ordnungsbehörde abgeben. Das Tier wird dann einem Tierheim übergeben. Sechs Monate lang kann der Eigentümer noch Herausgabe des Hundes verlangen. Danach wird der Finder Eigentümer, § 973 Abs. 1 BGB, es sei denn, er verzichtet darauf. In diesem Fall wird die Gemeinde Eigentümer gem. § 976 Abs. 1 BGB.

Wenn Aufwendungen für den Fundhund getroffen wurden, kann es natürlich, abgesehen von Ansprüchen des versorgenden Finders, zu Forderungen des Tierarztes, des Tierheim-Inhabers oder des das Heim betreibenden Tierschutzvereins auf Aufwendungsersatz gegen die Gemeinde als Fundbehörde kommen:

– Aufwendungsersatzanspruch eines Tierarztes gegenüber der Gemeinde

Ein Verkehrsteilnehmer hatte eine von ihm im Bereich der Gemeinde aufgefundene, offenbar bei einem Anfahrunfall verletzte Katze in die Praxis eines für den tierärztlichen Notdienst zuständigen Tierarztes gebracht. Zuvor hatte der Finder vergeblich versucht, in unmittelbarer Nachbarschaft den Besitzer der Katze zu ermitteln. Nunmehr forderte der Tierarzt von der örtlichen Gemeinde Erstattung der ihm für die notfallmedizinische Behandlung entstandenen Kosten. Das Verwaltungsgericht Göttingen sprach die Forderung zu:
Ein Tierarzt, der die Notbehandlung eines Fundtieres vornehme und dieses danach unter Benachrichtigung der Fundbehörde längerfristig unterbringe, könne gegen die Gemeinde als Fundbehörde (§ 967 BGB) einen Anspruch auf Ersatz der Aufwendungen als Geschäftsführer ohne Auftrag haben, und zwar entsprechend §§ 677, 683, 670 BGB (VG Göttingen, Az.: 1 A 288/08).

Hier die genannten gesetzlichen Bestimmungen:

§ 683 BGB Ersatz von Aufwendungen
1 Entspricht die Übernahme der Geschäftsführung dem Interesse und dem wirklichen oder dem mutmaßlichen Willen des Geschäftsherren, so kann der Geschäftsführer wie ein Beauftragter Ersatz seiner Aufwendungen verlangen.

§ 677 BGB Pflichten des Geschäftsführers
Wer ein Geschäft für einen anderen besorgt, ohne von ihm beauftragt oder ihm gegenüber sonst dazu berechtigt zu sein, hat das Geschäft so zu führen, wie das Interesse des Geschäftsherren mit Rücksicht auf dessen wirklichen oder mutmaßlichen Willen es erfordert.
2 ...

§ 670 BGB Ersatz von Aufwendungen
Macht der Beauftragte zum Zweck der Ausführung des Auftrags Aufwendungen, die er den Umständen nach für erforderlich halten darf, so ist der Auftraggeber zum Ersatz verpflichtet.

Ebenso haben andere Verwaltungsgerichte in vergleichbaren Fällen entschieden. Ging es hier auch regelmäßig um Fundkatzen, so ist die Rechtslage doch kaum anders als bei Fundhunden:

- OVG Mecklenburg-Vorpommern, Az.: 3 L 272/06:
  Die Gemeinde ist als Fundbehörde zur Übernahme der Kosten der unaufschiebbaren tierärztlichen Behandlung des Fundtieres verpflichtet.

- VG Ansbach, Az.: AN 10 K 11.00205: Ein Anspruch auf Aufwendungsersatz gegen die Gemeinde als Fundbehörde besteht auf Grund einer öffentlich-rechtlichen Geschäftsführung ohne Auftrag.

- OVG Niedersachsen, Az.: 11 LB 267/11:
  Ein Aufwendungsersatzanspruch des Tierarztes für die Behandlung und Unterbringung eines Fundkaters gegen die Gemeinde ist begründet (ähnlich auch VG Regensburg, Az.: RO 4 K 13.123; VG München, Az.: M 10 K 14.5098; VGH München, Az.: 5 BV 15.1284).

- Ein recht problematischer Fall: Das Sächsische Oberverwaltungsgericht hatte sich mit Klinikkosten für die Operation einer Katze zu befassen. Die Feuerwehr einer Gemeinde hatte eine gefundene Hauskatze in einer Tierklinik abgegeben, wo eine Beckenoperation durchgeführt wurde. Die hierdurch entstandenen Kosten in Höhe von etwa 1.500,- € stellte die Tierklinik der Gemeinde als zuständiger Fundbehörde in Rechnung. Diesen Betrag machte die Gemeinde nun gegenüber der später ausfindig gemachten Tierhalterin mit Kostenbescheid geltend. Das Gericht entschied, der Gemeinde stehe kein Anspruch auf Erstattung der Heilbehandlungskosten zu. Denn sie habe nicht davon ausgehen dürfen, dass die über die tierärztliche Erstversorgung hinausgehende Operation dem Interesse und dem wirklichen oder mutmaßlichen Willen der Tierhalterin entsprechen würde. Es gebe keinen Erfahrungssatz, dass Katzenhalter regelmäßig eine sich als erforderlich abzeichnende kostspielige Operation an ihrer Katze durchführen ließen. Insofern sei die Gemeinde gehalten gewesen, die Katze nach der Erstuntersuchung und der Diagnose einer Beckenfraktur einzuschläfern. Von der Tierhalterin könne die Gemeinde daher nur die für die Erstversorgung der Katze entstandenen Auslagen in Höhe von etwa 300,- € erstattet verlangen (Sächs. OVG, Az.: 3 A 419/11).

Kostenintensive Heilbehandlungen an Fundtieren sind also im Regelfall nur erstattungsfähig, wenn sie dem wirklichen oder mutmaßlichen Willen des Tierhalters entsprechen. Kann solch ein vermuteter Wille für die tierärztliche Erstversorgung einer Fundkatze bejaht werden, so ist das erst recht anzunehmen bei einem Fundhund. Denn Hunde haben regelmäßig einen höheren Marktwert, und die Halter haben oft ein besonders weitgehendes persönliches, emotionaleres Verhältnis zum Tier. Das zeigt sich auch daran, dass Hunde meist durch einen Chip gekennzeichnet sind, so dass das Tier damit jederzeit identifizierbar ist. Insofern wird es erfahrungsgemäß dem wirklichen oder mutmaßlichen Willen eines Hundebesitzers eher entsprechen, über die Erstversorgung hinaus weitere, auch erforderliche kostspielige Untersuchungen und Behandlungen vom Tierarzt vornehmen zu lassen, notfalls sogar eine sich als dringlich abzeichnende Operation.

– Aufwendungsersatzanspruch eines Tierschutzvereins

Das Verwaltungsgericht Gießen hat den von einem Tierschutzverein gegen die Gemeinde als Fundbehörde geltend gemachten Anspruch auf Ersatz der Aufwendungen für die Pflege- und Futterkosten für Hunde und Katzen zugesprochen, die in den Jahren 2007 und 2008 nach Krankheiten, Unfällen, Verletzungen und Aussetzungen dort als Fundtiere gestrandet waren und aufgenommen wurden (VG Gießen, Az.: 4 K 2064/11.GI).

Ebenso haben in vergleichbaren Fällen das Verwaltungsgericht Koblenz und das Oberverwaltungsgericht Mecklenburg-Vorpommern entschieden (OVG Mecklenburg-Vorpommern, Az.: 3 L 93/09) sowie (VG Koblenz, Az.: 2 K 907/12.KO).

Eigentumsaufgabe und Aneignung

– Eigentumsaufgabe

Wird ein Hund vom Eigentümer ausgesetzt, verstößt er gegen das Aussetzungsverbot in § 3 des Tierschutzgesetzes. Er darf sich also nicht einfach mir nichts, dir nichts des Hundes entledigen, so, wie es an sich mit Sachen gehandhabt werden kann gem. § 959 BGB:

> § 959 BGB Aufgabe des Eigentums
> **Eine bewegliche Sache wird herrenlos, wenn der Eigentümer in der Absicht, auf das Eigentum zu verzichten, den Besitz der Sache aufgibt.**

Zur Verbesserung des Tierschutzes hat der Gesetzgeber mit § 903 S. 2 BGB eine Sonderregelung zu den Befugnissen des Eigentümers eines Tieres geschaffen:

> § 903 BGB Befugnisse des Eigentümers
> 1 ...
> 2 Der Eigentümer eines Tieres hat bei der Ausübung seiner Befugnisse die besonderen Vorschriften zum Schutz der Tiere zu beachten.

Und eine solche Vorschrift ist § 3 TierSchG!

– Aneignung

Wer sich einer herrenlosen Sache annimmt, wird grundsätzlich deren Eigentümer, wie es in § 958 Abs. 1 BGB geregelt ist.

> § 958 BGB Eigentumserwerb an beweglichen herrenlosen Sachen
> (1) Wer eine herrenlose bewegliche Sache in Eigenbesitz nimmt, erwirbt das Eigentum an der Sache.
> (2) Das Eigentum wird nicht erworben, wenn die Aneignung gesetzlich verboten ist oder wenn durch die Besitzergreifung das Aneignungsrecht eines anderen verletzt wird.

Anders ist es aber bei der Aneignung eines ausgesetzten Hundes! Warum? – Weil der ausgesetzte Hund nicht als herrenlos gilt. Ein Verzicht auf das Eigentum in dieser Weise ist tierschutzgesetzlich verboten, so dass ein Eigentumserwerb durch Aneignung ausscheidet, so § 958 Abs. 2 BGB:

Immerhin ist es hier rechtlich noch möglich, das Eigentum an dem aufgefundenen, ausgesetzten Hund über die Fund-Regelungen zu erwerben!

3.5 Der Hund im Familienrecht

Bei Trennung der Ehepartner

In vielen Familien, Ehen und Lebensgemeinschaften werden Hunde als vollwertiges Familienmitglied, als Freund und treuer Wegbegleiter betrachtet und behandelt, ja, oftmals nahezu wie ein Kind empfunden und geliebt. Geht aber die Ehe oder die nichteheliche Lebensgemeinschaft in die Brüche, stellen sich bange Fragen:

- Wer bekommt den Hund?
- Wer entscheidet darüber?
- Spielen Bedürfnisse des Hundes, sein Wohlbefinden, sein bisheriges Umfeld bei der Entscheidung über die Zuweisung an einen der Partner eine Rolle?

- Gibt es ein Umgangsrecht?
- Können für die Pflege des Hundes anfallende Kosten als Unterhalt vom ehemaligen Partner verlangt werden?

Wie sich das Schicksal des Hundes bei Trennung oder Scheidung von Lebenspartnern gestaltet, ist mangels spezieller gesetzlicher Regelungen erst mal unklar. Dem Schutz von Haustieren dienende familienrechtliche Gesetzesregelungen im Zusammenhang mit Trennung oder Scheidung von Herrchen und Frauchen existieren nicht.

Die einfachste und Streitereien vermeidende Lösung wäre, im Interesse des Tieres bei Anschaffung eine Vereinbarung mit seinem Partner zu treffen. Aber dazu kommt es oftmals nicht, weil man ja mit keiner Trennung rechnet. Vielmehr wird, insbesondere aufgrund starker emotionaler Bindungen zu dem Tier, um dessen Verbleib erst im Streit verbittert gekämpft, bis vor Gericht und notfalls auch durch mehrere Instanzen.

Der einzige Maßstab, den das Gesetz vorgibt, ist die Verteilung der Haushaltsgegenstände eines Ehepaares – vorübergehend: bei Getrenntleben (§ 1361 a BGB) und endgültig: bei der Scheidung (§ 1568 b BGB) von Ehepartnern.

Bei der Trennung der Ehepartner befindet man sich im Vorfeld der Scheidung. Geschieden werden kann eine Ehe auf Antrag eines oder beider Ehegatten durch gerichtliches Urteil (§ 1564 BGB) nämlich grundsätzlich nur,

- wenn die Ehe gescheitert ist, d. h., die Lebensgemeinschaft der Ehegatten nicht mehr besteht und nicht erwartet werden kann, dass die Ehegatten sie wieder herstellen (§ 1565 Abs. 1 BGB) oder
- wenn die Ehegatten seit einem Jahr getrennt leben; hier wird gesetzlich vermutet, dass die Ehe gescheitert ist, soweit beide Partner die Scheidung beantragen oder der andere Partner dem zustimmt (§ 1566 Abs. 1 BGB) oder
- wenn die Ehegatten seit drei Jahren getrennt leben; hier wird ein Scheitern der Ehe unwiderruflich vermutet (§ 1566 Abs. 2 BGB), eine Zustimmung ist nicht mehr erforderlich.

Die Ehegatten leben dann getrennt,

- wenn zwischen ihnen keine häusliche Gemeinschaft mehr besteht und ein Ehegatte sie erkennbar nicht herstellen will, weil er die eheliche Lebensgemeinschaft ablehnt oder
- wenn die Ehegatten innerhalb der ehelichen Wohnung getrennt leben (§ 1566 Abs. 2 BGB).

Was beim Getrenntleben nun mit dem Hausrat geschieht, bestimmt § 1361 a BGB:

§ 1361 a BGB Verteilung der Haushaltsgegenstände bei Getrenntleben
Leben die Ehegatten getrennt, so kann jeder von ihnen die ihm gehörenden Haushaltsgegenstände von dem anderen Ehegatten herausverlangen. Er ist jedoch verpflichtet, sie dem anderen Ehegatten zum Gebrauch zu überlassen, soweit dieser sie zur Führung eines abgesonderten Haushalts benötigt und die Überlassung nach den Umständen des Falles der Billigkeit entspricht.
Haushaltsgegenstände, die den Ehegatten gemeinsam gehören, werden zwischen ihnen nach den Grundsätzen der Billigkeit verteilt.
Können sich die Ehegatten nicht einigen, so entscheidet das zuständige Gericht. Dieses kann eine angemessene Vergütung für die Benutzung der Haushaltsgegenstände festsetzen.
Die Eigentumsverhältnisse bleiben unberührt, sofern die Ehegatten nichts anderes vereinbaren.

Der Begriff „Haushaltsgegenstände", oft noch umgangssprachlich mit „Hausrat" bezeichnet (so früher die HausratsVO), umfasst alle Gegenstände in der ehelichen Wohnung, die notwendig sind für das Zusammenleben, wie Möbel, Fernseher, Geschirr, Besteck, Musikanlage, Bücher. Auch Tiere werden – man mag es kaum glauben – den Haushaltsgegenständen zugeordnet, und die betreffenden Vorschriften werden hier mangels einer gesetzlichen Regelung zumindest entsprechend angewendet. Man kann inzwischen fast von einer gefestigten Rechtsprechung sprechen.

Hierzu hat das Oberlandesgericht Hamm bei der Forderung nach einer zeitlichen begrenzten Nutzungsregelung für den Hund entschieden, dass das Familiengericht die Verteilung von Haushaltsgegenständen während der Dauer des Getrenntlebens der Ehegatten regeln könne (§ 1361 a Abs. 1 BGB). Erfasst seien alle beweglichen Sachen, die nach den Lebensverhältnissen der Eheleute üblicherweise der Einrichtung der Wohnung, der Hauswirtschaft und dem Zusammenleben der Familie und der gemeinsamen Lebensführung zu dienen bestimmt seien. Nach der wohl überwiegenden Rechtsprechung gehörten auch Tiere dazu. Auch wenn Tiere keine Sachen seien (§ 90 a BGB), seien die Regelungen zur vorläufigen (§ 1361 a BGB) oder endgültigen Hausratsverteilung (§ 1568 b BGB), d. h. bei Trennung oder Scheidung des Paares, zumindest analog anzuwenden (OLG Hamm, Beschluss, Az. II 10 WF 240/10).

Zuvor hatte bereits das OLG Zweibrücken (Az.: 2 UF 230/97) in einem ähnlichen Fall so entschieden, ferner das OLG Naumburg (Az.: 3 UF 95/99) zu mehreren Pferden, ebenso das OLG Schleswig (Az.: 12 WF 46/98), ferner das OLG Bamberg (Az.: 7 UF 103/03) und später wiederum das OLG Schleswig (Az.: 15 UF 143/12).

Sind die *Haushaltsgegenstände* aufzuteilen?

Während der Trennung kommt nur eine vorläufige Regelung der Besitzverhältnisse in Frage, da die endgültige Auseinandersetzung der Scheidung vorbehalten bleibt. Da die

Aufteilung der Haushaltsgegenstände u. a. von den Eigentumsverhältnissen abhängt, wird zunächst geklärt, wem der Hausrat gehört.

Hausrat im *Alleineigentum eines Ehegatten*

Jeder Ehegatte kann grundsätzlich die ihm allein gehörenden Haushaltsgegenstände, also auch „seinen Hund“, mitnehmen und herausverlangen, § 1361 a Abs. 1 BGB.
Im „tierischen“ Fall des Hundes zeichnet sich das Alleineigentum vor allem durch folgende Kriterien aus:

- der Hund wurde bereits vor der Ehe von einem der Partner erworben,
- der Hund wurde erst nach der Trennung angeschafft,
- der Hund wurde geerbt,
- bei dem Hund handelt es sich um das Geschenk eines Dritten,
- der Hund sollte vereinbarungsgemäß nur dem einen Ehepartner gehören.

Hausrat im *gemeinsamen Eigentum beider Ehegatten:*

Beiden Partnern gehörende Haushaltsgegenstände sind nach den Grundsätzen der „Billigkeit“ zu verteilen (§ 1361 a Abs. 2 BGB), d. h. je nach Notwendigkeit der Gegenstände für den Einzelnen. Auch die Bedürfnisse minderjähriger Kinder sind zu berücksichtigen. Außerdem kommt es auf die Einkommens- und Vermögensverhältnisse an, so dass z. B. dem einkommensschwachen Partner eher eine Waschmaschine zu überlassen wäre, während der gut verdienende andere Partner dafür etwas in der Familie nicht täglich Notwendiges mitnehmen darf.
Solche Kriterien führen bei der Verteilung von Haustieren insofern nicht weiter, als eine Notwendigkeit für deren Haltung grundsätzlich nicht besteht, wie es bei einer Waschmaschine oder einem Auto der Fall sein kann.

Wie eine solche Auseinandersetzung nun für den Hund bei einer Trennung von Herrchen und Frauchen aussehen kann, zeigt eine Entscheidung des Oberlandesgerichts Stuttgart: Hier hatte ein getrennt lebendes Ehepaar über die Zuweisung und Herausgabe der Malteserhündin „Babsi“ gestritten, die während der Zeit des ehelichen Zusammenlebens von beiden Eheleuten gemeinsam erworben worden war. Das Familiengericht wies „Babsi“ der Ehefrau zu und ordnete die Herausgabe an diese an. Dem ist das Oberlandesgericht in der Beschwerdeinstanz gefolgt: Eine Alleineigentümerstellung der Ehefrau habe nicht nachgewiesen werden können, zumal für die Eigentumsverhältnisse die Vermutung des Miteigentums (§ 1568 b Abs. 2 BGB analog) gelte. Maßgeblich für die Zuweisung der Hündin seien somit allein Grundsätze der Billigkeit gewesen. Bei den Billigkeitserwägungen i. S. des § 1361 a Abs. 2 BGB handele es sich weniger um solche, die das Wohl des Hundes beträfen, als vielmehr um solche, die eine sinnvolle Teilhabe der getrenntlebenden Eheleute an den zur Disposition stehenden „Haushaltsgegenständen" und damit auch an Tieren ermöglichten. Beide Eheleute seien zwar durchaus zu einer Betreuung der Hündin geeignet. Aber der Ehemann habe durch sein Verhalten, insbesondere das Vorenthalten des Tieres bei der Trennung, gezeigt, dass er an einer ausgewogenen Teilhabe an dem im Miteigentum stehenden Hund unter Berücksichtigung der Bedürfnisse sowohl des Hundes als auch beider Eheleute nicht interessiert sei. Aufgrund des nicht billigenswerten Verhaltens des Ehemannes in der Vergangenheit entspreche nur eine Zuweisung der Hündin an die Ehefrau den Grundsätzen der Billigkeit (OLG Stuttgart, Az.: 18 UF 62/14).

Dass die Streitigkeit von Ehepartnern in der emotional hochgeladenen Trennungsphase auch vor den geliebten Hunden nicht Halt macht, zeigt ein Fall, der jüngst vom Oberlandesgericht Nürnberg zu entscheiden war: Ein Ehepaar hatte sich getrennt, Frauchen war mit den damals sechs Hunden aus dem ehelichen Anwesen ausgezogen. Herrchen wollte die Zuweisung zweier Hunde für die Dauer des Getrenntlebens nun gerichtlich erreichen. Im Laufe des Rechtsstreits waren dann drei Hunde gestorben, von den drei übrigen reklamierte Herrchen zwei für sich.
Für die Zuweisung von Hunden getrennt lebender Eheleute sah das Gericht nun folgende Kriterien als maßgeblich an:

- das Affektionsinteresse der Ehepartner,
- die bisher praktizierte Sorge für das Tier und
- Gesichtspunkte des Tierschutzes, insbesondere die Versorgung und Betreuung des Tieres, aber auch das Zusammenleben mehrerer Tiere in einem Rudel.

Die Hunde seien, so das Gericht, auch wenn es sich um Lebewesen handele, Haushaltsgegenstände i. S. von § 1361 a BGB, da sie nach den konkreten Lebensverhältnissen der Partner als „Haustiere" für ihr Zusammenleben bestimmt gewesen seien. Bei Getrenntlebenden sei Miteigentum entsprechend § 1568 b Abs. 2 BGB zu vermuten, wenn die Hunde während der Ehezeit angeschafft und von beiden Partnern versorgt und betreut worden seien. Die üblichen Kriterien für die Zuweisung von Haushaltsgegenständen nach Billigkeit, wie die Notwendigkeit der beanspruchten Gegenstände zur Führung eines eigenständigen Haushalts und spiegelbildlich die Entbehrlichkeit der Gegenstände für den anderen Ehepartner, würden bei der Verteilung von Haustieren nicht weiterhelfen. Denn eine faktische Notwendigkeit für die Haltung von Haustieren aus Liebhaberei bestehe grundsätzlich nicht. Jedoch könnten auch berechtigte Affektionsinteressen, also der Liebhaberwert, bei der Verteilung nach billigem Ermessen eine Rolle spielen. Bei nur aus Liebhaberei gehaltenen Haustieren gewinne dieses Affektionsinteresse einen höheren Stellenwert. Letztendlich seien aber Gesichtspunkte des Tierschutzes ausschlaggebend. Sowohl in § 90 a BGB wie auch in Art. 20 a GG liege ein Bekenntnis des Gesetzgebers zum ethisch fundierten Tierschutz, das bei Entscheidungen über Tiere zu berücksichtigen sei. Hier könnten zwar nicht Erwä-

gungen, wie sie in Kindschaftssachen, also Verfahren über die elterliche Sorge und Umgang mit Kindern, angestellt oder entsprechend angewandt werden.
Gesichtspunkte des Tierschutzes ließen aber die Kontinuität des Zusammenlebens der hier streitigen drei Hunde und die weitere Hauptbetreuung durch Frauchen als ausschlaggebend erscheinen. Hunde seien nämlich Rudeltiere, deren Mitglieder sich untereinander erkennen würden und nicht beliebig austauschbar seien. Auch der Mensch, der das Tier oder die Tiere betreue, habe einen Platz in dieser Hierarchie inne. Die Struktur und Hierarchie des Rudels seien in der Vergangenheit u. a. durch den Tod der drei weiteren Hunde der Ehepartner belastet worden. Zudem hätten die Tiere ihre gewohnte Umgebung verlassen müssen. Die Konstanz für die Tiere bestehe nunmehr im Zusammenleben der drei verbliebenen Tiere mit Frauchen (OLG Nürnberg, Az.: 2 UF 1249/16).

Und zum guten Schluss noch Frauchens „schwarzer Tag“:

Als eine Frau nach der Trennung von ihrem Ehemann aus der gemeinsamen Wohnung auszog, soll dieser ihre Chihuahua-Hündin „Cartier“ aus dem Auto gezerrt und das einjährige Tier für 640,- € heimlich verkauft haben, so die Version der Frau. Ein halbes Jahr habe sie versucht, „Cartier“ über Vermisstenanzeigen und einen Tiersuchdienst zu finden. Im Herbst sei sie mit Hilfe der Tierkennung fündig geworden. Aber die neue Halterin von „Cartier“ habe den Hund behalten wollen.
Auch vor dem Amtsgericht Siegburg blieb Frauchen chancenlos. Denn ihr Mann hatte im Prozess eingewendet, seine Ehefrau habe nur den schwarzen Kater mitgenommen, den Chihuahua aber zurückgelassen. Da Frauchen nun nicht nachweisen konnte, dass „Cartier“ ihr gewaltsam entrissen wurde, wurde die Klage abgewiesen. Die neue Hundehalterin dürfe das Tier behalten, weil sie es, so das Gericht, zumindest gutgläubig erworben habe (AG Siegburg, Az.: 113 C 21/16).

Bei Scheidung der Ehe

Verteilung der Haushaltsgegenstände

Wie gesagt: Das Gesetz regelt in § 1361 a BGB die Verteilungsverhältnisse an den Haushaltsgegenständen lediglich für die Zeit der Trennung der Eheleute, endgültig nur für Gegenstände, die einem der beiden alleine gehören. Wird die Ehe dann geschieden, richtet sich die endgültige Verteilung der Haushaltsgegenstände nun nach § 1568 b BGB.

§ 1568 b BGB Haushaltsgegenstände
Jeder Ehegatte kann verlangen, dass ihm der andere Ehegatte anlässlich der Scheidung die im gemeinsamen Eigentum stehenden Haushaltsgegenstände überlässt und übereignet, wenn er auf deren Nutzung unter Berücksichtigung des Wohls der im Haushalt lebenden Kinder und der Lebensverhältnisse der Ehegatten in stärkerem Maße angewiesen ist als der andere Ehegatte oder dies aus anderen Gründen der Billigkeit entspricht.
Haushaltsgegenstände, die während der Ehe für den gemeinsamen Haushalt angeschafft wurden, gelten für die Verteilung als gemeinsames Eigentum der Ehegatten, es sei denn, das Alleineigentum eines Ehegatten steht fest.
Der Ehegatte, der sein Eigentum nach Abs. 1 überträgt, kann eine angemessene Ausgleichszahlung verlangen.

Da zu den Haushaltsgegenständen eben auch Hunde gehören, stellt sich, wie bei der Trennung, auch bei der Scheidung, und zwar jetzt endgültig, die Frage:

- Wer bekommt den Hund?

Alleineigentum

Steht der Hund im Alleineigentum eines Ehepartners, so kommt für die Zeit nach der Scheidung eine Verteilung grundsätzlich nicht mehr in Frage. Denn spätestens mit der Scheidung kann jeder Ehegatte die ihm allein gehörenden Gegenstände vom Partner herausverlangen, nur ganz ausnahmsweise dann nicht, wenn der Ehepartner dringendst darauf angewiesen ist (z. B. Blindenhund) und die Sozialhilfe ihm diese Gegenstände nicht zur Verfügung stellt, was aber nur ganz selten vorkommen dürfte.

Gemeinsames Eigentum

Kann Alleineigentum nicht nachgewiesen werden, wird gem. § 1568 Abs. 2 BGB vermutet, dass Miteigentum besteht. Hier ist die Rechtslage bei der Zuweisung komplizierter: Haushaltsgegenstände, die im Miteigentum beider Ehegatten stehen, sind nach billigem Ermessen nach den Umständen des Einzelfalls gerecht und zweckmäßig vom Familiengericht zu verteilen. Hierbei sind verschiedene Umstände zu berücksichtigen und eine Reihe von Kriterien umfassend abzuwägen:

- Das Wohl der Kinder (!) hat Vorrang. Sind minderjährige Kinder vorhanden, entspricht es in der Regel der Billigkeit, dass Gegenstände, wie Herd, Kühlschrank, Esszimmer, bei demjenigen Ehegatten verbleiben, bei welchem die Kinder leben. Das sollte grundsätzlich auch für den allseits geliebten Familienhund gelten!
- Zu berücksichtigen ist ferner, wer aufgrund seines Einkommens und seines Vermögens eher in der Lage ist, neue Sachen anzuschaffen. Beim Hund ein Problem, weil ja keiner der Partner einen neuen Hund will, sondern gerade diesen!

- Weiteres Kriterium ist, wer die Sache während der Ehe auf seine Kosten angeschafft hat oder wer besonders daran hängt.
- Eine gerechte Verteilung setzt grundsätzlich auch voraus, dass Ehegatten ungefähr gleiche Werte erhalten. Erhält einer Haushaltsgegenstände, die wesentlich mehr wert sind als diejenigen des Partners, kann sich die Verpflichtung ergeben, dem Partner eine Ausgleichszahlung zu leisten (§ 1568 Abs. 3 BGB).

Geht es um die Zuteilung eines Hundes, wird der Richter im Wesentlichen folgende Kriterien zu beachten haben:

- Der Hund sollte möglichst nicht aus seiner bisherigen gewohnten Umgebung herausgerissen werden.
- Bei welchem Partner befinden sich die an den Familienhund gewöhnten Kinder?
- Welcher der Partner hat zukünftig ausreichend Zeit, sich um den Vierbeiner zu kümmern?
- Von Bedeutung kann der Umstand sein, ob der Partner außerhalb des Zuhauses arbeitet und wie lange er deshalb abwesend sein muss oder ob er das Tier zu seinem Arbeitsplatz mitbringen darf, von zu Hause aus arbeiten kann oder halbtags arbeitet.
- Darf der aus der ehelichen Wohnung ausziehende Partner in seinem zukünftigen Zuhause überhaupt einen Hund halten?

Mit solchen Problemen haben sich die Gerichte befassen müssen:

Das Amtsgericht Bad Mergentheim hatte über die Verteilung des Hausrats von Ehepartnern nach der Scheidung zu befinden, wobei der Kern des Streits sich ausschließlich auf den Hund bezog. Es ging um den etwa zehn Jahre alten Pudel „Wuschel", den die Eheleute einst als Welpen bekommen hatten und der nach ihrer Trennung zusammen mit zwei weiteren Hunden bei der Ehefrau blieb. Den Antrag des Ehemannes auf Zuweisung des Hundes an ihn wies das Gericht ab. Zu dem Streit um den Umgang mit dem Tier hatte das Gericht einen tiermedizinischen Sachverständigen zu der Frage gehört, welche tierpsychologischen Auswirkungen eine Regelung, den Hund zweimal monatlich dem Ehemann zu überlassen, auf den Hund hätte. Tierpsychologische Schwierigkeiten sah der Sachverständige hier nicht, sondern hielt für das Wohlbefinden des Hundes die Bezugsperson für wichtig und sein Heim, in dem er zuhause sei; gegen ein stundenweises Zusammensein von „Wuschel" mit dem Ehemann bestünden keine Bedenken, wohl aber gegenüber einem dauernden Ortswechsel. Unter Wahrung der Belange des Hundes ordnete das tierliebe Gericht zweimal pro Monat den *Umgang* mit dem Ehemann an, da es sich bei „Wuschel" um ein *Mitgeschöpf* (!) handele, mit dem man nicht willkürlich umgehen könne! (AG Bad Mergentheim, Az.: 1 F 143/95).

Durch Beschluss des Schleswig-Holsteinischen Oberlandesgerichts wurde eine Basset-Hündin auf Antrag dem geschiedenen Ehemann zugesprochen. Das Gericht sah das alleinige Eigentum einer der Ehegatten nicht als bewiesen an, auch nicht aufgrund des Umstandes, dass die geschiedene Ehefrau die Hündin als Welpen bei einer Züchterin sechs Jahre zuvor gekauft hatte; denn immerhin habe der geschiedene Ehemann die Versicherung für die Hündin abgeschlossen und auch die Hundesteuer gezahlt. Die Überlassung und Übereignung der Hündin an den geschiedenen Ehemann entsprächen hier der Billigkeit.
Die Eheleute hatten seit mehreren Jahren in einem Landhaus mit großem Grundstück mit einem Cockerspaniel, einem Boxer und einer Bassethündin gelebt. Der Cockerspaniel, der im Alleineigentum der Ehefrau stand, sollte bei ihr bleiben und ebenfalls der Boxer, der alt und schwerhörig war und dem die Ehepartner deswegen in der Regel auf dem großen Grundstück und nicht im öffentlichen Straßenraum Auslauf gewährten. Das Gericht meinte nun, der geschiedene Ehemann könne dem Boxer angesichts seiner kleinen Wohnung nicht den Freiraum bieten, den die geschiedene Ehefrau auf dem großen Grundstück zur Verfügung stellen könne. Das Argument, die drei Hunde würden im Fall einer Trennung leiden, teilte das OLG nicht: Die Trennung der dem Ehemann zuzuweisenden Basset-Hündin von den beiden anderen Hunden sei für die Hunde verkraftbar (OLG Schleswig-Holstein, Az.: 15 UF 143/12).

Das Recht auf Umgang mit dem Hund

Kann der bei Trennung oder Scheidung nicht mit dem Hund bedachte Ehegatte wenigstens ein „*Umgangsrecht*" mit dem Hund einfordern, wenn er ihn schon an den Partner herausgeben oder auf ihn verzichten muss?

Auseinandersetzungen über diese Fragen werden häufig so emotional, heftig und verbissen geführt wie sonst nur der Streit um das Umgangs- und Sorgerecht mit Kindern. Werden Tiere, insbesondere Hunde, doch häufig als Partner, Freund oder „wie ein Kind" empfunden. Dennoch: Ein echtes „Umgangs- und Sorgerecht" für Haustiere existiert, rechtlich betrachtet, grundsätzlich nicht! Es gibt keine speziellen Regelungen im Familienrecht, die ein Recht auf Umgang mit einem Tier vorsehen. Gesetzlich geregelt ist in § 1684 BGB nur das Recht des Kindes auf Umgang mit jedem Elternteil sowie das Recht und die Pflicht jedes Elternteils zum Umgang mit dem Kind. Darüber hinaus ist in § 1685 BGB das Recht auf Umgang mit dem Kind für dessen Großeltern und Geschwister sowie sonst enge Bezugspersonen vorgesehen.

Die Frage eines Umgangsrechts ist mehrfach Gegenstand gerichtlicher Entscheidungen gewesen:

- Zunächst sei noch einmal auf die nahezu legendäre, bisher einmalige Entscheidung des Amtsgerichts Bad Mergentheim hingewiesen. Hier hatte das Gericht einen Tierarzt mit der Erstellung eines tierpsychologischen Gutachtens beauftragt, der zu dem Ergebnis gekommen war, es sei für den Hund nicht schädlich, wenn nicht günstiger, auch Umgang mit Herrchen zu haben. Im Gerichtstermin war der Hund „Wuschel“ dann auch sogleich auf den Schoß seines Herrchens gesprungen und hatte ihm das Gesicht geleckt. Das tierfreundliche Gericht befand, der Mann dürfe den Hund jeden 1. und 3. Donnerstag im Monat zu sich nehmen (AG Bad Mergentheim, Az.: 1 F 143/95).

- Dagegen hat das Oberlandesgericht Schleswig das von einem geschiedenen Ehemann geforderte Umgangsrecht mit dem bei Frauchen verbliebenen Pudel abgelehnt: Ein Umgangsrecht komme nur mit gemeinsamen Kindern in Betracht gem. § 1684 BGB. Solch eine Vorschrift finde sich für Haustiere nicht im Gesetz (OLG Schleswig, Az.: 12 WF 46/98).

- Aus dem gleichen Grund hat das Oberlandesgericht Bamberg ein Umgangsrecht mit einem Hund abgelehnt. Eine analoge Anwendung des gesetzlich verankerten Umgangsrechts mit dem eigenen Kind auf Tiere überschreite die Grenzen zulässiger Gesetzesauslegung durch das Gericht (OLG Bamberg, Az.: 7 UF 103/03, ebenso das Amtsgericht Sondershausen in einem ähnlichen Fall, AG Sondershausen, Az.: 2 F 203/10).

- Einen rechtlichen Anspruch auf „Umgang“ mit dem Familienhund hat das Oberlandesgericht Hamm nach Trennung der Eheleute ebenfalls abgelehnt. Hier ging es um einen während der Ehe angeschafften Pudel, der sich vereinbarungsgemäß bei Herrchen aufhielt. Frauchen wollte für die Zeit des Getrenntlebens den gemeinsamen Hund jeweils dienstags und freitags zu sich nehmen können. Herrchen weigerte sich aber, den Hund herauszugeben, was Frauchen veranlasste, das Umgangsrecht einzuklagen. Vergeblich! Denn Sinn und Zweck des Hausratsteilungsverfahrens sei es, so das Gericht, dem Ehepartner die Eigennutzung des Hausrats für seine Lebensbedürfnisse zu ermöglichen und eine Neuanschaffung von Hausratsgegenständen zu vermeiden. Ein Umgangsrecht sehe § 1361 a BGB nicht vor. Eine Analogie zu anderen gesetzlichen Umgangsregelungen verbiete sich. Insbesondere § 1684 Abs. 1 BGB sei zugeschnitten auf ein am Wohl eines Kindes orientiertes Umgangsrecht und diene nicht in erster Linie der Befriedigung emotionaler Bedürfnisse des umgangsberechtigten Elternteils, um die es aber gerade im Verhältnis der sich trennenden Partner zu einem gemeinsam gehaltenen Hund gehe. Hier würden gem. § 90 a BGB die Bestimmungen der Hausratsverteilung gelten, die nur eine Zuweisung, aber keine Umgangsregelungen vorsähen (OLG Hamm, Az.: 10 WF 240/10).

Das Landgericht Duisburg hat sich zwar bei einer Lebensgemeinschaft für ein wechselseitiges Umgangsrecht entschieden und sich dafür ausgesprochen, dass jeder Partner den Hund zwei Wochen im Monat zu sich nehmen dürfe. Das Besondere an diesem Fall war aber, dass die Partner nicht verheiratet waren (!) und der Hund im Miteigentum beider Partner stand und nach der Trennung auch blieb. Hier war das Gericht der Auffassung, dass der gemeinsame Eigentümer von dem anderen verlangen könne, dass jeder das Eigentum gleichermaßen benutzen dürfe (LG Duisburg, AZ.: 5 S 26/11).

Wie lange wird die Rechtsprechung im Lichte moderner Einstellungen gegenüber Hunden an ihrer ablehnenden Haltung zum Recht der geschiedenen Ehepartner auf Umgang mit dem Hund noch festhalten? Es muss auf eine analoge Anwendung des § 1684 BGB hinauslaufen oder der Gesetzgeber muss das Problem lösen.

Wie steht es mit einem Recht des Kindes auf Umgang mit dem Familienhund?

Hier muss zunächst nochmals darauf hingewiesen werden, dass in unserem Familienrecht das Wohl der Kinder immer Vorrang hat, nicht das Wohl der Eltern!
Da gesetzlich ein Umgangsrecht mit Haustieren nicht vorgesehen ist, würde bei Trennung oder Scheidung der Eheleute und Zuweisung eines Familienhundes z. B. an den Vater das bei der Mutter verbleibende Kind mit seiner Liebe zu dem Hund, seinem Spielkameraden und Freund, außen vor bleiben. Hier kommt das „Kindeswohl" ins Spiel. Dementsprechend sollte der Kontakt des Kindes zu dem Hund auch nach der Trennung grundsätzlich weiter so gehandhabt werden wie zuvor, dies zum Wohl des Kindes.

Zu dem Problem des Umgangsrechtes wird es aber dann gar nicht kommen, wenn das Familiengericht das „Kindeswohl" bereits bei der Zuweisung des Tieres „nach billigem Ermessen" im Auge hat. Im Zweifel wird es das Tier dann nämlich dem Partner zuweisen, bei dem das Kind zukünftig leben wird.

Und wenn der Ehepartner, bei dem das Kind bleibt, nicht die notwendige Zeit hat, sich um das Tier zu kümmern, wenn die zukünftige Wohnung zu klein ist, um darin einen Hund zu halten, oder wenn der Vermieter die Hundehaltung in der Wohnung verboten hat? Ob sich dann nicht doch ein Recht des Kindes auf Umgang mit dem Tier unter dem Aspekt „Kindeswohl" rechtfertigen ließe?
Weiterhelfen könnten hier ausschließlich die vorgestellten §§ 1684, 1685 BGB, soweit man ausnahmsweise eine analoge Anwendung zuließe. Die Vorschriften regeln zwar nur den Umgang des Kindes mit dem anderen Elternteil sowie mit einigen Bezugspersonen, also mit bestimmten *Menschen*, sind aber klar auf ein am Wohl des Kindes orientiertes Umgangsrecht zugeschnitten. Andererseits steht dem Kind nach § 1684 Abs. 1 BGB ein Recht auf Umgang mit dem anderen Elternteil zu, bei dem es nicht wohnt. Wird dieses Recht ausge-

übt, wäre allerdings der Kontakt zu dem dort lebenden Hund weiter gewährleistet und der Konflikt um das Umgangsrecht gelöst.

Wie die Gerichte in Zukunft im Fall des Familienhundes bei Kindern urteilen werden, bleibt abzuwarten.

Eine etwas gewagte Möglichkeit – sozusagen durch die Hintertür – wäre es, in einem Familienrechtsstreit die Trennung bzw. Scheidung mit einem Recht des Kindes auf einen Umgang mit dem Hund zu verbinden oder sogar hiervon abhängig zu machen.

- Immerhin wurde ja schon ein Mehrbedarf beim Kindesunterhalt wegen Tierhaltungskosten für einen dem Kind nach Trennung der Eltern überlassenen Hund zugesprochen (OLG Bremen, Az.: 4 WF 41/10)!

Unterhalt für den Hund

Wer zahlt eigentlich für den Hund bei Trennung oder Scheidung? Der Hund hat nun einmal seinen täglichen Bedarf, der gedeckt sein will, gleich, ob Herrchen und Frauchen sich streiten, wer von ihnen Futter oder „Leckerli“ für ihn kauft. Da überrascht es nicht, dass es auch hier wegen des geliebten Hundes zu gerichtlichen Auseinandersetzungen gekommen ist.

- Das Oberlandesgericht Düsseldorf hat entschieden, dass der unterhaltspflichtige Partner nach der Trennung auch für Belange aufkommen müsse, die „der Pflege geistiger Interessen“ dienten. Dazu zähle auch die emotionale Zuwendung zu einem Haustier. Gerade dadurch könnte die zu erhaltende Lebensqualität für einen getrenntlebenden Menschen positiv bestimmt sein. Daher sei der Hund mit den Futter- und Tierarztkosten im Unterhalt zu berücksichtigen (OLG Düsseldorf, Az.: 2 UFH 11/86).

- Ein Ehepaar hatte für den Fall einer Scheidung vereinbart, dass die Ehefrau den gemeinsam angeschafften Hund betreuen und der Ehemann ihr dafür einen monatlichen Unterhalt in Höhe von 100,- € zahlen solle. Als es tatsächlich zur Scheidung kam, wollte der Mann nichts mehr von dieser Vereinbarung wissen. Seine Argumentation, er könne den Vertrag kündigen, weil die Alimente viel zu hoch bemessen seien, teilte das Oberlandesgericht Zweibrücken nicht. Es verpflichtete den Mann, den Betrag, wie vereinbart, bis zum Tod des Hundes zu überweisen. Verträge seien zu halten! (Pfälzisches OLG Zweibrücken, Az.: 2 UF 87/05).

Schenken die Eltern ihrem Kind einen Hund oder wird ein Hund nach einer Scheidung dem Kind zu Eigentum überlassen, fragt man sich, ob dann die Kosten der Hundehaltung möglicherweise im Rahmen des Kindesunterhaltes als Mehrbedarf geltend gemacht werden können.

Hierzu hat das Oberlandesgericht Bremen in dem bereits angesprochenen Beschluss vom 29. 04. 2010 die Entscheidung getroffen, dass Unterhaltungskosten für einen dem Kind überlassenen Hund einen Mehrbedarf beim Kindesunterhalt auslösen können. Abhängig von der Höhe des zu zahlenden Kindesunterhaltes könne aus diesem auch ein Teil der Tierhaltungskosten getragen werden, wobei ein Betrag von 20,- € monatlich angemessen sei. Gingen die Kosten für den Hund aber darüber hinaus, so löse dies einen Mehrbedarf aus, den die Eltern anteilig nach ihren Einkommensverhältnissen zu tragen hätten. Dann müssten aber die Kosten für Futter, Tierarzt, Hundesteuer und Hundeversicherung detailliert dargelegt und nachgewiesen werden (OLG Bremen, Az.: 4 WF 41/10).

Bei Trennung einer nichtehelichen Lebensgemeinschaft

Das Problem des Verbleibs von Hunden stellt sich nicht nur bei der Trennung und Scheidung von Eheleuten, sondern verschärft auch in der nichtehelichen Lebensgemeinschaft. Für sie gelten die gesetzlichen Regelungen in den §§ 1361 a und 1568 b BGB nicht, auch nicht analog. Denn das Familienrecht und damit auch die familiengerichtliche Zuweisung von Haushaltsgegenständen bei Trennung oder Scheidung betreffen ausdrücklich nur Ehen. Stattdessen gelten für nichtverheiratete Paare im Falle der Trennung die allgemeinen zivilrechtlichen Regelungen und nicht die speziellen familienrechtlichen Normen!

Alleineigentum

Gehört der Hund einem Partner alleine, kann er Herausgabe nach § 985 BGB von dem anderen verlangen und notfalls gerichtlich und vollstreckungsrechtlich durchsetzen: Urteil, Titel, Wegnahme durch den Gerichtsvollzieher – fertig!

§ 985 BGB Herausgabeanspruch
Der Eigentümer kann von dem Besitzer die Herausgabe der Sache verlangen.

Miteigentum

Miteigentum ist gemeinsames Eigentum mehrerer Personen an einer Sache. Es kann sowohl in Form von Miteigentum nach Bruchteilen nach § 1008 BGB, d. h., jeder Miteigentümer kann über seinen Anteil frei verfügen, als auch in Form von Gesamthandseigentum bestehen, d. h., die „Gesamthänder" können nur gemeinsam verfügen.
Fehlen anders lautende Abreden, sind Lebensgefährten in der Regel je zur Hälfte Miteigentümer, auch eines gemeinsamen Hundes. Anders als bei Eheleuten, für die – ungeachtet

der Frage nach Bruchteils- oder Gesamthandseigentum – gesetzlich die Überlassung der im gemeinsamen Eigentum stehenden Haushaltsgegenstände – darunter auch der Hund – durch den anderen Ehepartner vorgesehen ist, können nichteheliche Lebensgefährten dies vom anderen Lebenspartner nicht verlangen. Da es bei der nichtehelichen Lebensgemeinschaft, anders als etwa bei der BGB-Gesellschaft, gar kein vom Vermögen der Teilhaber getrenntes Gemeinschaftsvermögen gibt, geht es hier um Miteigentum nach Bruchteilen in einer Bruchteilsgemeinschaft. Fehlt eine besondere Vereinbarung über die Auseinandersetzung, so erfolgt die Aufhebung dieser Gemeinschaft durch Teilung der gemeinschaftlichen Gegenstände „in Natur“ (§ 752 BGB), falls sie sich entsprechend zerlegen lassen. Anderenfalls bleibt gesetzlich nur der Verkauf des gemeinschaftlichen Gegenstandes nach den Regeln des Pfandverkaufs, nämlich durch Versteigerung seitens des Gerichtsvollziehers und Teilung des Erlöses (§ 753 BGB).

Können sich die Partner also über den Verbleib des im gemeinschaftlichen Eigentum beider Partner stehenden Hundes nicht einigen, gelten genau diese gesetzlichen Bestimmungen über die sog. Bruchteilsgemeinschaft. Da die an sich gesetzlich vorgesehene Teilung „in Natur“ bei einem Tier unmöglich ist, kämen hier nur ein Verkauf und die Aufteilung des Erlöses in Frage.

- Nach Meinung des Amtsgericht Walsrode kann die Auflösung der Bruchteilsgemeinschaft an einem Hund auch so vonstattengehen, dass einem der Partner das Tier zu Eigentum zugewiesen wird gegen Zahlung einer angemessenen Entschädigung an den anderen (AG Walsrode, Az.: 7 C 1028/03).

- Das Landgericht Duisburg hat entschieden, dass der eine Lebenspartner den gemeinsamen Labrador weiterhin alle vier Wochen donnerstags um 18.30 Uhr zur Wohnung der bisherigen Lebenspartnerin zu bringen und ihn am Freitag der jeweils übernächsten Woche um 15.30 Uhr in seiner Wohnung wieder entgegenzunehmen habe. Hier ging das Gericht nicht vom Alleineigentum eines der Lebensgefährten aus, sondern von Miteigentum. Hierfür spreche die Vermutung des § 1006 Abs. 1 S. 1 BGB:

  § 1006 BGB Eigentumsvermutung für den Besitzer
  1 Zugunsten des Besitzers einer beweglichen Sache wird vermutet, dass er Eigentümer der Sache sei. 2 …

  Beide Partner hätten den Hund nämlich gemeinsam bis zur Trennung und dem Auszug in Mitbesitz gehabt. Dass der Mann den Hund als alleiniger Käufer erworben und von dem Verkäufer demzufolge alleine übereignet bekommen habe, habe er nicht beweisen können. Als Miteigentümerin des Hundes könne die Lebensgefährtin gem. § 745 Abs. 2 BGB die Zustimmung zu einer Benutzungs- bzw. Umgangsregelung verlangen:

§ 745 BGB Verwaltung und Benutzung durch Beschluss
Jeder Teilhaber kann, sofern nicht die Verwaltung und Benutzung durch Vereinbarung oder durch Mehrheitsbeschluss geregelt ist, eine dem Interesse aller Teilhaber nach billigendem Ermessen entsprechende Verwaltung und Benutzung verlangen.

Das Gericht kam zu der Überzeugung, die von der Lebenspartnerin nunmehr nach Trennung begehrte Benutzungsregelung entspreche dem billigen Ermessen (LG Duisburg, Az.: 5 S 26/11).

Womit sich Richter so alles beschäftigen müssen! Ein Mann aus Köln wollte vor Gericht erwirken, dass „Minimaus“ und ihr Geschwisterchen „Fusselmaus“ nach der Trennung von seiner Lebensgefährtin bei ihm leben dürfen. Beide hatten die Hunde, zwei Chihuahuas, bei einer Züchterin gekauft und den Kaufvertrag unterzeichnet. Ihre Liebe hielt nur ein Jahr. Und wie es bei Trennungen so ist – meistens gibt es hinterher Streit. Regelmäßig geht es um die Kinder, aber manchmal eben auch um Hunde! Frauchen beharrte vor Gericht darauf, faktisch die alleinige Käuferin gewesen zu sein. In ihrer Verliebtheit habe sie ihren Lebensgefährten lediglich als Vertrauensbeweis den Vertrag mit unterschreiben lassen. Sie wolle die Hunde nun um jeden Preis behalten, das seien ihre „Kinder“. Tatsächlich hatte sich der „Ex“ während der Beziehung zwar um die Hunde gekümmert, aber die meiste Zeit schlabberten „Minimaus“ und „Fusselmaus“ aus dem Napf in Frauchens Wohnung. Nachdem die Züchterin als Zeugin bestätigt hatte, ihr die Tiere verkauft und übereignet zu haben, entschied das Amtsgericht Köln: „Mini“ und „Fussel“ bleiben zusammen! Und das bei Frauchen! Denn sie sei die Eigentümerin der Tiere gewesen. Ein „Umgangsrecht“ für den Ex-Lebenspartner gebe es nicht (AG Köln, Az.: 111 C 129/16).

3.6 Der Hund im Erbrecht

Einführung

Im Todesfall lässt ein Verstorbener nicht nur Rechte, Forderungen, Haus oder Auto zurück, sondern manchmal auch seinen Hund. Wer ist jetzt verantwortlich für ihn, den jahrelangen treuen Begleiter des „Erblassers“? – Geht er als „Nachlass“ auf die Erben über wie Haus oder Auto? – Kann man seinen Hund vielleicht sogar im Testament selbst als Erben einsetzen? – Wie kann man absichern, dass es dem Hund, zu dem man eine innige Beziehung hat, nach dem Tod seines Herrchens oder Frauchens weiterhin gut geht?

Bei diesen Fragen kommt einem als prominente „Erbin“ die Hundedame „Daisy“ in den Sinn, der hinterbliebene Yorkshire-Terrier des Modedesigners Moshammer. In einschlägiger Presse war zu lesen, Herr Moshammer habe testamentarisch vorgesehen, dass seine

Daisy als seine Erbin weiterhin in seiner Villa wohnen dürfte und von seinem Chauffeur versorgt werden sollte. Fraglich ist, ob das in Deutschland so rechtlich haltbar wäre …

Zum letzten Mal:
Tiere sind zwar keine Sachen, werden aber rechtlich wie „Sachen“ behandelt. Dies bedeutet im Erbfall, da es keine rechtlichen Sondervorschriften für Tiere im Erbrecht gibt, dass Tiere zusammen mit den Nachlassgegenständen vererbt werden. Wurde vom Erblasser keine (!) testamentarische Regelung über den Hund verfügt, so gilt das gesetzliche Erbrecht. Damit wird der Hund Teil des Nachlasses (§ 1922 ff. BGB), den zunächst der Ehepartner und die Kinder, dann die Enkel, dann die Großeltern, dann die Tanten und Onkel in Reihenfolge erben, wie es gesetzlich genau festgelegt ist.

Es ist also wichtig, sich frühzeitig mit dem Gedanken an das eigene Testament vertraut zu machen und auseinanderzusetzen. Denn mit einem solchen, „letztwillige Verfügung“ genannten, Testament kann man die Zukunft seines Hundes aktiv gestalten und Missverständnisse und Streitereien vermeiden helfen. Existieren keine entsprechenden Regelungen zum Verbleib des Hundes, so ist sein Schicksal bei der gesetzlichen Erbfolge ungewiss, was dem Willen des Verstorbenen ganz sicher nicht entspräche. Die gesetzlichen Erben sind nämlich nicht automatisch verpflichtet, das Tier zu behalten und liebevoll zu pflegen. Grundsätzlich muss man, um diese ungewollten Folgen zu vermeiden, in einem Testament frei bestimmen, wer was erben soll. Es können eine oder mehrere Personen als Erben eingesetzt werden, auch Organisationen wie ein Tierschutzverein. Außerdem kann man bestimmte Auflagen, Bedingungen oder Vermächtnisse im Testament festlegen, die das zukünftige Schicksal des geliebten Freundes lenkend beeinflussen.

Kann man einen Hund überhaupt vererben?

- Testament

Möchten Herrchen oder Frauchen für den Fall des Todes den über alles geliebten Hund absichern, sollten sie ein handschriftliches (§ 2247 BGB) oder notarielles Testament (§ 2231 BGB) verfassen. § 2247 BGB sagt hierzu in Abs. 1:

> § 2247 BGB Eigenhändiges Testament
> Der Erblasser kann ein Testament durch eine eigenhändig geschriebene und unterschriebene Erklärung errichten.

Also ganz einfach: ein Papier nehmen und mit eigener Handschrift die gewollte („gewillkürte“) Erbfolge festlegen. Ort, Datum, Unterschrift – fertig. Das geht ganz ohne Notar und ohne Kosten! Am besten noch beim Amtsgericht hinterlegen, damit kein Unbefugter sich des Testaments bemächtigt.

- Vermächtnis

Der Erblasser kann eine bestimmte Person seines Vertrauens im Wege eines Vermächtnisses einsetzen und diese Person im Testament bezeichnen. Dann geht zwar der Hund nicht sofort mit dem Erbfall in das Eigentum und die Obhut des Vermächtnisnehmers über, er kann aber von dem oder den Erben die Herausgabe des Hundes verlangen (§ 2174 BGB).

> **§ 1939 BGB Vermächtnis**
> **Der Erblasser kann durch Testament einem anderen, ohne ihn als Erben einzusetzen, einen Vermögensvorteil zuwenden (Vermächtnis).**

Zugleich sollte der Erblasser die Einsetzung mit der *Auflage* (§ 1940 BGB) verbinden, dass die bedachte Person als Vermächtnisnehmer verpflichtet ist, den genau bezeichneten Hund bis zu dessen Ableben zu pflegen und zu versorgen. Da sich der Erblasser darauf verlassen muss, dass diese Person die Auflage erfüllt und mit der Pflege des Tieres auch eine Verantwortung übernimmt, sollte er diesen letzten Willen vor Errichtung des Testaments mit ihr besprechen und sie finanziell im Testament entsprechend ausstatten.

Ebenso kann der Hundehalter einen Erben unter der *Bedingung* einsetzen, den Hund zu versorgen (§ 2075 BGB). Erfüllt der Erbe diese Bedingung nicht, verliert er das gesamte Erbe.

Eine Möglichkeit wäre auch, eine Person als Erben im Testament einzusetzen und diese zugleich mit einem sog. Vermächtnis zu beschweren:

Hier ein Beispiel für ein solches Testament:

> **Mein letzter Wille:**
> **„Hiermit bestimme ich, Peter D., geboren am 7. 7. 1941, wohnhaft in Köln, Neusser Landstraße 111, meinen Sohn Eddie zu meinem Alleinerben. Er hat folgendes Vermächtnis zu erfüllen: Der Tierschutzverein X erhält 5.000 Euro in bar. Dafür muss der Verein meinen Hund Sam übernehmen, gut für ihn sorgen und ihn in beste Hände vermitteln."**

Noch einmal wegen der Bedeutung:
Zu einem wirksamen Testament gehören neben dem eigenhändig geschriebenen Text (!) – Wort für Wort – anschließend noch der Ort, das aktuelle Datum und die eigenhändige Unterschrift.

- Testamentsvollstrecker

Um sicherzustellen, dass der Hund später tatsächlich angemessen versorgt wird, kann der Erblasser zusätzlich einen namentlich bezeichneten Testamentsvollstrecker im Testament bestimmen und ihm die Aufgabe übertragen, regelmäßig zu kontrollieren, ob und inwieweit der bedachte Erbe ein Vermächtnis oder die Auflage, den zurückgebliebenen Hund zu pflegen und zu versorgen, tatsächlich erfüllt, § 2197 ff. BGB). Als Testamentsvollstrecker bieten sich Verwandte, Freunde, Nachbarn, aber auch ein Tierschutzverein an. Sollte der Erbe die Auflage missachten oder sich nicht um das Tier kümmern, kann der Testamentsvollstrecker ihn auf Einhaltung der Auflage gerichtlich verklagen.

- Tierarzt

Um den Erben nicht in die Versuchung zu bringen, den Hund einschläfern zu lassen, um seine Pflichten so „los zu sein", kann der Erblasser auch einen bestimmten Tierarzt benennen und nur diesen entscheiden lassen, wann das Tier aus gesundheitlichen Gründen eingeschläfert werden darf.

- Pfleger

Eine Alternative für den Erblasser ist es, auch einen Erben zu bestimmen und für den Hund zugleich einen Pfleger einzusetzen. Dieser Pfleger, der auch eine Person des Vertrauens sein und möglichst eine persönliche Beziehung zu dem Hund haben sollte, erhält von dem Erben für die Pflege und Versorgung des Tieres eine monatliche, testamentarisch konkret bezeichnete Vergütung.

- Stiftung

Geht es um ein großes zu vererbendes Vermögen, kommt auch die Einrichtung einer Stiftung von Todes wegen nach § 83 BGB in Betracht. Die Unterhaltskosten des Hundes werden aus den Erträgen des Vermögens bezahlt, während die Substanz des Vermögens nicht angegriffen werden darf. Stiftungen sind aber auf unbegrenzte Zeit angelegt. Deshalb müsste der Erblasser auch festlegen, was mit dem Vermögen nach dem Tod des Hundes geschehen soll.

- Ersatzerbe

Falls der im Testament bedachte Erbe oder der gesetzliche Erbe das Erbe und die Pflege des Tieres nicht übernehmen will, kann er das Erbe ausschlagen. Ihm verbleibt dann als gesetzlicher Erbe der sog. Pflichtteil, d. h. die Hälfte seines gesetzlichen Erbteils (§ 2303 BGB). Die übrigen testamentarischen Erben oder der in der gesetzlichen Erbfolge nächste Erbe treten dann das Erbe an und übernehmen als Eigentümer die Sorge für den Hund, es sei denn, der Erblasser hat auch hier vorgesorgt und einen Ersatzerben im Testament eingesetzt (§ 2096 BGB), der dann an die Stelle des ursprünglichen Erben tritt.

- Der Staat als Erbe

Gibt es keinen testamentarischen und keine gesetzlichen Erben oder schlagen alle das Erbe aus, so erbt der Staat den gesamten Nachlass, allerdings nur das Vermögen, nicht auch die Schulden. Das gilt auch für den Hund! Dies ist in § 1936 BGB so festgelegt:

> § 1936 BGB Gesetzliches Erbrecht des Fiskus
> 1 Ist zur Zeit des Erbfalls weder ein Verwandter noch ein Ehegatte des Erblassers vorhanden, so ist der Fiskus* des Bundesstaates, dem der Erblasser zur Zeit des Todes angehört hat, gesetzlicher Erbe.

(Fiskus bedeutet „Staatskasse"!)*

- Erbengemeinschaft

Hat der Erblasser mehrere Erben testamentarisch eingesetzt oder gibt es mehrere gesetzliche Erben, dann können diese Personen nur gemeinschaftlich darüber entscheiden, was mit dem Hund geschehen soll, ob er z. B. verkauft, verschenkt, einer Person zugeteilt oder an ein Tierheim abgegeben werden soll.

> § 2032 BGB Erbengemeinschaft
> Hinterlässt der Erblasser mehrere Erben, so wird der Nachlass gemeinschaftliches Vermögen der Erben.

Solange die Entscheidung nicht getroffen ist, muss eine Person aus der Erbengemeinschaft die Sorge übernehmen oder es muss ein Dritter mit der Betreuung auf Kosten der Erbengemeinschaft beauftragt werden. Vorübergehend kann hiermit auch eine Hundepension oder ein Tierheim betraut werden. Sollte sich die Erbengemeinschaft nicht einigen können, müsste die Aufhebung der Erbengemeinschaft betrieben werden. Dann trifft ein Gericht die Entscheidung über die Zukunft des Hundes treffen, und zwar im Sinne des Tierwohls danach, wer die geeignetsten Lebensverhältnisse zur Haltung des Hundes vorweisen kann. Ist aber keiner der Erben an dem Hund interessiert, dann muss er notfalls verkauft, verschenkt oder einem Tierheim überantwortet werden, natürlich auch nur bei Einigung der Erbengemeinschaft. Der erzielte Kaufpreis fällt dann dem Nachlass zu, ebenso aber auch die eventuellen Kosten für das Tierheim.

Bei Streitigkeiten um den Verbleib von Hunden im Sterbefall des Halters werden immer wieder Gerichte angerufen, die meist zum Wohl des Tieres entscheiden.

So lag dem Amtsgericht München ein Sachverhalt vor, nach dem eine Hundebesitzerin acht Jahre vor ihrem Tod testamentarisch verfügt hatte, ihr Hund solle nach ihrem Ableben von ihrer Bekannten gepflegt werden, wofür diese 100.000,- DM erhalten solle. Nach Testamentsverlesung weigerte sich der Ehemann der Verstorbenen, den Hund an die Bekannte abzugeben, und begründete dies damit, dass sich die Umstände seit Testamentserstellung erheblich geändert hätten. Denn zwischenzeitlich sei auch er Bezugsperson für den Hund geworden. Außerdem sei die Bekannte heute stark gehbehindert, so dass ein ausreichender Auslauf für den Hund nicht gewährleistet sei. Schließlich habe seine Frau in den vergangenen Jahren des Öfteren ausdrücklich erwähnt, dass die testamentarische Verfügung nicht ihrem tatsächlichen letzten Willen entspreche. Der Betrag von 100.000,- DM sei mittlerweile nicht mehr gerechtfertigt, da er sich nach der damaligen Lebenserwartung des Hundes gerichtet habe. Im Streit um den weiteren Verbleib des Tieres machte das Gericht einen Vergleichsvorschlag, und zwar zum Wohl des Hundes. Die Parteien einigten sich daraufhin, dass der Hund weiterhin beim Ehemann der Verstorbenen, heute Bezugsperson des Tieres, bleiben und die Bekannte eine Entschädigung in Höhe von 20.000,- Euro von dem Ehemann erhalten sollte (AG München, Az.: 281 C 30019/09).

In einem Verfahren beim Landgericht Bonn ging es um die Erteilung eines Erbscheins. Der Erblasser hatte für den Fall seines Todes seinen Hund „Lucky“ als Erben eingesetzt und ihn seinem Freund „vererbt“. Der Hund sollte auch die Häuser erben, die der Freund für ihn instand halten müsse. Dieser müsse das Tier gut behandeln, füttern und impfen lassen sowie die Kosten hierfür von der Miete aufbringen.
Das Gericht befand, die Verfügung sei nichtig, da der Hund nicht erbfähig sei (dazu gleich). Deshalb trete die gesetzliche Erbfolge in Kraft. Gesetzliche Erben waren zwei Halbbrüder des Erblassers. Nachdem einer von ihnen die Erbschaft ausgeschlagen hatte, beantragte der andere einen Erbschein in der Annahme, nun Alleinerbe zu sein. Genau dies wollte aber der Freund des Verstorbenen sein.
Das Landgericht hat das Testament dahingehend ausgelegt, dass nicht etwa der Freund Erbe geworden sei. Der Wille des Erblassers, der Freund solle ihm nach seinem Tod in seine sämtlichen Rechte nachfolgen, sei dem Testament auch nicht andeutungsweise zu entnehmen. Der Erblasser habe seinen Hund nicht nur ausdrücklich als „Erben“ eingesetzt, sondern darüber hinaus bestimmt, dass er „die Häuser“ erhalten solle. Dem Freund habe er in dem Testament nur die Rolle desjenigen zugewiesen, der den Hund füttern, zwei Stunden täglich ausführen und impfen lassen solle. Eine Erbenstellung des Freundes sei auch nicht daraus herzuleiten, dass er die Häuser instand halten und von der Miete die Kosten für den Hund aufbringen sollte. Auch insoweit sei ihm nach dem Willen des Erblassers nur eine Mühewaltung zum Zweck der Versorgung des Hundes aufgetragen, aber keine Erbenstellung zuerkannt bzw. eingeräumt worden. All dies lasse nicht den Schluss zu, dass der Erblasser den Freund zum Erben bestimmt habe (LG Bonn, Az.: 4 T 363/09).

In Bayern hatte eine geschiedene, kinderlose Frau neben zwei Brüdern und einigen Nichten und Neffen auch ihren Hund „Berry“ im Testament bedacht. Nach ihrem Tod war das Tier – auf Wunsch einer der Verstorbenen – von einer Bekannten versorgt worden, die meinte, daher auch einen Teil vom Erbe beanspruchen zu können. Das Nachlassgericht hatte zuvor bereits entschieden, dass der Hund nicht erben könne. Die testamentarisch nicht bedachte Bekannte vertrat nun vor dem Landgericht München I die Ansicht, dass der, der den Hund bekomme, nach dem Testament auch Erbe sein müsse. Dem folgte das Gericht nicht und begründete dies damit, dass die Bekannte den Hund zwar behalten dürfe, sie aber selbst nicht erbberechtigt sei. Das Testament enthalte keine Verfügung, wer den Hund bekommen solle (LG München I, Az.: 16 T 22604/03).

Kann ein Hund erben?

Die zwei zuletzt zitierten Entscheidungen aus Bonn und München geben Anlass, darüber aufzuklären.
Mit dem Erbe entstehen Rechte und Pflichten. Erben kann daher nur, wer rechtsfähig ist. Rechtsfähigkeit ist die Fähigkeit, Träger von Rechten und Pflichten sein zu können. In § 1 BGB heißt es hierzu:

> § 1 BGB Beginn der Rechtsfähigkeit
> Die Rechtsfähigkeit des Menschen beginnt mit der Vollendung der Geburt.

Also nur dem Menschen erkennt unser BGB die Rechtsfähigkeit zu. Darüber hinaus können außer Menschen als sog. „natürliche Personen" auch „juristische Personen des Privatrechts", wie Vereine, Gesellschaften, Stiftungen, aber auch „juristische Personen des Öffentlichen Rechts", wie Körperschaften und Anstalten, Rechtsfähigkeit erlangen.

Zur Rechtsfähigkeit gehört auch die Erbfähigkeit, d. h. die Fähigkeit, die Rechtsnachfolge eines verstorbenen Menschen antreten zu können und durch die Annahme des Erbes Rechte und Pflichten zu übernehmen.
Folgerichtig bezieht § 1922 BGB die Erbfähigkeit auf rechtsfähige Person:

> § 1922 BGB Gesamtrechtsnachfolge
> Mit dem Tode einer Person (Erbfall) geht deren Vermögen (Erbschaft) als Ganzes auf eine oder mehrere andere Personen (Erben) über.

Entgegen weit verbreiteter Meinung sind Tiere nicht erbberechtigt, weil sie nicht rechtsfähig und damit keine eigenen Rechte, also auch keine Erbrechte haben.
Keinesfalls darf man also im Testament den Hund direkt als Erben bestimmen. Denn dann wäre das Testament unwirksam mit der Folge, dass die sog. gesetzliche Erbfolge eintritt (§ 1924 ff. BGB), d. h., es erben die Ehepartner, Kinder, Enkel und nach ihnen die Eltern und Geschwister.

Eine Erbeinsetzung des Hundes ist auch deshalb sinnlos, weil ein Tier selbst keine Rechte wahrnehmen oder Rechte durchsetzen kann. Hier wäre ein menschlicher Vertreter erforderlich, der den mutmaßlichen Willen des Tieres umsetzen müsste.

Fazit:
Der Hund ist zwar ein treuer Lebensbegleiter, ein Freund, ein Lebewesen, aber eben kein

Mensch! So lieb man ihn auch hat und wie sehr einem seine Zukunft am Herzen liegt – vererben kann man ihm direkt nichts.

Dass die Erbeinsetzung des Hundes rechtsunwirksam ist, bedeutet nun aber nicht zwingend, dass der testamentarisch geäußerte Wille des Erblassers völlig irrelevant wäre und stets außen vor bliebe. Denn immer ist nachzuforschen, ob sein im Übrigen wirksames Testament so ausgelegt werden kann, dass dem unwirksamen Teil der letztwilligen Verfügung auf andere Weise im Wege der Auslegung doch noch zum Erfolg verholfen werden kann.

§ 2084 BGB Auslegung zu Gunsten der Wirksamkeit
Lässt der Inhalt einer letztwilligen Verfügung verschiedene Auslegungen zu, so ist im Zweifel diejenige Auslegung vorzuziehen, bei welcher die Verfügung Erfolg haben kann.

So kann die unwirksame Erbeinsetzung des Hundes, entsprechend dem tatsächlichen Willen des Erblassers, nach seinem Tod sein geliebtes Tier versorgt zu wissen, etwa als wirksame testamentarische Erklärung einer dem Versorgungszweck dienenden *Auflage* (§ 1940 BGB), an den oder die neben dem Hund im Testament genannten oder gesetzlichen Erben ausgelegt werden oder als *Bedingung* für deren Erbschaft (§ 2075 BGB).

Und zum Abschluss der erbrechtlichen Streitigkeiten noch eine schlechte Nachricht für alle Erben:

Der Erbe, der die Pflege eines vom Erblasser überlassenen Hundes übernommen hat, kann die Aufwendungen für den Unterhalt des Hundes nicht steuerlich zu eigenen Gunsten geltend machen (Bundesfinanzhof, Az.: II B 149/08). So hatte auch bereits das Finanzgericht München im Jahr 2001 entschieden (Finanzgericht München, Az.: 4 K 5029/01).

3.7 Das Zivilverfahren

Meint man, gegenüber einem Hundehalter einen Anspruch auf Schadensersatz oder Schmerzensgeld zu haben, und zahlt dieser nicht freiwillig, will man einen Hund herausverlangen oder Finderlohn beanspruchen, familienrechtliche oder erbrechtliche Ansprüche geltend machen oder abwehren, dann wird man um eine Klage beim Zivilgericht nicht herumkommen!

Der Zivilprozess ist ein Verfahren vor den Amtsgerichten bis 6.000,- € oder ab 6.000,- € vor den Landgerichten (nur mit Rechtsanwalt!) zur Feststellung, Durchsetzung und vorläufigen Sicherung von zivilrechtlichen Ansprüchen.

Das Verfahren gliedert sich in zwei große Abschnitte:

- erstens das Erkenntnisverfahren und
- zweitens das Vollstreckungsverfahren.

Das Erkenntnisverfahren

Das Erkenntnisverfahren, in dem der *Prozess* bis zum rechtskräftigen *Urteil* abläuft, ist entscheidend geprägt durch seine speziellen Verfahrensgrundsätze zur Erlangung der „Erkenntnis" über Recht oder Unrecht der Klage. Sie sollen in aller Kürze vorgestellt werden:

– Dispositionsmaxime
Die Parteien, nicht die Gerichte (!), bestimmen selbst, ob, worüber und in welchem Umfang sie streiten wollen. Sie können den Prozess durch Erweiterung der Klage ausdehnen oder den Prozess beenden, z. B. durch Klagerücknahme, Erledigungserklärung, Anerkenntnis, Verzicht oder Abschluss eines Prozessvergleichs. Sie haben alles in eigener Hand, zu ihrer freien „Disposition".

– Verhandlungsmaxime
Allein die Parteien entscheiden und tragen vor, welchen Sachverhalt sie in den Prozess einführen und was folglich das Gericht der Verhandlung und auch seinem Urteil zugrunde legen darf und ob und welche Zeugen sie benennen wollen. Alles so ganz anders als im Strafrecht!

– Grundsatz der Mündlichkeit
Die Parteien müssen ihre Anträge und ihren Sachvortrag im Prozess vorbringen.

Der Ablauf der mündlichen Verhandlung im Zivilprozess, also der gesetzlich vorgesehene „Verhandlungsfahrplan" des Gerichts, stellt sich – nach Terminsbestimmung durch den Richter – im Sitzungssaal wie folgt dar. Vorgeschaltet ist immer ein

Gütetermin

- Aufruf der Sache im Gerichtssaal
- Feststellung der Anwesenheit
- Einführung i n den Sach- und Streitstand durch den Richter
- Anhörung der Parteien zum Sachverhalt
- Rechtsgespräch mit den Parteien und Vergleichsverhandlungen

Was folgt, ist der

Haupttermin
- mündliche Verhandlung mit Anträgen und mündlichem Vortrag
- ggfs. Beweisaufnahme
- erneute Erörterung des Sach- und Streitstandes sowie des Beweisergebnisses
- abschließende mündliche Verhandlung

Alles endet mit der

Entscheidung des Gerichts durch
- stattgebendes Urteil oder
- abweisendes Urteil.

Akzeptiert man die Entscheidung nicht, so bleibt in der Regel die Möglichkeit, hiergegen ein Rechtsmittel, nämlich Berufung oder Revision, beim nächsthöheren Gericht einzulegen.

Das Vollstreckungsverfahren

Wer ein Urteil zu seinen Gunsten erstritten hat, hat damit noch nicht sein Geld oder den Hund! Wird nicht freiwillig gezahlt oder herausgegeben, gibt es nur noch die Möglichkeit der Zwangsvollstreckung.

Die Arten der Zwangsvollstreckung

Wie die Zwangsvollstreckung durchzuführen ist, ist gesetzlich unterschiedlich geregelt, je nach Art des Titels und der Art des zu verwertenden Objekts. Als „Titel" bezeichnet der Jurist das Urteil oder den Beschluss.

– Zahlungstitel

Die Zwangsvollstreckung in das bewegliche Vermögen des Schuldners aus einem Vollstreckungstitel wegen Geldforderungen, sog. Zahlungstitel, betreibt auf Antrag des Gläubigers ein vom Gericht eingesetzter Gerichtsvollzieher als Vollstreckungsorgan durch Pfändung in die beweglichen Gegenstände des Schuldners, in dem er eine Pfandmarke („Kuckuck") anbringt (§ 808 Abs. 2 ZPO). Die Gegenstände werden später vom Gerichtsvollzieher versteigert, der den Erlös dann an den Gläubiger weiterleitet.

Die Zwangsvollstreckung wegen eines Zahlungstitels ist auch in Forderungen des Schuldners gegen Dritte möglich, wie in Lohnforderungen des schuldenden Arbeitnehmers gegen seinen Arbeitgeber, Werklohnforderungen einer Firma gegen ihren Auftraggeber oder Sparguthaben bei der Bank. Hier entscheidet das Amtsgericht als Vollstreckungsgericht durch einen sog. *Pfändungs- und Überweisungsbeschluss*, d. h., die Forderungen werden beschlagnahmt und dem Gläubiger zum Zwecke der Verwertung überwiesen (§ 829 ff. ZPO).

– Herausgabetitel

Geht es um einen Titel auf Herausgabe einer Sache, sog. Herausgabetitel, so erfolgt die Vollstreckung durch Wegnahme der Sache seitens des Gerichtsvollziehers (§ 883 ZPO).

Der Hund im Recht der Zwangsvollstreckung

Läuft das alles auch bei Hunden genau so ab? Kann man Hunde überhaupt pfänden?

Die skizzierte Pfändung zur Befriedigung des Gläubigers einer Geldforderung aus einem Zahlungstitel findet ihre Grenzen an der gesetzlich bestimmten Unpfändbarkeit.

Die Frage, ob der Gerichtsvollzieher im Zuge der Zwangsvollstreckung berechtigt ist, auch einen Hund zu pfänden, um ihn zu verwerten, beantwortet § 811 c ZPO:

> § 811 c ZPO Unpfändbarkeit von Haustieren
> Tiere, die im häuslichen Bereich und nicht zu Erwerbszwecken gehalten werden, sind der Pfändung nicht unterworfen.
> Auf Antrag des Gläubigers lässt das Vollstreckungsgericht eine Pfändung wegen des hohen Wertes des Tieres zu, wenn die Unpfändbarkeit für den Gläubiger eine Härte bedeuten würde, die auch unter Würdigung der Belange des Tierschutzes und dem berechtigten Interesse des Schuldners nicht zu rechtfertigen ist.

Die Pfändung eines Hundes ist nach § 811 c ZPO also grundsätzlich unzulässig, es sei denn, er wird zu Erwerbszwecken gehalten.

Zweck des Vollstreckungsschutzes nach § 811 c ZPO ist der Tierschutz mit eigenständiger Unpfändbarkeit von Tieren im häuslichen Bereich, und zwar ohne Rücksicht auf ihren Wert. Der Grund liegt darin, dass der Tierschutzgedanke einen Eingriff in die engen Beziehungen zwischen dem Schuldner und seinem Tier durch die Pfändung verbietet. Es gibt aber eine Ausnahme, und zwar für Nutztiere. Das sind Tiere, die zu Erwerbszwecken gehalten werden und bei denen wirtschaftliche und keine emotionalen Erwägungen vorrangig sind. Für sie kann aber Pfändungsschutz nach ganz speziellen Schutzvorschriften gem. § 811 Nr. 4 ff. ZPO bestehen, so für Wach- und Hofhunde, für Zuchthunde einer Hundezucht und für Blindenhunde.

Es gibt aber eine *Härtefallregelung*:
Das Vollstreckungsgericht muss die Pfändung eines im häuslichen Bereich gehaltenen *wertvollen Tieres*, wie z. B. eines Rassehundes, gem. § 811 c Abs. 2 ZPO ausnahmeweise dann zulassen, wenn die Unpfändbarkeit für den Gläubiger eine Härte bedeuten würde, die auch unter Würdigung der Belange des Tierschutzes und der berechtigten Schuldnerinteressen nicht hinzunehmen ist. Der Ausgleich der wechselseitigen Interessen rechtfertigt in einem solchen Fall die Unpfändbarkeit nicht. „Hoher Wert" i. S. der Vorschrift meint materiellen, nicht ideellen Wert und setzt voraus, dass ein Erlös zu erwarten ist, der eine bestimmte Wertgrenze beträchtlich übersteigt. War bis zum Jahre 1990 die Grenze noch mit 500,- DM festgelegt, so wird heute ein „hoher Wert" von den Gerichten allgemein angenommen, wenn der Geldwert des Tieres mehr als 250,- € beträgt. Da dieser Wert aber so gering ist, wäre letztlich nicht nur jeder Rassehund potenziell pfändbar, sondern jeder Hund, soweit die weiteren Voraussetzungen von § 811 c Abs. 2 ZPO vorliegen. Das zeigt, dass die Wertegrenzen unbedingt angehoben werden müssen, entweder durch den Gesetzgeber selbst oder durch die Gerichte.

Im Rahmen der nach § 811 c Abs. 2 ZPO gebotenen Interessenabwägung sind zu berücksichtigen:
- die Interessen des Vollstreckungsgläubigers,
- die Belange des Tierschutzes,
- die Interessen des Hundehalters (Vollstreckungsschuldners).

- Beim *Gläubiger* wäre zu berücksichtigen, ob er aufgrund seiner wirtschaftlichen Situation darauf angewiesen ist, „um jeden Preis" zu vollstrecken. Anderenfalls wird ein schutzwürdiges Interesse an der Pfändung des Tieres zu verneinen sein.

Aus Gründen des *Tierschutzes* muss die aktuelle und zukünftige Situation des von der Pfändung betroffenen Hundes ausreichend gewürdigt werden. Insofern kann man sagen, dass die Pfändung alter und kranker Tiere als ebenso unzulässig gelten wird wie die von Welpen, von einer trächtigen Hündin oder von einer Hündin kurz nach der Geburt.

- Beim *Schuldner* wäre zu berücksichtigen, wie seine Lebensumstände sind und ob eine besonders enge Bindung zu seinem von der Pfändung bedrohten Tier besteht. Ist der Hund sein alleiniger Bezugspunkt, wird man eine Pfändung ablehnen müssen, ebenso, wenn er aus gesundheitlichen Gründen auf seinen Hund angewiesen ist. Außerdem ist von Bedeutung, ob er über anderes pfändbares Vermögen verfügt. Auch dann kann der Gläubiger nicht auf der Pfändung des Hundes bestehen.

Die Pfändung des Hundes kann nur auf Grund eines Antrages beim Vollstreckungsgericht und nach dessen Entscheidung erfolgen. Das Vollstreckungsgericht ist immer das zustän-

dige Amtsgericht. Das Gericht soll die Pfändung eines Hundes lediglich dann anordnen, wenn es nach Abwägung aller Belange und Interessen zu dem Ergebnis kommt, dass die Unpfändbarkeit für den Gläubiger eine nicht zu rechtfertigende Härte bedeuten würde. Insofern werden die gerichtlichen Entscheidungen meist zu Gunsten des Vollstreckungsschuldners, nämlich des Hundehalters, ausgehen.
Entscheidet das Gericht aber doch zu Gunsten des Vollstreckungsgläubigers, dann kann er den zuständigen Gerichtsvollzieher beauftragen, den Hund nun zu pfänden. Diese Pfändung erfolgt dadurch, dass er das Tier in Besitz nimmt, aber nicht etwa, indem er es dem Hundehalter sofort wegnimmt, sondern die Pfändung kenntlich macht, z. B. durch ein Pfandsiegel auf dem Halsband oder am Zwinger. Sofort wegnehmen kann der Gerichtsvollzieher den Hund nur dann, wenn er die Befriedigung des Gläubigers als gefährdet ansieht, so z. B. wenn zu befürchten ist, dass der gepfändete Hund entlaufen oder der Schuldner den Hund dem Zugriff entziehen könnte. In diesem Fall wird der Gerichtsvollzieher den Hund mitnehmen und zunächst in ein Tierheim bringen.

Die „Verwertung" eines gepfändeten Hundes erfolgt grundsätzlich im Wege der öffentlichen Versteigerung, alternativ im Wege des freihändigen Verkaufs. Ist er nicht verkäuflich, dann kann der Vollstreckungsgläubiger beantragen, dass ihm der gepfändete Hund übereignet wird.

Abgesehen davon, dass jede Vollstreckungsmaßnahme stets auch mit dem Tierschutzgedanken (Art. 20 a GG) im Einklang stehen muss, ist die Verantwortung des Gerichts für das Tier, den Schutz seines Lebens und Wohlbefindens auch nach dem TierSchG zu gewährleisten. Er hat daher auch allgemein bei der Prüfung zu berücksichtigen, ob die Vollstreckung wegen ganz besonderer Umstände eine *Härte* bedeutet, die mit den guten Sitten nicht vereinbar ist.

Einen letzten Rettungsanker für den Hund bietet § 765 a ZPO.

Nach § 765 a ZPO kann das Vollstreckungsgericht auf Antrag des Schuldners Vollstreckungsschutz, auch Räumungsschutz, gewähren und die Vollstreckungsmaßnahme untersagen oder einstweilen einstellen.

In § 765 a Abs. 1 S. 3 ZPO ist speziell zu Tieren geregelt:

§ 765 a ZPO Vollstreckungsschutz
… 3 Betrifft die Maßnahme ein Tier, so hat das Vollstreckungsgericht bei der von ihm vorzunehmenden Abwägung die Verantwortung des Menschen für das Tier zu berücksichtigen.

Hier geht es darum, die emotionale Beziehung zwischen Mensch und Tier bei der Abwägung einzubeziehen. So kann die Pfändung eines Hundes – so sie überhaupt zulässig ist

–, etwa bei hohem Alter des Schuldners eine mit den guten Sitten nicht vereinbare Härte darstellen (so bereits LG Heilbronn, Az.: 1 T 270/79).

Steht die Vollstreckungsmaßnahme nicht mit dem Tierschutz im Einklang, so ist der Schutz nach § 765 a ZPO gegen eine Zwangsvollstreckung auch dann zu gewähren, wenn sie für den Schuldner selbst keine sittenwidrige Härte begründet.

Stichwortverzeichnis

B

F

I

J

K

L

M

T

U

V

W

Z

Weitere Werke der Autorin:

Ausländerspezifische Konflikte im abhängigen Erwerbsleben,
Nomos-Verlag, 2010

Gekündigt – was nun?
Beck-Verlag, 2011

Der kleine Paragraf – Eine Entdeckungsreise ins Strafrecht,
Europ. Universitätsverlag, 2012

Der kleine Paragraf – Eine Entdeckungsreise ins Strafprozessrecht,
Europ. Universitätsverlag, 2012

Der kleine Paragraf – Eine Entdeckungsreise ins Zivilrecht,
Europ. Universitätsverlag, 2012

Der kleine Paragraf – Eine Entdeckungsreise ins Jugendrecht,
Europ. Universitätsverlag, 2013

Der kleine Paragraf – Eine Entdeckungsreise in die Arbeitswelt,
Europ. Universitätsverlag, 2014

Der kleine Paragraf – Eine Entdeckungsreise durch Recht und Gesetz,
Schülerlexikon Recht, Europ. Universitätsverlag, 2015